Weissensteiner · Die Töchter Maria Theresias

Friedrich Weissensteiner

Die Töchter Maria Theresias

K & S

Bildnachweis

Bundesdenkmalamt, Wien: S. 46
Graphische Sammlung Albertina, Wien: S. 59, 90, 119
Österreichische Nationalbibliothek, Wien, Bildarchiv: S. 13, 21, 22, 31, 36, 62, 69, 83, 86, 107, 112, 125, 133, 138, 156, 163, 170, 186, 207, 223, 232, 253, 275

Schutzumschlagbilder: Gemäldegalerie der Akademie der bildenden Künste, Wien (Maria Theresia), Kunsthistorisches Museum Wien (Photos: Ali Meyer, Fine Arts Photography, Baden bei Wien)

©1994 by Verlag Kremayr & Scheriau, Wien
Lektorat: Elisabeth Tschachler-Roth
Schutzumschlagentwurf: Heidi Vukovits
Satz und Repro: Bernhard Computertext, Wien
Druck und Bindung: Wiener Verlag, Himberg bei Wien
ISBN 3-218-00591-4

Inhalt

Vorwort

Von den sechzehn Kindern, denen Maria Theresia das Leben schenkte, waren elf weiblichen Geschlechts. Eine der Töchter starb unmittelbar nach der Geburt, zwei verschieden im Kindesalter, zwei weitere kamen über das Mädchenalter nicht hinaus. Langlebig waren sie alle nicht, die Töchter Maria Theresias. Lediglich eine, Maria Elisabeth, erreichte ein höheres Lebensalter als die Mutter, die 63jährig starb.

Von den sechs Erzherzoginnen, die die Kindheit überlebten, blieben Maria Anna und Maria Elisabeth unverheiratet, drei wurden ein Opfer der mütterlichen Heiratspolitik. Maria Amalia mußte einen Schwachkopf zum Manne nehmen, den tölpelhaften, unerzogenen Ferdinand von Parma, Maria Carolina wurde dem häßlichen Ferdinand IV., König von Neapel und Sizilien, angetraut. Maria Antonia, besser bekannt unter dem Namen Marie Antoinette, endete als Königin von Frankreich auf dem Schafott. Lediglich Marie Christine, die Lieblingstochter der Monarchin, durfte den Mann ihrer Wahl und ihres Herzens ehelichen, den kunstsinnigen Albert von Sachsen-Teschen.

Maria Theresia liebte ihre Kinder, Töchter wie Söhne, mit allen Fasern ihres Herzens. Sie kümmerte sich um ihr leibliches Wohl, sorgte um ihre geistige und charakterliche Entwicklung und förderte sie. Aber sie war nicht allen mit der gleichen Liebe zugetan.

Die Töchter Maria Theresias waren eigenständige Persönlichkeiten. Wie alle Geschwister unterschieden sie sich durch Veranlagung, Charakter und Temperament, sie hatten unterschiedliche Neigungen, Vorlieben und Interessen.

Ihr Verhältnis zueinander war, wie in jeder Familie, von schwesterlicher Zuneigung, Streit und Eifersüchteleien bestimmt. Gemeinsam war ihnen allen ihr Gottvertrauen, ihr dynastisches Ehrgefühl und ihr gesellschaftliches anti-emanzipatorisches Rangempfinden, Eigenschaften, die ihrem jugendlichen Geist durch erzieherische Maßnahmen auf- und eingeprägt wurden.

Maria Theresias Mutterliebe war bei aller Herzlichkeit streng und gebieterisch und waltete in allen Lebenslagen, -bereichen und -altern. Auch die erwachsenen und verheirateten Töchter – wie übrigens auch die Söhne – erhielten von der Mutter Ratschläge und Ermahnungen, wurden gelobt, gerügt, korrigiert, zurechtgewiesen und beanstandet. Maria Theresia blieb bis zu ihrem Tod der Beziehungsmittelpunkt oder zumindest eine wesentliche Bezugsperson ihrer Kinder. Der umfangreiche Briefwechsel, den sie mit ihnen unterhielt, dokumentiert das. Er ist ein wichtiger Bestandteil dieses Buches.

Maria Theresia als Ehefrau und Mutter

Die älteste Tochter Kaiser Karls VI. und seiner Gemahlin Elisabeth Christine, Prinzessin von Braunschweig-Wolfenbüttel, verliebte sich schon in jungen Jahren. Ihr Schwarm, den sie zunächst mit kindlicher Unschuld anhimmelte, war der lothringische Prinz Franz Stephan, der 1723 fünfzehnjährig an den Wiener Hof kam, um hier den letzten gesellschaftlichen Schliff zu erhalten. Das Haus Lothringen war seit den Türkenkriegen mit den Habsburgern auf das engste verbündet und verwandtschaftlich verbunden. Der junge Franz Stephan machte auf den Kaiser schon bei der ersten Privataudienz den besten Eindruck. „Prinz Lothringen sind hibsch, wohl gewachs, manierlich redt Teutsch", notierte Karl VI. in seinem Tagebuch. Dem gutaussehenden, liebenswürdigen, heiteren Prinzen wurde die kaiserliche Residenzstadt an der Donau rasch zur zweiten Heimat. Er fühlte sich hier unendlich wohl. Sehr zum Leidwesen seiner Erzieher wurde Franz Stephan bald zum ständigen Jagdbegleiter des Kaisers, der ihn in Ermangelung eines eigenen Sohnes väterlich liebte. Er nahm an Festen und Feiern teil, an Bällen und anderen Lustbarkeiten, kurzum: Er vergnügte sich bestens. Der eigentliche Zweck seines Kommens und seines Aufenthalts, die persönliche Weiterbildung und die Vermehrung seines (geringen) Wissens, kamen zweifelsohne zu kurz. Der Vater Herzog Leopold im fernen Nancy registrierte das nicht gerade mit Wohlgefallen.

Sechs Jahre dauerte das Dolce-far-niente-Dasein, sechs Jahre, in denen der charmante Prinz zu einem bezaubernden jungen Mann heranreifte, der nicht nur von der zwölfjährigen Erzherzogin Maria Theresia angehimmelt wurde.

Dann, im Jahre 1729, mußte er nach dem Tod des Vaters in sein Stammland zurückkehren. Er blieb etwas mehr als drei Jahre von Wien fern, verwaltete mit Eifer und viel Geschick sein Herzogtum und begab sich dann auf die damals für junge Standesherren übliche „Kavalierstour", die ihn in die Niederlande, nach Frankreich, England und an deutsche Fürstenhöfe führte.

Nach der einjährigen Reise durch halb Europa hatte er keine Lust mehr, nach Lothringen zurückzukehren. Er überließ die Regierung des Herzogtums weiterhin der Mutter Elisabeth Charlotte und kam im April 1732 mit Zustimmung des Kaisers nach Wien zurück. „Herzog da, redt noch wenig, sehn wegen Hungarn", notierte Karl VI. am 17. April in seinem ungelenken Deutsch wiederum in seinem Tagebuch. In Maria Theresias Herzen herrschte Jubelstimmung. Die Erzherzogin war während der dreijährigen Abwesenheit des Prinzen zur jungen Frau herangereift, ihre kindliche Schwärmerei war in Liebesglut umgeschlagen, und auch Franz Stephan war entflammt. Der Lothringer drängte auf eine Verlobung, aber der stets zaudernde Kaiser konnte sich aus politischen Erwägungen nicht dazu entschließen. Er übertrug seinem Ziehsohn die Statthalterschaft in Ungarn mit Sitz in Preßburg, eine Vertrauensposition, von der der Prinz nicht unbedingt begeistert war. Nolens volens mußte er sich aber der kaiserlichen Entscheidung fügen. Freilich, die Nähe Wiens, die Hoffnung, der Hofburg immer wieder einmal einen Kurzbesuch abstatten zu können, tröstete ihn über viele Unannehmlichkeiten hinweg, die mit dem neuen Amt verbunden waren. Tatsächlich wußte er die kurzen Besuche dazu zu nutzen, mit der Kaisertochter zusammenzutreffen. Und Gräfin Charlotte Fuchs, die kluge, warmherzige Aja, die seit dem elften Lebensjahr die Erziehung der Erzherzogin leitete, hielt über so manches geheime Rendezvous ihre schützende Hand.

Zu Beginn des Jahres 1733 lag die offizielle Verlobung des Liebespaares sozusagen in der Luft. Da machte die große Politik den beiden Fürstenkindern einen dicken Strich durch die Rechnung: Der Kaiser wurde wieder einmal in einen Krieg mit Frankreich verwickelt. Es ging um die Thronfolge in Polen, und der Konflikt sollte zwei Jahre dauern. In den allgemeinen Länderschacher, der nach einem sinnlosen Schlachten bei den Friedensgesprächen ausgehandelt wurde, war auch das Herzogtum Lothringen involviert. Es sollte letztendlich an Frankreich fallen, der Herzog mit der Toskana abgefunden werden, die allerdings noch nicht „frei" war, da der letzte Herrscher, ein Medici, noch lebte. War es unter diesen Umständen vernünftig, ja überhaupt erwägenswert, einen länderlosen Fürsten mit der Erbtochter des römisch-deutschen Kaisers zu vermählen? Denn daß Maria Theresia ihrem Vater nachfolgen würde, diese Möglichkeit rückte mit jedem Jahr, in dem die Ehe Karls VI. söhnelos blieb, mehr und mehr in den Bereich der Wahrscheinlichkeit.

Die perückenhäuptigen Berater und Minister rieten dem Kaiser, Maria Theresia aus Gründen der Staatsräson mit einem mächtigen, einflußreichen Herrscher zu verheiraten. Der alte Prinz Eugen sprach sich für eine Ehe mit dem bayerischen Kurprinzen, für eine Vereinigung der habsburgischen mit den wittelsbachischen Ländern aus. Es war ein kühner, zukunftsweisender Plan, dessen Verwirklichung der deutschen und österreichischen Geschichte eine andere Richtung gegeben hätte. Karl VI. schlug alle diese Pläne in den Wind. Er entschied sich, aus welchen Überlegungen und Gründen immer, für das persönliche Glück seiner Tochter. In einer Zeit, in der die Herrscher ausschließlich dynastisch dachten, in der Kaisertöchter und Königssöhne nichts weiter waren als Figuren auf dem Schachbrett der internationalen Diplomatie, Heiratsobjekte zum Zweck des zusätzlichen Ländererwerbs und erhöhter Machtfülle, war dieser Entschluß, menschlich betrachtet, von respekteinflößender Einmaligkeit.

Am 31. Jänner 1736 hielt der Herzog von Lothringen exakt nach den Vorschriften des spanischen Hofzeremoniells in der Wiener Hofburg, feierlich von seinen Edelpagen und seinem Hofstaat begleitet, bei den kaiserlichen Eltern um die Hand Maria Theresias an, der die Mutter als Zeichen ihrer Zustimmung das diamantgeschmückte Miniaturbild ihres zukünftigen Gatten an die Brust heftete.

Die Erzherzogin verzichtete am nächsten Tag in einem Renunziationsakt im Beisein der höchsten staatlichen Würdenträger auf ihr Nachfolgerecht in den österreichischen Ländern für den Fall, daß dem Kaiser doch noch ein männlicher Erbe geboren werden sollte. Franz Stephan kehrte nach Preßburg zurück.

Die Hochzeit wurde für den 12. Februar anberaumt. Mit Erlaubnis des Kaisers durfte sich das Paar die Tage bis zum vereinbarten Termin mit Korrespondenz vertreiben. Zwischen Wien und Preßburg flogen nun per Eilboten Briefe hin und her, stilistisch und inhaltlich ein seltsames Gemisch aus höfischen Floskeln und Liebesbeteuerungen, die auf seiten der temperamentvollen Braut wesentlich impulsiver und ungehemmter ausfielen als bei Franz Stephan.

Ja, und dann war es endlich soweit: Am 12. Februar 1736, dem Sonntag vor dem Aschermittwoch, führte der junge Galan aus Lothringen seine Maria Theresia zum Traualtar. Große Feierlichkeiten waren nicht vorgesehen. Und das war durchaus im Sinne des Kaisers und des Brautpaares. Von barockem Überschwang war bei dieser Hochzeit nichts zu sehen und zu spüren. Alles Wesentliche spielte sich innerhalb der Mauern der Hofburg ab, die kirchliche Zeremonie selbst ging in der Augustinerkirche vonstatten, die durch den Augustinergang mit den Räum-

*Trauung Maria Theresias mit Franz Stephan von Loth-
ringen am 12. Februar 1736 in der Augustinerkirche*

lichkeiten der kaiserlichen Residenz verbunden war. Die
schaulustigen Wiener fühlten sich hintergangen. Sie kamen um ein gewohntes Spektakel. Aber auch wenn es vielen Zeitgenossen nicht paßte, diese Heirat war ungewöhnlich: Es war eine Liebesheirat, eine im 18. Jahrhundert, im Zeitalter der Mätressenwirtschaft, sehr seltene ge-
sellschaftspolitische Spezialität. Eine solche Heirat hatte
es im Hause Habsburg das letzte Mal 1477 gegeben, als
Maximilian, der letzte Ritter, Maria von Burgund zur Frau
genommen hatte. Der Spruch „Tu felix Austria nube", der
seither als Markenzeichen habsburgischer Heiratspolitik
galt, machte nur die Dynastie glücklicher – sprich: mäch-
tiger –, nicht deren Angehörige.

Franz Stephans Situation war trotz der Einheirat in eines
der ältesten und angesehensten europäischen Fürstenhäu-
ser keineswegs beneidenswert. In Wien galt er als Halbfranzose, als Fremder. Politisch war er ohnmächtig. Der
Plan des Kaisers, ihn zum Generalgouverneur der öster-

13

reichischen Niederlande zu ernennen, kam nie zur Durchführung. Blieb als einziger Ausweg der militärische Ruhm, wozu sich ein Türkenkrieg mit Rußland geradezu anbot. Franz Stephan, das stellte sich bald heraus, besaß weder überdurchschnittlichen persönlichen Mut noch hatte er Talent zum Feldherrn. Da half es auch nichts, daß ihn der kaiserliche Schwiegervater zum Generalissimus beförderte. Als ihm zu allem Überfluß seine Gemahlin in den ersten Jahren ihrer Ehe statt Söhnen zwei Töchter gebar, sank das ohnehin geringe Ansehen des Lothringers bei den Wienern auf den Nullpunkt. Wozu war dieser unmilitärische Bonvivant überhaupt gut, wenn er nicht einmal imstande war, einen Sohn zu zeugen?

Der Kaiser war in Verlegenheit, Maria Theresia, die Ehefrau, schien verzweifelt. Doch Karl VI. machte gute Miene zum bösen Spiel: Er ernannte den Schwiegersohn zum Mitglied der „Geheimen Konferenz", des obersten Beratungs- und Regierungsgremiums der Monarchie, wo er zumindest einen kleinen Einblick in die Verwaltung des Vielvölkerstaates gewann.

Mittlerweile war der letzte Großherzog der Toskana gestorben, und der Kaiser ergriff die Gelegenheit, Franz Stephan und Maria Theresia, das neue Großherzogspaar, nach Florenz zu schicken, wo es nach einer mehr als beschwerlichen Reise im Jänner 1739 einzog und von der Bevölkerung mit Jubel empfangen wurde. Die jungen Potentaten enttäuschten das Vertrauen nicht, das ihnen entgegenschlug. Maria Theresia gewann die Herzen der Florentiner durch ihre ungezwungene Heiterkeit. Franz Stephan förderte Handel und Gewerbe und setzte ein paar humanitäre Maßnahmen. Aber nach vier kurzen Monaten kehrten die beiden auch schon wieder in die Heimat zurück.

Der Türkenkrieg, der noch immer nicht zu Ende war, ging schmählich verloren und deckte die eklatante militärische, finanzielle und wirtschaftliche Schwäche der Habsburgermonarchie auf. Im Jänner 1740 gebar Maria Theresia ihr drittes Kind. Es war wieder eine Tochter. Die Stimmung am Kaiserhof in Wien war der Verzweiflung nahe. So waren denn die ersten vier Ehejahre des jungen Paares von viel Mißgeschick, persönlichen Prüfungen und Anfeindungen aller Art verdüstert. Trotzdem schien den beiden verliebten Eheleuten auch die Sonne, gab es Tage und Wochen des stillen Glücks, der Zufriedenheit, der ausgelassenen Lebensfreude.

Maria Theresia war als junge Frau und auch noch als junge Herrscherin von einer unbändigen Lebenslust beseelt. Sie war keine Freundin höfischer Förmlichkeiten. Sie war geradlinig, natürlich, von einer entwaffnenden Offenheit. Sie hatte ein ungestümes Temperament und war eine leidenschaftliche Tänzerin, sie liebte Maskenfeste, vergnügte sich beim Karten- und Hasardspiel, gab sich genüßlich den Tafelfreuden hin, hatte eine Vorliebe für das Reiten und eine wahre Passion für das „Karussel", eine Art Scheinturnier, bei dem sie ihr sportliches Geschick und ihre glänzende Körperbeherrschung zur Schau stellte. Dieser Lebensstil war für eine Frau und Regentin in der damaligen Zeit ungewöhnlich und trug ihr so manche Kritik ein, vor allem von seiten ihres Mentors, des Grafen Emanuel Silva-Tarouca, eines klugen, taktvollen Portugiesen, der sie lehrte, ihr Leben zu organisieren und sich der Hofdisziplin zu fügen. Tarouca sah seine Rolle darin, als Maria Theresias Gewissen, als ihr weltlicher Beichtvater zu fungieren. Mit den Worten der Regentin bestand seine Aufgabe darin, „ihr ohne Unterlaß zu sagen, wo sie fehle, die Mängel ihres Charakters zu erforschen und ihr offen mitzuteilen".

Taroucas Amt war also äußerst delikat, aber er meisterte es souverän, denn der kleine Portugiese war umsichtig, nüchtern, besonnen und von messerscharfem Verstand.

Dreißig Jahre lang beriet er die impulsive Habsburgerin, die die Klugheit und Zuverlässigkeit seiner Ansichten schätzte, wenn sie auch seine Ratschläge nicht immer befolgte. Über die vielen Unterredungen, die sie miteinander führten, gibt es natürlich keine Aufzeichnungen. Sie mögen nicht immer in Eintracht verlaufen sein, aber Tarouca behielt in all dieser Zeit das Vertrauen der Regentin und war für sie „mon ami intime et ministre particulier" (mein intimer Freund und Sonderminister).

Mit Hilfe des portugiesischen Mentors entwarf die Regentin eine Tageseinteilung, die in ihrer eigenen Handschrift erhalten ist und der sie sich bald fügte. „Die ordinari Täge halb 6 Uhr aufstehen", schrieb sie sich selbst vor, „ankleyden, messe hören, geistliche lesung zwei stunden bis halb 8 uhr, von 9 bis 12 uhr minister audienzen, 12 uhr kinder, frauen, andere sehen, 1 uhr taffel, bis 3 uhr unterhaltung oder ruhen, 3 uhr lesung todten offizium, 4 uhr bis 6 uhr expedirn, schreiben oder audienzen, 6 uhr rosenkrantz, von da bis 9 uhr schreiben, conversirn, spaziren, stille amüsante lesung, sonntag 5 bis 10 abends audienz."

Franz Stephan, Vergnügungen nicht abhold, machte, ehe diese strenge Tageseinteilung ihre Rechte forderte, den Zeitvertreib seiner Gattin großteils mit. Er tanzte nicht besonders gerne, aber mit Anstand, er war ein kluger, amüsanter Charmeur. Seine bevorzugten Hobbys waren allerdings die Jagd, das Spiel und das Theater.

Mit dem unerwartet raschen Tod Karls VI. am 20. Oktober 1740 änderten sich das Leben und der Lebensstil Maria Theresias grundlegend. Die Zeit der unbeschwerten Jugend war vorbei. Beinahe über Nacht mußte die politisch völlig unerfahrene junge Frau Regierungsverantwortung übernehmen, Sitzungen präsidieren, Akten studieren, Denkschriften verfassen, Entscheidungen treffen. Sie tat es zur Überraschung vieler mit bewunderungswürdigem Elan, zäher Energie und verblüffender Willenskraft. Sie verteidigte verbissen ihr Erbe gegen eine Welt von Feinden, schenkte am 13. März 1741 einem ersehnten Sohn, dem späteren Kaiser Joseph II., das Leben, hielt das Steuerruder fest und fester in der Hand und ließ es nicht mehr los. Im Laufe der Jahre wurde sie nicht nur korpulenter und schwerfälliger, sondern auch selbstherrlicher, herrschsüchtiger, unduldsamer, strenger in ihren Moralvorstellungen und im Umgang mit ihren Kindern. Sie wurde zur Magna Mater Austriae, zur großen Mutter Österreichs, die alles regelte, bestimmte, beherrschte.

Je mehr sie in den Vordergrund trat, desto mehr rückte der ein wenig lethargische, phlegmatische Mann an ihrer Seite in den Hintergrund. Franz Stephan war zwar formell Mitregent und ab 1745 auch als römisch-deutscher Kaiser Oberhaupt des Reiches und ranghöher als seine Gemahlin, aber zu reden hatte er nichts. Der einfache, bescheidene Kaiser, der der höfischen Etikette absolut nichts abzugewinnen vermochte, wurde abgeschoben auf die Nebengeleise der Macht, abgedrängt ins Private. Der sanfte, intelligente, aber nicht gerade gebildete, die Behaglichkeit liebende, unprätentiöse Franz Stephan, der selten in Zorn geriet, der stets die Contenance wahrte, nahm es hin, lebte seine Neigungen und frönte seinen Vorlieben. Er befaßte sich mit Alchimie und Mineralogie, mit Medaillen und Freimaurerei, züchtete Blumen, sammelte Münzen, ging auf die Jagd und ins Theater und widmete sich der Verwaltung seiner Privatgüter.

Die Geschichtsschreibung hat den im Schatten seiner dominanten Frau stehenden Mann lange Zeit sträflich vernachlässigt und unterschätzt. Mittlerweile ist jedoch klar geworden, daß Franz Stephan eine ausgeprägte Begabung für alles Finanzielle hatte, eine geniale Ader für Wirtschaftsfragen und -probleme. In seinem Wesen fand sich neben den grandseigneuralen Zügen der Barockzeit ein ausgeprägter bürgerlicher Geschäftssinn, der bereits in eine neue Zeit wies. Franz Stephan richtete auf seinen Gütern in Holics an der ungarisch-mährischen Grenze und Sassin im ungarischen Komitat Neutra landwirtschaftliche Musterbetriebe ein, die er nach modernsten Grundsätzen bewirtschaften ließ, er gründete eine Majolikafabrik und eine Weberei und widmete sich mit Vorliebe Finanzgeschäften, die ihn in der Anfangszeit des modernen Geldverkehrs zum mehrfachen Millionär machten. Sein wohlgeordnetes Privatvermögen überstieg das schlecht verwaltete kaiserliche Ärar bei weitem und war der Grundstein zum habsburgisch-lothringischen Familienvermögen.

Für den friedliebenden, politisch ohnmächtigen Kaiser waren die großen wirtschaftlichen und finanziellen Erfolge, die er verzeichnen konnte, zweifellos eine Selbstbestätigung. Denn obwohl sich sein Ehrgeiz in Grenzen hielt, hat er gewiß darunter gelitten, daß er am Wiener Hof nur eine Nebenrolle spielte, zur Randfigur der Geschichte degradiert war. Sich damit abzufinden, dazu gehörte in einer Zeit, in der der Primat des Mannes ein unerschütterliches gesellschaftliches Gesetz war, eine gehörige Portion Bescheidenheit und Selbstverleugnung.

Franz Stephan hielt sich für die Zurücksetzung, der er rundum begegnete, auch noch auf eine andere Art schadlos. Er nutzte seine männliche Anziehungskraft und Ausstrahlung für „galante Abenteuer". Graf Otto Christoph Podewils, der preußische Gesandte in Wien und ein gründlicher Beobachter und Kenner des Kaiserhofes, berichtete nach Potsdam: „Franz Stephan hat einen Hang zu Frauen, und hat früher Neigung zur Gräfin Colloredo, der Frau des Vizekanzlers, zu erkennen gegeben, auch zur Gräfin Palffy, der Hofdame der Kaiserin-Königin, und zu mehreren anderen. Er veranstaltet heimliche Soupers mit ihnen, aber die Eifersucht der Kaiserin nötigt ihn, sich darin zu beschränken. Sobald sie bemerkt, daß er irgendeiner Frau den Hof macht, schmollt sie und macht ihm das Leben so unangenehm wie möglich... Da ihr seine Schwäche in dieser Hinsicht bekannt ist, ist ihr Argwohn um so größer, und sie durchschaut ihn sehr schnell..."

Eine dauerhafte Liaison unterhielt der Kaiser zur Fürstin Wilhelmine Auersperg, einer Tochter seines Erziehers und Freundes Graf Wilhelm Reinhard Neipperg. Er kaufte der Angebeteten, die ob ihrer auffallenden Schönheit „la belle Princesse" genannt wurde, ein Landhaus in der Nähe von Schloß Laxenburg, wo er so manchen Abend mit ihr verbrachte.

Die tiefreligiöse Maria Theresia, für die die Ehe ganz im Sinne ihres Glaubens ein Sakrament war, reagierte auf die Fehltritte ihres Gemahls, wie Podewils und andere Zeitgenossen berichten, mit Eifersucht und Überwachungsmaßnahmen. Doch nicht nur auf ihren Ehemann „zur linken Hand", den sie mit verzehrender Leidenschaftlichkeit liebte, setzte sie Aufpasser und Spione an, sie wollte gewissermaßen in einem Aufwaschen gleich auch das gesamte öffentliche Leben ihren mit zunehmendem Alter immer rigoroser werdenden Moralvorstellungen unterwerfen. Sir William Wraxhall, der die Kaiserstadt in den fünfziger Jahren des 18. Jahrhunderts besuchte, berichtet: „Die Kaiserin, streng tugendhaft in ihrer Aufführung und getreu im Ehebett, tritt jeden Grad von Galanterie mit dem Gewicht ihres Mißfallens nieder. Wenn es bekannt wird, daß eine Frau vom Stande schwach wird, kann diese Dame sicher damit rechnen, einen Befehl zu erhalten, Wien zu verlassen."

In Fragen der Sexualmoral ließ die Herrscherin nicht mit sich spaßen. Sie rief 1747 eine – kurzlebige – Kommission ins Leben, die berühmt-berüchtigte „Commission de Chasteté" (Keuschheitskommission), deren Aufgabe es war, die Untertanen in sexualibus zu überwachen und außereheliche Beziehungen hintanzuhalten. Wer eines „unmoralischen Lebenswandels" überführt wurde, zog sich Maria Theresias bedingungslose Ungnade zu. Keuschheit und monogames Sexualverhalten kann man freilich staatlicherseits nicht verordnen wie ein Medikament. Das mußte die Herrscherin bald zur Kenntnis nehmen.

Trotz der kleinen Schwächen Franz Stephans für das andere Geschlecht war seine Ehe mit Maria Theresia, die von manchen Zeitgenossen ein wenig abschätzig als „ménage bourgeois" bezeichnet wurde, vergleichsweise vorbildlich.

Als ihr heißgeliebter „Alter" am 18. August 1765 mit 56 Jahren plötzlich starb, stürzte sein Tod die Regentin in tiefste Verzweiflung. Sie war ab diesem Zeitpunkt eine seelisch gebrochene Frau, das Leben hatte für sie seinen Sinn verloren. Ihre Trauer um den über alles geliebten Gatten war abgrundtief und nahm geradezu antike Ausmaße an. Sie ließ sich das schöne, kaum ergraute Haar abschneiden, verschenkte ihren gesamten Schmuck, ließ ihr Schlafzimmer mit grauer Seide ausschlagen und legte die Trauerkleidung zeitlebens nicht mehr ab. In ihrem Gebetbuch fand man nach ihrem Tod einen Zettel mit ihrer Handschrift, auf dem sie, drei Jahre nach dem Hinscheiden Franz Stephans, die Zeit ausgerechnet hat, die sie in glücklicher Ehe mit ihm verbracht hatte: „29 Jahre, 6 Monate, 6 Tage, macht also Jahre 29, Monat 335, Wochen 1540, Täge 10 781, Stunden 358 744."

Es gibt keine andere Herrscherpersönlichkeit, von der eine ähnliche Notiz mit so starker Aussagekraft über ihre eheliche Beziehung bekannt ist.

Seit der Übernahme der Regierungsgeschäfte im Jahre 1740 waren die Tage Maria Theresias randvoll mit Herr-

Totenklage Maria Theresias über ihren Gemahl

scherpflichten angefüllt. Trotzdem nahm sie sich stets Zeit für ihre Familie, die bis 1756, als sie ihrem jüngsten Sohn Maximilian Franz das Leben schenkte, von Jahr zu Jahr größer wurde. Im Gegensatz zu den meisten gekrönten Häuptern ihrer Zeit hatte sie zu ihren Kindern ein persönlich-mütterliches Verhältnis. Sie kümmerte sich um ihre Bedürfnisse, sorgte sich um ihre Gesundheit, plante und förderte ihre geistige Entwicklung. Die Regentin war davon überzeugt, daß die Erziehung des Menschen mit der Geburt zu beginnen habe.

Die Kinder Maria Theresias wurden, wie das am Wiener Kaiserhof seit längerem üblich war, einzeln oder, wenn sie im Alter und im Geschlecht zusammenpaßten, paarweise betreut und erzogen. In der sogenannten „Kindskammer", der ein mit Pflichten und Autorität ausgestatteter „Ajo" (männlicher Erzieher) oder eine „Aja" vorstand, sorgten Kammerfrauen und anderes Dienstpersonal für das leibliche und geistige Wohl der kleinen Erzherzoge und Erzherzoginnen. Sie erhielten ihre Instruktionen, mündlich oder schriftlich, direkt von der Regentin.

Maria Theresia war eine liebende, aber strenge und fordernde Mutter mit unverrückbaren Erziehungsgrundsätzen. Sie beschäftigte sich intensiv mit Pädagogik, und die Grundpfeiler ihres erzieherischen Credos waren Gehorsam, Frömmigkeit und Disziplin. „Die Kinder seynd geboren zu gehorsamen mithin bey zeiten selbes gewohnen sollen", schrieb sie einmal an die Gräfin Maria Walpurga Lerchenfeld, die Erzieherin einiger ihrer Töchter, der sie besonderes Vertrauen entgegenbrachte.

Wiege der Kinder Maria Theresias

Widerspruchsgeist und Starrköpfigkeit waren im maria-theresianischen Kinderzimmer absolut nicht gefragt, das Wort Selbstverwirklichung, das in der modernen Erziehungswissenschaft eine so zentrale Rolle spielt, existierte noch nicht. Hingegen gehörten Gebete und Andachtsübungen von frühester Kindheit an zum nicht wegzudenkenden Bestandteil des kindlichen Alltags. Auch maß die Herrscherin, die moderne Kinderpsychologie gewissermaßen instinktiv vorwegnehmend, der frühen Kindheit besondere Bedeutung zu. Die Ajas und Pflegepersonen ihrer Säuglinge und Kleinkinder wurden strikt angewiesen, für eine harmonische Atmosphäre in der Kammer zu sorgen und sich ganz der Pflege und Erziehung ihrer Schützlinge zu widmen. Auf richtige Ernährung, Körperpflege und Hygiene legte Maria Theresia ebenfalls größten Wert. Sie verlangte, die Kleinkinder nicht zu sehr in den Windeln einzuschnüren, sie nicht mit Brei zu überfüttern und „sowohl im Waschen wie im Kämmen" äußerste Sauberkeit walten zu lassen. Außerdem regte sie an, mit den Kindern so oft wie möglich Spaziergänge an der frischen Luft zu unternehmen – für die damalige Zeit durchaus moderne Ansichten. Salben und Tinkturen nach ihrem Gutdünken zu verwenden, war dem Kammerpersonal strengstens untersagt, die Kinder durften nichts zu sich nehmen, was nicht ihr Leibarzt Gerard van Swieten, dem auch die medizinische Betreuung der Kinder oblag, angeordnet hatte.

Die gestrenge Mama scheute sich auch nicht, selbst für die bereits größeren Kinder Essensanweisungen zu geben. „Ich verlange", schärfte sie der Gräfin Lerchenfeld ein, „daß sie von Allem essen sollen und keine Ausstellungen oder Aussuchung im Essen machen... Zucker sehe ich nicht gern, daß sie viel bekommen, mithin so wenig als es sein kann, ihnen zu geben, an den gebotenen Fasttagen aber sollen sie nichts außer der Mahlzeit essen, ausgenommen ein kleines Stückchen Brod, um sie von Jugend auf an dieses Gebot zu gewöhnen. Ich erlaube auch, aber allein an Fischtagen, daß die Kinder abwechselnd einmal einen Milchkaffee, einmal einen Milchtee bei mir zum Frühstück holen lassen, sonst aber bleibt es bei der Suppe." Die Fastenzeit nahm die fromme Herrscherin besonders ernst, und sie verlangte die Einhaltung der strengen Fastengebote, ein wenig eingeschränkt, natürlich auch von ihren Kindern. „Das Frühstück ist in der Fasten zu nehmen mit einiger Moderation", trug sie der Gräfin schriftlich eigens noch einmal auf. „Abends allzeit Fastensuppe, Eier und eine Mehlspeise, aber nichts Süßes, keine Obstspeise oder Gebachenes. Nichts unter Tag als ein Viertel einer Semmel, wenn es nötig ist, zur Jause zu geben, keinen Zucker, Süßes, Chocolade oder Kaffeh." Dieselben klaren und unmißverständlichen Anweisungen erhielt das Kammerpersonal für alle pflegerischen und erzieherischen Maßnahmen, die es zu setzen galt.

Oberstes Ziel dieser mütterlichen Instruktionen war es, die Kinder nicht zu verweichlichen oder zu verwöhnen. Die Kammer- und Kinderfrauen wurden streng angewiesen, weder durch mimische und gestische Kniffe und Spielereien noch durch Liebesbezeugungen irgendwelcher Art um die Gunst der Kinder zu buhlen. Sie wurden ganz im Gegenteil ausdrücklich dazu aufgefordert, deren Eigenwillen zu zähmen, ihnen nichts durchgehen zu lassen und allzu begehrliche Wünsche glattweg abzuschlagen. Beim Sprechenlernen sollte die Kleinkindersprache vermieden, mit den Kindern in ganzen Sätzen, ganz normal und natürlich gesprochen werden. Tändeln, längeres Sprechen oder singsangliches Einlullen vor dem Einschlafen war strengstens untersagt.

Ab dem Alter von etwa sechs Jahren erhielten die Töchter – und Söhne – Maria Theresias regelmäßigen Unterricht. Sie lernten Schreiben und Lesen, später kamen Rechen-, Musik-, Reit- und Tanzstunden, Geschichts-, Geographie- und Sprachstudien hinzu. Die primäre Rolle im Erziehungsplan der Erzherzoginnen – und Erzherzoge – spielte die Religion. Jeder Morgen begann und jeder Abend schloß mit einem andächtig verrichteten Gebet, der Besuch des Gottesdienstes, religiöse Lektüre und geistliche Übungen gehörten zum Tagesprogramm. Einmal monatlich mußten die Kinder beichten und kommunizieren, an Sonn- und Feiertagen war der zweimalige Messebesuch Pflicht. Dem Beichtvater, der gleichzeitig auch Religionslehrer war, kam bei der religiösen Erziehung selbstverständlich besondere Wichtigkeit zu.

Der Lehrer des jeweiligen Unterrichtsfaches durfte seine Schülerin nur in Gegenwart einer Aufsichtsperson unterrichten, unnütze Gespräche und Diskurse, die nicht zum Unterrichtsprogramm gehörten, waren streng untersagt. Die von der Herrscherin selbst entworfenen oder gutgeheißenen Lehr- und Studienpläne mußten exakt eingehalten werden, ihre Umsetzung in die pädagogische Realität wurde von der Aja überwacht und von der Regentin stichprobenweise kontrolliert.

Die Ausbildung der Erzherzoginnen und Erzherzoge verlief geschlechtsspezifisch: Während die kaiserlichen Söhne für ihre Aufgabe als künftige Herrscher sorgfältig und gründlich vorbereitet wurden, wobei man auch der Charakterbildung Beachtung schenkte, war die Erziehung der Mädchen ganz auf ihre Rolle als Ehefrau zugeschnitten. Maria Theresia war – und das ist mit ihrer Position und ihrem Verhalten in der eigenen Ehe nur schwer in Einklang zu bringen – von der absoluten Vorrangstellung des Mannes in Gesellschaft und Familie überzeugt. Die Frau war die Untertanin ihres Mannes. Sie hatte ihm gefällig zu sein, alle seine Wünsche zu erfüllen, seine Launen mit Sanftmut zu ertragen, ihm in jeder Hinsicht zu dienen und sich im übrigen jeder Einmischung in die Politik zu enthalten. Klagen, herrische Gesten und Eifersuchtsszenen, zänkisches Gehabe und Herrschsucht hielt sie Männern gegenüber für völlig unangebracht. „Die Pflicht der Frauen ist die Ergebenheit vor Gott und den Menschen", formulierte sie klar und unmißverständlich. „Davon spricht uns die Welt nicht frei. Frauen haben immer unrecht, wie auch ihre Männer sein mögen."

Als Mutter wurde Maria Theresia nicht müde, dieses gesellschaftliche Credo mit unverdrossener Beharrlichkeit ihren Töchtern einzuhämmern. Ihre Briefe zeugen davon. „Ihr wißt", schrieb sie ihrer Tochter Maria Amalia im Juni 1769 nach Neapel, „daß wir uns unseren Ehemännern unterzuordnen haben. Wir schulden ihnen Gehorsam, unser einziges Ziel soll in allem unser Gatte sein. Wir sollen ihm dienen und nützlich sein, wir sollen aus ihm unseren besten Gefährten machen und stets in ihm unseren Herrn und Meister sehen. Wenn leider auch manche Beispiele in heutiger Zeit das Gegenteil erkennen lassen, so kann ich Euch nie dieser Eurer Pflicht entbinden, sondern muß sie Euch immer wieder sagen und nachdrücklich einschärfen… Je mehr Freiheit Ihr Eurem Gemahl gewährt, je weniger Zwang und Pünklichkeit ihr von ihm verlangt, desto begehrenswerter macht Ihr Euch und umso verlangender wird er Eure Nähe suchen. Das Wichtigste ist, daß er Euch stets bei gleichem Sinn, von gleicher Freundlichkeit und Aufmerksamkeit findet. Gebt Euch wirkliche Mühe, es ihm in Eurem Hause recht zu machen, damit er sich nicht anderswo wohler zu fühlen braucht.

Wenn ihr sein Vertrauen besitzen wollt, zeigt ihm, daß Euer Verhalten und Eure Verschwiegenheit es verdienen. Alles Glück in der Ehe besteht in gegenseitigem Vertrauen und gegenseitiger Zuvorkommenheit. Die tolle Liebe ist bald dahin – man muß einander schätzen und einer des anderen wahrer Freund sein, um in der Ehe glücklich zu leben. Nur so wird man auch die Kehrseite der Welt ertragen und für sein Heil sorgen können, das vornehmste Ziel, wohin man auch immer gestellt sein mag."

Ähnliche Ratschläge und Ermahnungen hielt sie auch für die anderen Töchter bereit, oft mit gleichlautenden oder ähnlichen Formulierungen und sprachlichen Wendungen. Maria Theresia gab jeder ihrer Töchter, wenn sie das elterliche Haus verließ, Lebensregeln und Verhaltensmaßnahmen mit auf den Weg, die ihnen als Richtschnur ihres Handelns dienen sollten. Es war der Versuch, den jungen Ehefrauen, die bei ihrer Heirat zum Teil noch minderjährig, jedenfalls aber menschlich unreif und sexuell unerfahren waren, eine psychologische Stütze zu geben. Sie betonte in diesen Instruktionen den sittlichen und moralischen Vorbildcharakter des Herrschers, verlangte Anpassung an die Sitten und Gebräuche des fremden Landes, forderte politische Enthaltsamkeit und warnte vor Müßiggang und Verschwendungssucht. Jede der Töchter erhielt wie jeder der Söhne nach dem Tode Franz Stephans eine Abschrift der Lebensregeln, die der Kaiser selbst verwirklicht und die er unter dem Titel: „Instructions pour mes enfans" (Anweisungen für meine Kinder) abgefaßt hatte. Die Schrift beinhaltete Reflexionen Franz Stephans über das Verhältnis des Menschen zu Gott, über die Stellung des einzelnen zur Gesellschaft und enthielt Anweisungen zur Charakterbildung. In dem Verhaltenskodex, den der Kaiser für seine Kinder entworfen hatte, standen Wahrhaftigkeit, Gelassenheit, Sanftmut („douceur"), Höflichkeit („politesse"), Wohltätigkeit, Sparsamkeit, Mitleid mit den Armen und tägliche Gewissenserforschung an vorderster Stelle. Franz Stephan trug den Kindern darin auf, die Instruktionen mehrmals, mindestens jedoch zweimal im Jahr, zu lesen und über sie nachzudenken. Mag sein, daß sie diese Weisungen studiert haben, daran gehalten haben sich einige von ihnen gewiß nicht. Grau ist alle Theorie...

Maria Theresia kannte die Vorzüge, Kapricen und Schwächen ihrer Kinder ganz genau. Sie versuchte, auch wenn sie nicht mehr unmittelbar ihrer Kontrolle unterstanden, auf sie Einfluß zu nehmen und hörte nicht auf, sie zu bemuttern, zu belehren, zu loben und zu tadeln. Selbst die erwachsenen Töchter und Söhne bekamen, wenn ihr Verhalten dazu Anlaß gab, von der Mutter offen ihre Meinung zu hören. Es waren nicht nur Ratschläge, die per Kurierpost von der Wiener Hofburg oder von Schönbrunn aus ihren Weg zu den verschiedenen Residenzen nahmen. Es gab mütterliche Ermahnungen, Vorwürfe, Rügen und Zurechtweisungen sonder Zahl. „Ich liebe die Kaiserin", sagte Marie Antoinette, die mit der besorgten Mutter ein regelmäßiger Briefwechsel verband, einmal, „aber ich fürchte sie sogar aus der Ferne. Selbst wenn ich schreibe, fühle ich mich ihr gegenüber nicht ungezwungen." Am Schicksal ihrer jüngsten Tochter, die sie noch nicht fünfzehnjährig dem nur um ein Jahr älteren Dauphin von Frankreich vermählt hatte, nahm sie besonders lebhaften Anteil. Sie ermahnte sie, nicht zuviel zu reiten: „Das Reiten verdirbt den Teint, auch Eure Taille wird es auf die Dauer spüren und noch mehr auseinandergehen. Ich gestehe, wenn Ihr im Herrensitz reitet, woran ich kaum zweifle, so finde ich das sogar gefährlich und nicht gut fürs Kinderkriegen, und das ist doch Eure Aufgabe und soll Eure Stellung befestigen." Sie rügte ihre Frisur: „Euer Kopfputz, meine Liebe. Man sagt, Eure Frisur messe sechsunddreißig Zoll von den Haarwurzeln bis in die Höhe und sei mit zahllosen Federn und Bändern geschmückt, die sie stützen sollen. Ihr wißt, daß ich stets der Meinung war, die Mode nur maßvoll mitzumachen und sie nicht zu übertreiben. Eine junge hübsche Königin mit so viel natürlicher Anmut hat derlei Torheiten nicht nötig. Im Gegenteil, je schlichter ein Haarschmuck ist, desto besser bringt er die wirklichen und echten Reize einer Frau zur

Geltung. Auch dies ist allein dem Rang einer Königin angemessen, und wenn sie den echten Ton angibt, werden die anderen sich beeilen, es ihr nachzutun und sogar ihre kleinen Wunderlichkeiten anzunehmen."

Sie tadelte ihren Lebenswandel: „Ich freue mich, Sie zurück und für den Winter mehr in Ruhe zu wissen. Auf die Dauer wird Ihre Gesundheit allen diesen Rennen und durchwachten Nächten nicht widerstehen; wenn es noch in Gesellschaft des Königs geschähe, würde ich schweigen; aber immer ohne ihn und nur mit der übelsten Pariser Gesellschaft, und den jüngsten Leuten, so daß die Königin, diese reizende Königin, fast die älteste von dieser ganzen Kumpanei ist! Wie haben sich diese Gazetten, diese Zeitungen… verändert! In ihnen ist jetzt nur mehr von Pferderennen, Hasardspielen und durchwachten Nächten die Rede, und zwar solcherart, daß ich sie nicht mehr sehen will…"

Maria Theresia rüffelte nicht nur ihre Töchter, sie (ver)schonte auch ihre Söhne nicht. Mit Joseph, ihrem ältesten, der ab 1765 Mitregent war und ihr 1780 auf dem Thron nachfolgte, kam sie nur schwer zurecht. Mutter und Sohn unterschieden sich in ihren Charakteranlagen, ihren Grundeinstellungen zum Leben, zur Religion, zu Staat und Gesellschaft so prinzipiell voneinander, daß Verstimmungen, Auseinandersetzungen und schwere persönliche Konflikte unvermeidlich waren. Mit Joseph gab es andauernd Reibereien. Zu den anderen Söhnen, Leopold, Ferdinand und Maximilian Franz, hatte sie ein problemloseres Verhältnis, doch bekamen auch sie dann und wann die harte Hand der Mutter zu spüren. Maximilian, der für den geistlichen Stand bestimmt war, donnerte sie einmal an: „Deine gewöhnliche Lässigkeit oder Gewohnheit, nichts aus Dir selbst heraus zu tun und Dir mehrmals dasselbe wiederholen zu lassen, lassen mich befürchten, daß in Deinem Charakter eine Gleichgültigkeit oder eine starke Neigung, Deinen Willen selbst der Vernunft zuwider durchzusetzen, bestehen könne. Das ist die Quelle all jener eigenwilligen Vergeßlichkeit, jener verkehrten Antworten, die Dich häufig als Dummkopf erscheinen lassen…"

Maria Theresia bekannte einmal, daß sie alle ihre Kinder gleich liebe. Sie liebte sie alle, gewiß. Aber sie liebte sie nicht alle mit der gleichen Inbrunst und Intensität. Wie jede Mutter war sie einigen ihrer Sprößlinge mehr zugetan als den anderen. Ihr erklärter Liebling war von der Geburt an ihre Tochter Marie Christine, die sie an ihrem eigenen Geburtstag zur Welt brachte. Vielleicht ist das schon die Erklärung dafür, daß sie gerade dieses Kind so offenkundig bevorzugte. Mimi, wie sie von der Mutter liebevoll genannt wurde, besaß im großen, warmfühlenden Herzen der Regentin eine Sonderstellung. Das wurde von den anderen Geschwistern, die sich zurückgesetzt fühlten, neidvoll registriert und führte innerhalb der Familie zu manchem Zwist, der nicht selten vom geduldigen, auf Harmonie bedachten und um Ausgleich bemühten Kaiser geschlichtet wurde.

Gewiß hat Maria Theresia – die Bevorzugung Marie Christines ist ein gutes Beispiel – bei der Erziehung ihrer Kinder Fehler gemacht. Aber die „Große Mutter Österreichs" war eben auch nur ein Mensch.

Daß sie einige ihrer Töchter der Staatsräson und der Politik geopfert hat, darf man ihr nicht zum Vorwurf machen. Als Kind ihres Jahrhunderts und ihrer Zeit war sie dynastischen Zwängen, Überlegungen und Gesetzmäßigkeiten unterworfen, denen auch sie sich nicht entziehen konnte.

*Maria Theresia mit ihrem Gemahl Franz Stephan und
dreizehn ihrer Kinder*

Maria Anna
Der gelehrte, wohltätige Blaustrumpf

Als Mädchen geboren zu werden war im 18. Jahrhundert in vielerlei Hinsicht mit Nachteilen verbunden. Das weibliche Geschlecht war gesellschaftlich diskriminiert. Der Mann gab in allen Lebensbereichen den Ton an: Er war das unangefochtene Oberhaupt der Familie, er sorgte für deren Lebensunterhalt und verfügte, wenn vorhanden, über das Familienvermögen. Die Ausbildung der Kinder und die Partnerwahl der Töchter unterstanden seiner alleinigen Entscheidungsgewalt. Die väterliche Autorität war beinahe unumschränkt.

Der Mann spielte nicht nur in der Familie, sondern auch in der Politik, in der Wirtschaft, in Wissenschaft und Kunst eine dominierende, häufig sogar eine ausschließliche Rolle. Im Gegensatz dazu blieb in dieser patriarchalisch strukturierten Gesellschaftsordnung die Stellung der Frau auf eine völlig untergeordnete, dienende Funktion beschränkt. Die Frau wurde als geistig minderbemittelt, als minderbegabt und unschöpferisch angesehen. Sie galt in jeder Beziehung als zweitrangig, als schwaches, gefallsüchtiges Wesen, das von der Natur lediglich dazu bestimmt war, Kinder zu gebären.

Es brach daher in der kaiserlichen Haupt- und Residenzstadt Wien keinesfalls Jubelstimmung aus, als bekannt wurde, daß die habsburgische Thronerbin Maria Theresia am 6. Oktober 1738, nach der Geburt einer Tochter im Jahr zuvor, abermals ein Mädchen zur Welt gebracht hatte. Gegen Franz Stephan von Lothringen, den stolzen Vater, erhoben sich ganz im Gegenteil Stimmen des Unmutes, weil er offenbar nicht in der Lage war, einen Sohn zu zeugen. Zudem galt er als Halbfranzose, als Fremder, als Zugereister, auch wenn man ihm 1736 bei der Hochzeit mit der Kaiserstochter nolens volens zugejubelt hatte. Die junge, lebensfrohe Mutter war verzweifelt. Aber was half alle Betrübnis? Mit den unerforschlichen Ratschlüssen Gottes hatte man sich abzufinden. Da half kein Jammern und Klagen, sondern nur Beten und Gottvertrauen.

Das von den Eltern ersehnte, aber aus Gründen der Staatsräson nicht eben willkommene Mädchen wurde am Tag nach der Geburt auf den Namen Maria Anna Josepha getauft und erhielt, wie dies üblich war, ein eigenes Bedienungspersonal. Die „Kindskammer", die von der Aja, der Gräfin Belrupt, geleitet wurde, bestand aus einer Kammerfrau, drei Kammerdienerinnen und einem „Kammermensch", das für das leibliche Wohl des erzherzoglichen Babys zu sorgen hatte.

Die Erzherzogin wurde höchstwahrscheinlich von einer Amme genährt, denn schon im Dezember 1738 machten sich Maria Theresia und ihr Gemahl mit großem Hofstaat auf die Reise in die Toskana auf, wo Franz Stephan nach dem Tod des letzten Medici die Nachfolge in dem ihm vertraglich zugesprochenen Großherzogtum antrat.

Das neue Herrscherpaar wurde in Florenz von der Bevölkerung mit Jubel empfangen. Es blieb vier Monate in der schönen, kulturgetränkten Arnostadt, Monate, die ausgefüllt waren mit dem Besuch von Bällen, Redouten, Tierhetzen, Theater- und Opernvorstellungen. Dann kehrte das Paar über Trient, Bozen und Innsbruck wieder in die Heimat zurück. Die beiden Kinder Maria Elisabeth und Maria Anna, die später Marianna gerufen wurde, waren wohlauf. Sie hatten sich gut entwickelt, und die glückliche Mutter schloß sie freudig in ihre Arme.

Das ungetrübte Glück der Maria Theresia sollte nur noch ein wenig mehr als ein halbes Jahr dauern. Am 12. Jänner 1740 wurde sie von einem dritten Kind entbunden. Es war wieder ein Mädchen. Die Stimmung am Wiener

Kaiserhof sank auf den Nullpunkt. Aber es sollte noch viel schlimmer kommen in diesem glücklosen, verderbenbringenden Jahr. Im Juli starb die älteste Tochter, im Oktober schied Kaiser Karl VI., Maria Theresias schwerblütiger Vater, aus dem Leben. Im Dezember fiel König Friedrich II. von Preußen mit einem schlagkräftigen Heer in Schlesien ein, es gab Krieg. So hatten sich innerhalb kürzester Zeit die politische Situation Europas und das Leben Maria Theresias grundlegend verändert. Aus der politisch völlig unerfahrenen Erzherzogin war beinahe über Nacht die Herrscherin über ein Riesenreich geworden, mit allen sich daraus ergebenden Konsequenzen für ihre Familie und den habsburgischen Vielvölkerstaat.

Die kleine Marianna, über deren erste Lebensjahre wir wenig wissen, mag die beiden Todesfälle in der Familie mehr oder weniger registriert haben. Die großen Veränderungen des Jahres 1740 in der europäischen Politik berührten sie naturgemäß überhaupt nicht. Viel bedeutsamer für ihr weiteres, nicht unbeschwerliches Leben war, daß die Mutter inmitten der Kriegswirren abermals einem Kind das Leben schenkte. Am 13. März (einem österreichischen Schicksalstag!) 1741 gebar sie zur übergroßen Erleichterung des Hofes und breiter Bevölkerungsteile einen Sohn, der Jahrzehnte später als Joseph II. zum Reformkaiser der Habsburgermonarchie werden sollte. Zahlreiche Wiener Bürger illuminierten ihre Häuser und schmückten ihre Fenster mit kernigen Sprüchen. Einer davon lautete: „Nun können die Feinde losen, weil Österreich trägt Hosen."

Die zweieinhalbjährige Schwester wird sich anfangs möglicherweise über den Familienzuwachs gefreut haben. Mit dem hochfahrenden, gönnerhaften Bruder kam sie allerdings schon bald nur schwer zurecht.

Vor allem aber stand Maria Anna nun vollkommen in dessen Schatten. Der Knabe wurde von den Eltern verwöhnt und vom Kammerpersonal hofiert. Alles drehte sich um den zur Thronfolge bestimmten Prinzen. Die übergroße Beachtung und Fürsorge, die Joseph zuteil wurden, waren seiner charakterlichen Entwicklung nicht eben förderlich. „Sein Ausdruck ist stolz und hochmütig und sein Wesen ebenfalls. Er hat schon jetzt die höchste

Maria Anna als Kind. Stich nach einem Gemälde von Martin van Meytens

Vorstellung von seinem Rang", urteilte der preußische Gesandte, Otto Christoph Graf Podewils, dem wir ausführliche Schilderungen über das Leben am Wiener Kaiserhof verdanken. Und Podewils glaubte auch zu wissen, wer an dieser Fehlentwicklung schuld war. Niemand anderer nämlich als die Mutter. „Sie läßt ihm viele Dinge, die sie tadeln müßte, hingehen, gibt sich jedoch manchmal den Anschein von Strenge", formulierte er kritisch.

Marianna, der der preußische Gesandte übrigens Geist und Urteilskraft bescheinigte, mußte sich unter diesen Umständen bald zurückgesetzt fühlen. Sie wollte aber beachtet werden, zumal 1742 und 1743 zwei weitere Mädchen hinzukamen, die mit ihr bald um die Gunst der Mutter kämpfen sollten: Marie Christine, Mimi gerufen, das Lieblingskind Maria Theresias, und die schöne, aber selbstgefällige Maria Elisabeth, Liesl.

Marianna war kein hübsches Kind, und sie war auch als Frau wenig anziehend. Sie blieb – nicht nur aus diesem Grund – unverheiratet. In ihrem länglichen Gesicht dominierte die scharfgeschnittene Nase, ihre Lippen waren schmal, die Augen ausdruckslos. Ihre physischen Mängel wurden jedoch durch ihre vielseitigen Begabungen und ihre guten Charaktereigenschaften mehr als wettgemacht. Die Erzherzogin hatte eine überdurchschnittliche Musikbegabung und ein beachtenswertes Zeichen- und Maltalent. Sie war eine ausgezeichnete Tänzerin, sie verfügte über eine schöne, wenn auch ein wenig dünne Sopranstimme und hatte ausgeprägte künstlerische und wissenschaftliche Neigungen und Interessen. Sie besaß ein phänomenales Gedächtnis, ein zwingendes logisches Denkvermögen, Humor und Selbstironie. Ihr naturwissenschaftliches und numismatisches Wissen war überragend. Hingegen waren ihre Sprachkenntnisse eher bescheiden. Italienisch und Französisch beherrschte sie, zumindest schriftlich, nur mangelhaft, und auch die deutsche Sprache, derer sie sich in ihrer Korrespondenz vorzugsweise bediente, bereitete ihr nicht geringe Schwierigkeiten. Ihr Stil, ihre Orthographie und Grammatik waren von schauerlicher Fehlerhaftigkeit. Der Grund für diese Ausdrucksschwächen war weniger in einem Mangel an Sprachbegabung als in einer unzulänglichen Ausbildung zu suchen. Auf die Erlernung der Fremdsprachen, vor allem des Französischen, der Diplomatensprache der Zeit, wurde größter Wert gelegt, die Muttersprache hingegen vernachlässigt. Auch Maria Theresia schrieb besser französisch als deutsch, von Franz Stephan, der weder in der einen noch in der anderen Sprache einen geraden Satz zuwege brachte, ganz zu schweigen.

Marianna litt, wie gesagt, als Kleinkind, als Mädchen und selbst als Erwachsene unter der Bevorzugung des Bruders und einiger anderer Geschwister durch die Mutter, was gleichbedeutend mit ihrer eigenen Benachteiligung war. Sie suchte nach Beachtung, sie sehnte sich nach Liebe und Aufmerksamkeit. Was tut ein Kind, das sich übergangen fühlt, vernachlässigt, zurückgesetzt? Es versucht, auf jede nur mögliche Weise sich in Szene zu setzen, auf sich aufmerksam zu machen, sei es durch Wichtigtuerei, unartiges Benehmen oder Schelmereien. Die kleine Marianna wählte instinktiv den ersteren Weg. Sie produzierte sich bei den am Wiener Kaiserhof üblichen Theateraufführungen. Wie Fürst Johann Joseph Khevenhüller-Metsch, kaiserlicher Ratgeber und Chronist, dessen Tagebücher für die Geschichtsschreibung von unschätzbarem Wert sind, berichtet, tat sich Marianna bei der Aufführung einer kleinen französischen Komödie anläßlich des Geburtstages ihres geliebten Papas „besonders hervor". Sie wollte, wie gesagt, beachtet werden, und wurde es wohl auch, aber doch nur für kurze Zeit. Denn selbst an einem Kaiserhof gab es nicht jeden Tag Gelegenheit zur Selbstinszenierung. Ihr Gram schlug sich Marianna aufs Gemüt, ihr Körper reagierte darauf mit Kranksein. Die moderne Medizin hat für den Einfluß des Seelischen auf körperliche und geistige Erkrankungen einen Namen: Psychosomatik. Im 18. Jahrhundert gab es natürlich nicht einmal im Ansatz eine Erklärung für dieses medizinische Phänomen.

Marianna war häufig krank, jeder Windhauch schien sie umzuwerfen. Doch ihre Krankheiten waren vielfach Beachtungsreaktionen um die Gunst der Mutter. Maria Theresia sorgte sich um die Gesundheit der Tochter, den Grund für die zahlreichen Unpäßlichkeiten erkannte sie nicht. Wie sollte sie auch?

Im Jahre 1757, ein Jahr, nachdem sie der Kinderstube entwachsen war und einen eigenen Hofstaat bekommen hatte, erkrankte die Erzherzogin schwer. Tagelanges hohes Fieber schwächte ihren Kreislauf so sehr, daß die Ärzte das Äußerste befürchteten. Marianna wurden im Beisein der Eltern und ihrer Geschwister die Sterbesakramente gereicht. Die Betrübnis am Kaiserhof war groß. Wie durch ein Wunder kam die Neunzehnjährige jedoch wieder auf die Beine, allerdings um einen hohen Preis: Die schwere Lungenentzündung, der sie mit knapper Not entronnen war, hatte, wie man heute annimmt, eine schleichende Wirbelsäulentuberkulose zur Folge, die zu einer schiefen Körperhaltung und schließlich zu einem ausgeprägten Buckel führte. Die seelischen Nöte, die daraus resultierten, kann man sich ausmalen. Die unglückliche junge Frau versuchte zwar durch weite Kragen, lose drapierte Schals und Pelerinen ihr körperliches Gebrechen zu kaschieren, aber was half's? Sie blieb verunstaltet, es stellte sich kein Brautwerber ein, sie verlor ihre frohgemute Unbeschwertheit, zog sich immer mehr auf sich selbst zurück und geriet innerhalb der kaiserlichen Familie in eine immer fühlbarer werdende Außenseiterposition.

Die einzige Vertrauensperson, die Marianna von klein auf am Hof hatte, war ihr Vater. Ihn himmelte sie an, er war ihr Vorbild, ihre letzte seelische Zuflucht, wenn alle Stricke rissen und sie nicht mehr aus und ein wußte. Mit Franz Stephan verband sie vieles: die Vorliebe für die Jagd, die leidenschaftliche Neigung zum Kartenspiel mit hohen Einsätzen, vor allem aber das Interesse für die Naturwissenschaften. Der Kaiser – Maria Theresias Gemahl stand seit 1745 an der Spitze des Heiligen Römischen Reiches Deutscher Nation – war nicht nur ein Finanzgenie, er beschäftigte sich auch mit Alchimie, machte technische Erfindungen und sammelte mit großem Kunstverstand und Geschäftssinn Mineralien, Gobelins und Münzen. Marianna eiferte dem Papa nach. Sie begann sich nach der Überwindung ihrer schweren Krankheit, die für sie eine Lebenszäsur darstellte, mit experimenteller Physik und Mechanik zu beschäftigen, studierte Chemie und Botanik, betreute und erweiterte nach dem frühen Tod des Vaters dessen Münz- und Mineraliensammlung und verschlang ein Buch nach dem anderen. Nicht genug damit, verfaßte sie ein Fachbuch über die unter der Regierung Maria Theresias geprägten Denkmünzen und betätigte sich als Kupferstecherin, Zeichnerin und Aquarellistin.

Am Hof und in Adelskreisen rümpfte man über die gelehrte, blaustrümpfige Erzherzogin die Nase. Von naturwissenschaftlichen und intellektuellen Ambitionen hielt man im allgemeinen nicht viel, wiewohl Mitglieder des Hauses Habsburg(-Lothringen) immer wieder beachtliche künstlerische und wissenschaftliche Leistungen erbracht haben.

Marianna konnte sich damit trösten, daß sie in Fachkreisen Anerkennung fand. 1767 wurde sie in die neugegründete Kupferstecher-Akademie in Wien aufgenommen, zwei Jahre später fand sie Aufnahme in die Großherzogliche Akademie der Künste in Florenz.

Dem Frauenbild der Zeit entsprachen die Neigungen, Interessen und Tätigkeiten der unorthodoxen Kaisertochter keineswegs. Aber sie war eben die berühmte Ausnahme, die die Regel bestätigt. Die herbe und so wenig weibliche Tochter Maria Theresias war übrigens keineswegs so maskulin-gefühllos, wie man das lange Zeit angenommen hat. Wie aus ihrem Tagebuch hervorgeht, das erst 1910 veröffentlicht wurde, war sie jahrzehntelang unglücklich verliebt. „…Gott gab mir zwar ein zärtliches, aber nicht veränderliches hertz… ich hatte nachdemme das glück jemanden zu lieben…", formulierte sie in ihrem krausen Deutsch. „Sobald ich einmal liebte so dachte ich auf niemand anderen und liebte beständig fort durch 21 Jahr das letzte so wie das erste…"

Die Identität ihres geheimen Geliebten hat die Erzherzogin nicht einmal andeutungsweise gelüftet. Ihre unerfüllte und unerfüllbare Liebe hat Marianna zweifellos durch intensive Vertiefung in ihre wissenschaftlichen Studien und künstlerischen Neigungen zu kompensieren versucht.

Marianna konnte nicht nur lieben, sie konnte auch sehr eifersüchtig und intrigant sein. Eine Abneigung besonderer Art brachte die Erzherzogin mit dem unvorteilhaften Äußeren ihrer Schwägerin Isabella von Parma, der ersten Gemahlin ihres Bruders Joseph, entgegen. Isabella war ein zauberhaftes Geschöpf, anmutig, charmant, intelligent, vielseitig gebildet. Sie eroberte nicht nur das Herz des Thronfolgers, sondern die Herzen aller Mitglieder der kaiserlichen Familie, Franz Stephan miteingeschlossen, im Sturm. Lediglich Marianna blieb vom Zauber und der Ausstrahlung der schönen, dunkeläugigen Prinzessin unberührt. Und zwar vom ersten Anblick an. Das Verhältnis der beiden Damen zueinander, von allem Anfang an auf Moll gestimmt, blieb in den drei Jahren, die Isabella am Wiener Kaiserhof lebte – von der Vermählung 1760 bis zu ihrem frühen Tod –, feindselig.

Mariannas Abneigung gegen die Schwägerin hatte verschiedene Gründe. Da war zunächst einmal die Frage der Rangordnung, der Hierarchie. Marianna gebührte als ältester Kaisertochter bis zur Ankunft Isabellas nach der Mutter der erste Rang unter den Damen des Hofes. Nun mußte sie laut Zeremoniell hinter der Gattin des Kronprinzen zurückstehen. Isabella stach ihre Schwägerin auch geistig aus. Was aber wahrscheinlich noch schwerer wog: Sie raubte ihr, zumindest vorübergehend, die Gunst des geliebten Vaters.

Waren es auf seiten Mariannas Zurücksetzung, Eifersucht und wohl auch körperliche Minderwertigkeitskomplexe, die ihr Handeln gegenüber der Schwägerin bestimmten, so waren alle Schritte Isabellas von Mißtrauen diktiert. Sie erblickte in Marianna eine Intrigantin, eine falsche, unaufrichtige, heuchlerische Person.

Die schöne, geistreiche Kronprinzessin unterhielt mit Marie Christine, der um vier Jahre jüngeren Schwester Mariannas, einen schwärmerischen Briefwechsel, der auf eine intime Liebesbeziehung schließen läßt. Die beiden Frauen besuchten einander in ihren Appartements und arrangierten heimliche Zusammenkünfte. Marianna scheint als einziges Mitglied des Kaiserhofes das Verhältnis durchschaut zu haben und den beiden Freundinnen nachgestellt zu sein. In Isabellas Briefen, die von Ursula Tamussino verdienstvollerweise aufgearbeitet worden sind, finden sich immer wieder Bemerkungen wie: „Zeige diesen Brief nicht meiner Schwester Maria Anna." – „Sorge, daß meine Schwester Maria Anna diesen Brief nicht sieht." Isabella ließ auch niemals Grüße an die ihr zweifellos mißliebige Erzherzogin bestellen und schrieb einen Aufsatz mit dem Titel: „Die Reize der falschen Freundschaft", der ganz offensichtlich auf sie gemünzt war.

Obwohl die beiden Frauen ihr gespanntes Verhältnis offiziell nicht zur Schau trugen – man umarmte einander und tauschte Schmeicheleien aus –, ist dem Kronprinzen der versteckte Spott der Schwester gegenüber seiner heißgeliebten Gemahlin nicht entgangen. Joseph, der für die „bucklige Mariann" nicht viel übrig hatte, hat ihr dieses Verhalten später bei jeder sich bietenden Gelegenheit vergolten.

Am 18. August 1765 starb völlig unerwartet Franz Stephan. Der Tod des Vaters ging Marianna mitten durchs Herz. „Gott... nahm mir plötzlich und erschrecklich meinen vielgeliebten Vater weg", schrieb sie später einmal, sich an diesen furchtbaren Tag zurückerinnernd, „jenen, so meine einzige Stütze war, mein einziges Vergnügen. Diesen nahm er plötzlich weg. Dieser Tod schlug mich zu Boden, dieser Tod machte durch ein Jahr allen Freuden und Unterhaltungen ein End, ließ mir also Eindrücke und Zeit, Reflektionen zu machen. Ich gestehe es, ich war so heftig, so übertrieben in meiner Betrübnis, als ich es leider in allem war..." Joseph, ein Jahr zuvor in Frankfurt zum römischen König gekrönt, wurde von der Mutter zum Mitregenten ernannt. Mariannas Leben war damit an einem weiteren Wendepunkt angelangt. Sie kapselte sich nun noch mehr von ihrer Um- und Mitwelt ab, pflegte ihre Begabungen, ging ihre eigenen Wege. Ihr Bruder Leopold, seit 1765 Großherzog von Toskana, notierte in seinem geheimen Tagebuch: „Die Marianna hat keinen Einfluß, sie lebt ganz für sich zurückgezogen... Sie hat viel Talent und Ehrgeiz... sieht sich völlig verachtet und beschimpft... sowohl von der Kaiserin wie vom Kaiser, die ihr niemals ins Gesicht sehen und ihr die ärgsten Kränkungen zufügen, und ebenfalls von der Maria (Mimi). Sie hat sich deshalb völlig zurückgezogen und lebt für sich allein. Sie ist voll Mißtrauen und Geheimnissen..."

Das Leben in der Wiener Hofburg war trist und eintönig geworden. Maria Theresia, vom Schmerz über den

Tod ihres geliebten Gemahls gramgebeugt, wurde immer unzugänglicher, intoleranter und herrschsüchtiger. Die Geschwister kamen mehr schlecht als recht miteinander aus. Kleinliche Eifersüchteleien und Animositäten vergifteten das Zusammenleben und machten den Alltag zur Qual. Joseph schilderte die Situation so: „Die Burg ist eine Ansammlung von einem Dutzend alter Damen, drei oder vier alter Fräuleins und zwanzig jungen Mädchen, die man Hofdamen nennt. Sieben Erzherzoginnen, eine Kaiserin, zwei Erzherzöge und ein Kaiser wohnen unter demselben Dach. Nichtsdestoweniger ist keine Spur von Gemeinschaft, kein vernünftiger, angenehmer oder gemeinsamer Punkt vorhanden. Jeder zieht auf seine Seite. Der Klatsch, die Hänseleien von Dame zu Dame, von Erzherzogin zu Erzherzogin, beschränken jeden auf sich selbst und das ‚Was soll man dazu sagen?‘ behindert jede Gemeinschaft oder entzweit Unschuldige. Der Neid der einen und die schlechte Meinung der anderen, die auf jeden Fall das Schlechte glauben, weil sie nicht an der Gemeinschaft teilhaben,… das ist der Grund, daß alles beengt erscheint."

Er selbst und seine Maßnahmen trugen allerdings kaum dazu bei, die Zustände zu verbessern. Er löste aus Sparsamkeitsgründen die Hofhaltung seiner Schwestern auf und schuf dadurch nur noch mehr persönliche Reibungsflächen.

Maria Theresia war nach dem Hinscheiden Franz Stephans bestrebt, ihre Kinder, vor allem die unverheirateten Töchter, so gut wie möglich wirtschaftlich abzusichern und zu versorgen. Da die älteste, Marianna, für eine Heirat nicht in Frage kam, übertrug sie ihr die Leitung des 1755 von ihr gegründeten Adeligen Damenstiftes auf dem Hradschin in Prag. Die feierliche Ernennungszeremonie fand am 2. Februar 1766 in Gegenwart der Hofgesellschaft statt. Marianna bedankte sich wohl mit aller gebotenen Wärme für die ihr übertragene Aufgabe, aber sie war nicht sonderlich glücklich darüber. Ihr Lebensunterhalt war jetzt zwar gesichert. Der Versorgungsposten war mit einer jährlichen Geldsumme von 20.000 Gulden dotiert. Aber sie hatte nicht die Absicht, nach Prag zu gehen, und sie ging auch nicht. Sie schützte vor, das rauhe Klima in der Moldaustadt nicht zu vertragen, und zögerte ihre Übersiedlung von Jahr zu Jahr hinaus. Sie hatte den Entschluß gefaßt, sich nach Klagenfurt zurückzuziehen, um dort in der Nähe des Klosters der Elisabethinerinnen, das sie bei einem Besuch im Jahre 1765 in ihr Herz geschlossen hatte, in enger Verbundenheit mit der Klostergemeinschaft, aber nicht als Nonne, zu leben. An die Oberin des Klosters, die Gräfin Agnes Khüenberg, schrieb sie 1769:

„Gott hat mir die Gnade gegeben, die Welt und ihre Eitelkeiten zu erkennen, und dadurch mir die Stärke ertheilet, mein Leben zwar nicht als Klosterfrau, doch in der Einsamkeit und im Dienste der Menschen zu schließen. Ich habe dazu Klagenfurt ausgewählt, und zwar Sie und Ihre frommen Schwestern ausgesucht, hoffend, daß mein unvollkommener Wert durch Ihre guten Beispiele angeeifert, meine Seligkeit mir gewiß versichern werden."

Maria Theresia war strikt gegen diesen Plan. Es kam zwischen Mutter und Tochter zu Unstimmigkeiten und Auseinandersetzungen. Aber Marianna blieb hart, und die Mutter fügte sich schließlich in das Unabänderliche. Sie gab den Auftrag, in der Völkermarkter Vorstadt nach dem Vorbild des Schlosses Hetzendorf bei Wien ein Palais zu errichten, das Marianna als Wohnsitz dienen sollte.

Mit der Durchführung des Bauvorhabens wurde der Hofarchitekt Nikolaus Freiherr von Pacassi beauftragt, der bereits beim Um- und Ausbau des Schlosses Schönbrunn und der Hofburg Proben seines großen Könnens abgelegt hatte. Das Gebäude, das heutige Erzbischöfliche Palais, wurde in siebenjähriger Bauzeit errichtet und besaß einen direkten Zugang zur Klosterkirche. Die Anlage

Das Elisabethinerinnenkloster in Klagenfurt

eines Parks nach dem Vorbild von Versailles, wie sie bei barocken Bauwerken üblich war und die Marianna sich wünschte, verhinderte der sparsame Joseph höchstwahrscheinlich mit einem Gefühl wohltuender Satisfaktion.

Obwohl sie das Hofleben immer schwerer ankam, sie es als immer drückender und leerer empfand, kam die Erzherzogin während der Bauarbeiten für ihr neues Domizil nie nach Klagenfurt. Sie unterhielt aber mit Baron Franz de Paula von Herbert, der die Bauaufsicht führte, eine ausführliche Korrespondenz.

Ihren Seelenzustand offenbart ein Brief, den sie am 13. März 1773 abfaßte: „...Nachmittag gieng ich hinunter zur… Schwester, um den Kaiser zu seinem Geburtstag glückzuwünschen. Es kam mir recht hart an, mußte auch Auslachungen und Verachtungen in meinen Ohren anhören, so mich sehr innerlich erzürnt und in meiner Verachtung und Bitterkeit stets vermehrt. Ich kam ziemlich niedergeschlagen und verdrießlich auf den ganzen Tag zurück, hörte zerstreut die Predigt und legte mich mit Freude nieder, weil dieser Tag wieder einer weniger meines Lebens ist…" Großherzog Leopold, Mariannas kluger, besonnener Bruder, der bei einem Wien-Aufenthalt einige Jahre später das Zusammenleben seiner Geschwister in der Hofburg beobachtete und einer beissend-scharfen Kritik unterzog, protokollierte: „Was die Schwester Maria Anna betrifft, so behandelt sie die Kaiserin schlecht und sieht sie sehr selten und fast immer schilt sie sie aus und zeigt ihnen üble Laune, besonders der Maria Anna, weil sie sich in alles einmischt und intriguiert… Über Maria Anna ist sie besonders verärgert und behandelt sie bei jeder Gelegenheit schlecht und läßt es auch in der Öffentlichkeit erkennen…"

Im November 1780 neigte sich nach einer schweren Erkältung, die eine Lungenentzündung nach sich zog, das Leben Maria Theresias seinem Ende zu. Zwei Tage vor ihrem Tod richtete die besorgte Mutter ein Schreiben an ihre älteste Tochter, in welchem sie sie bat, ihren Entschluß, nach Klagenfurt zu gehen, noch einmal zu überdenken, und ihr empfahl, sich Joseph anzuvertrauen. „Lebe vergnügt noch lange Jahre", riet sie ihr abschließend, „förchte und liebe god und bitte für deine getreue Mutter, welche dir nochmals den mütterlichen Segen von ganzen Herzen ertheilet."

Marianna, selbst wieder einmal von Unpäßlichkeiten geplagt, harrte tapfer am Totenbett der Mutter aus. Sie hinterließ einen langen, detaillierten Bericht über die letzten Stunden der großen Regentin, der beweist, wie sehr die Tochter trotz aller Gegensätze die Mama geliebt und verehrt hat.

„Die Nacht des 28ten war so übel, daß man fürchtete, sie möchte sterben", notierte sie in ihrem eigenwilligen Deutsch in ihrem Tagebuch*. „Um vier Uhr früh kam man, uns in ihrem Namen zu holen, um uns zu sagen, daß man ihr gleich die letzte Ölung geben werde und daß sie wünsche, uns dabei zu sehen… Wir kamen alle und knieten mehr tot als lebendig um sie herum. Sie saß in ihrem Sessel, hatte eine geheftete Haube auf und einen braunen Männerschlafrock an, den sie allzeit trug und in dem sie auch starb, welchen ich nach ihrem Tod von ihren Leuten gekauft habe und ihn jetzt wie eine Reliquie verehre und schon zum Kleid, das ich in meinem Sarg anlegen werde, habe herrichten lassen…

Die Nacht des 29ten war sehr schlecht. Ihre Majestät hatten eine Attacke von Ersticken, wo man glaubte, sie würde vergehen… Nach der Messe ließ sie mich holen und redete eine halbe Stunde mit mir allein. Sie redete von allem, was mich anging, mit solcher Stärke und Gegenwart des Geistes, welche sie in den Jahren hatte, als sie am stärksten war. Die Stimme war aber sehr hohl und ausgelöst, das Gesicht völlig verändert und die Todeszeichen darauf. Ich werde es zeit meines Lebens vor Augen haben… Sie hatte die Gnade, mir ihr alltägliches Gebetbuch noch zwei Tage vor ihrem Tod zu schicken; ich kaufte das Kaffeegeschirr, wovon sie täglich trank, und nahm nach ihrem Tod ein gewisses Reliquien-Paket… Alle sind mir so heilige und wertvolle Reliquien."

Nach dem Ableben der Mutter gab es niemanden mehr, der sie in den düsteren Gemäuern der Hofburg hätte hal-

---

* Dieses und die folgenden Zitate sind in der Sprache unserer Zeit wiedergegeben.

ten können. Joseph drängte auf eine rasche Entscheidung. Aber das wäre gar nicht nötig gewesen, denn ihr Entschluß, nach Klagenfurt zu gehen, stand längst fest. Es dauerte freilich noch fünf Monate, ehe sie Wien für immer verließ. Ihre Sammlungen mußten verkauft, der Haushalt aufgelöst, die Vermögensverhältnisse geklärt werden. Die wertvolle Mineraliensammlung erwarb gegen Ratenzahlung die Universität Buda, die umfangreiche Bibliothek wurde in die Bestände der Wiener Universitätsbibliothek und anderer wissenschaftlicher Institute eingegliedert, die reichhaltige Insektensammlung aufgelöst. Die Klagenfurter Hofhaltung hatte bereits die Mutter mit jährlich 40.000 Gulden dotiert und den kaiserlichen Sparmeister Joseph in ihrem Testament zu einer Zahlung von weiteren 10.000 verpflichtet. Die Einkünfte als Äbtissin des Damenstiftes von Prag wurden gestrichen.

Am 22. April 1781 war es dann soweit. Nach dem Besuch der Frühmesse verließ Marianna in aller Hergottsfrühe mit einem Gefolge von etwa zwanzig Personen ihre Heimatstadt. Drei Tage später war sie am Ziel.

Obwohl sich die Erzherzogin einen offiziellen Empfang verbeten hatte, drängten sich die Menschen in den Straßen, als die Kutschen aus Wien in Klagenfurt ankamen. Marianna wurde an der Tür der Klosterkirche vom hohen Klerus begrüßt. Sie ließ den Empfang äußerlich ungerührt über sich ergehen und begab sich dann so rasch sie konnte in die Kirche, wo sie einem Gottesdienst beiwohnte. Auf einem Betstuhl kniend, ließ sie nach den Aufregungen der vorangegangenen Tage und Stunden ihren Tränen freien Lauf.

Nach der Messe wurde die Erzherzogin von den Nonnen des Elisabethinerinnenklosters mit der neuen Oberin Xaveria Gasser, einer Gastwirtstochter aus der Gegend von Maria Saal, an der Spitze willkommen geheißen. Sie sank vor der Äbtissin, mit der sie später eine warmherzige

Freundschaft verband, auf die Knie und empfahl sich ihrem Schutz.

Die Eingewöhnung in die neue Umgebung fiel Marianna gewiß nicht leicht. In Klagenfurt gingen die Uhren eben doch ein wenig anders als im kaiserlichen Wien. Ein gesellschaftliches Leben gehobenen Stils gab es nicht. Gerade in dieser Hinsicht erhofften sich Adel und Bürgerschaft von einem Mitglied des habsburgisch-lothringischen Kaiserhauses kräftige Impulse. Die Erzherzogin war jedoch nicht in die Kärntner Landeshauptstadt gekommen, um hier großen Hof zu halten. Sie wollte im Kreise von Gleichgesinnten Einkehr halten und um ihren Seelenfrieden beten. Immerhin veranstaltete sie auf ihrem Sommersitz Schloß Annabichl ein paar Bälle und inszenierte im Karneval 1782 im Stil der Mutter eine Schlittenfahrt, bei der die Damen vor den zahlreich erschienenen, gaffenden Zuschauern ihre prachtvollen Toiletten zur Schau stellten. Auch machte und empfing sie Besuche. Nach einer dieser Visiten fand sie bei ihrer Heimkehr ihr Palais strahlend beleuchtet vor, die Klagenfurter Stadtkapelle intonierte flotte Märsche und eine dichtgedrängte Menschenmenge jubelte ihr zu. Die schüchterne, mißgestaltete Erzherzogin war über diesen Empfang tief gerührt. „Ich bin sehr glücklich unter euch", sagte sie unter Tränen. „So gute und erkenntliche Herzen habe ich noch an keinem anderen Ort angetroffen. Ich habe vierzig Jahre in Wien gelebt, aber man hat mir nicht gezeigt, daß man mich liebte."

Diese paar Sätze, die uns Xaveria Gasser überliefert hat, sind von ungeheurer Aussagekraft und lassen erahnen, wie sehr die unglückliche Kaisertochter unter ihrem Aschenbrödeldasein am Wiener Hof gelitten haben muß.

So problematisch und kühl ihr Verhältnis zu einigen ihrer Brüder und Schwestern auch gewesen war, Marianna freute sich nun doch sehr, wenn der eine oder andere auf Besuch kam. Der erste, der sie aufsuchte, war das Nesthäkchen der Familie, ihr jüngster Bruder Maximilian Franz. Mit dem gutmütigen, etwas behäbigen Benjamin, den die Mutter für den geistlichen Beruf bestimmt und dem sie die Nachfolge im Kurfürstentum Köln verschafft hatte, verstand sie sich sehr gut, und Marianna nahm ihn denn auch sehr freundlich auf.

Zwei Jahre später, 1783, kam der Kaiser persönlich nach Klagenfurt. Der Besuch des den Klöstern nicht gerade wohlgesinnten Monarchen verlief durchaus harmonisch. Joseph zeigte sich von der freundlichsten Seite und fand beim Abschied sogar ein lobendes Wort für die Elisabethinerinnen. „Die Munterkeit der Nonnen gefällt mir besonders", sagte er zur Schwester, „das ist eine ganz andere Gattung, als man sonst gesehen hat."

Leopold, der im Juli 1784 auf der Rückreise von Wien nach Florenz in Klagenfurt Station machte, fand die Schwester bei guter Gesundheit. „Es geht ihr gut, und sie führt ein angenehmes Leben, sie lebt sehr freigiebig und sehr schlicht, tut viel Gutes, und so ist sie auch gern gesehen", notierte er in seinem Reisetagebuch.

Von den Schwestern machte ihr nur Maria Amalia, die Herzogin von Parma, einen Besuch, mit der sie auch, ebenso wie mit Maria Carolina, einen angeregten Briefwechsel unterhielt. Die anderen trugen schwer an ihrem eigenen Schicksal und waren mit ihren eigenen Sorgen beschäftigt.

Nach und nach paßte die Erzherzogin ihr Leben dem der Klosterfrauen an, ohne in den Orden einzutreten. Sie nahm regelmäßig an den religiösen Übungen der Nonnen teil, betete mit ihnen, ging mit ihnen zur Kommunion und ließ sich einmal sogar im Ordenshabit malen. Vor allem aber übte sie sich in Wohltätigkeit. Christliche Caritas und Opferbereitschaft wurden zu den Leitsternen ihres Lebens.

Das Klagenfurter Elisabethinerinnenkloster war nicht mit materiellen Gütern gesegnet. Es war schwach dotiert, verschuldet, baufällig. Marianna war unermüdlich darum bemüht, eine Besserung der unbefriedigenden wirtschaftlichen Situation herbeizuführen. Sie machte dem Kloster laufend größere Geldspenden, setzte die Erhebung der Kloster- zur Pfarrkirche durch, was Zuschüsse aus dem staatlichen Religionsfonds zur Folge hatte, und ließ 1783 das gesamte Gebäude auf eigene Kosten generalsanieren. Ihre besondere Fürsorge gehörte der dem Kloster angeschlossenen Pflegestation, in der in elf Betten bedürftige, kranke Frauen Aufnahme fanden. Sie besuchte die Patientinnen täglich und fand tröstende Worte für sie.

Die Krankenanstalt war baulich in einem schrecklichen Zustand, und es fehlte an allem und jedem. Marianna entwarf Pläne für die Sanierung und den Ausbau des Spitals und bat zu deren Realisierung den kaiserlichen Bruder im fernen Wien um finanzielle Unterstützung. Sie hätte sich ebensogut an den Kaiser von China wenden können. Joseph lehnte die Bitte der Schwester brüsk ab. Einige Jahre später bewilligte er aber dann doch die Mittel für die Erweiterung der Krankenstation auf zwanzig Betten.

Mariannas Wohltätigkeit beschränkte sich nicht auf den Klosterbereich. Sie spendete große Summen für arme und kranke Menschen in der näheren und weiteren Umgebung, leistete diese Hilfe, die auch die Form von Sachspenden annehmen konnte, aber streng incognito. Mit der Verteilung wurde der Landeshauptmann beauftragt, der Unterstützungslisten erstellte und die Zuteilung der Gaben überwachte. Als Kärnten im Sommer 1789 von einer Mißernte betroffen war, organisierte die Erzherzogin in einträchtiger Zusammenarbeit mit ihrer Schwester Maria Carolina, der Königin von Neapel-Sizilien, billiges Getreide aus Süditalien, das an die Armen teilweise kostenlos abgegeben, jedenfalls aber gegen ein ganz geringes Entgelt verkauft wurde.

Nicht nur im humanitären, auch im geistigen Bereich setzte Marianna neue, überraschende und ungewöhnliche Akzente. In ihrem Palais in Klagenfurt scharte die Erzherzogin Gelehrte und Künstler um sich, fromme, gottergebene Kirchenmänner neben weltoffenen, musischen, wissenschaftlich interessierten Adeligen, unter denen sich nicht wenige Freimaurer befanden.

Das erstaunliche Phänomen, daß sich am Hof einer Tochter Maria Theresias Männer unterschiedlicher Weltanschauungen trafen, erklärt sich aus der Weltoffenheit Mariannas. Die Erzherzogin war im Gegensatz zu ihren Brüdern Joseph, Leopold und Maximilian Franz keine ausgesprochene „Aufklärerin", aber sie stand der Aufklärung sehr aufgeschlossen gegenüber. Humanität, Toleranz und Brüderlichkeit hatten in ihrem Denken und Handeln einen hohen Stellenwert. Sie hatte daher vom Freimaurertum, das diese Ideen zur zentralen Maxime seines Programmes machte, eine ausgesprochen positive Meinung.

Die Wertschätzung für den exklusiven Männerbund übernahm sie höchstwahrscheinlich von ihrem hochverehrten Vater, der selbst einer Freimaurerloge angehört, sich aber nach seiner Verheiratung nicht mehr aktiv am Logenleben beteiligt hatte. Die Kaiserin, nennen wir sie einmal unhistorischerweise so, verschwendete an die Freimaurerei hingegen keinen Gedanken. Sie verfügte die Schließung aller in ihrem Herrschaftsbereich bestehenden Logen, ohne damit Zwangsmaßnahmen zu verbinden, denn der Bund bestand im Untergrund weiter. Hätte sie Zwang ausüben wollen, so hätte sie Joseph von Sonnenfels, einen ihrer wichtigsten Ratgeber, seines Amtes entheben, Joseph Haydn und Wolfgang Amadeus Mozart polizeilich verfolgen lassen müssen.

Joseph II. ließ die Logen wohl wieder zu, überwachte und beschränkte aber ihre Tätigkeit durch ein Patent vom

1. Jänner 1786, das die Freimaurer verpflichtete, die Namen der Mitglieder bekanntzugeben und ihre Versammlungstermine den Behörden anzuzeigen.

Marianna war noch in der Wiener Hofburg durch ihren Lehrer Ignaz von Born mit der Freimaurerei in Berührung gekommen. Hofrat Born, ein bedeutender Gelehrter, der das Herz der Erzherzogin für die Naturwissenschaften gewann, war „Stuhlmeister", also Vorstand der berühmten Loge „Zur wahren Eintracht", der Marianna, wie aus Dokumenten hervorgeht, namhafte Zuwendungen gemacht hat. Aber auch in Klagenfurt war sie unmittelbar von Freimaurern umgeben. Ihr Obersthofmeister, Franz Joseph Graf Enzenberg, eine hochgebildete, weltmännische Persönlichkeit, mit der sie tiefreichende wissenschaftliche Interessen verbanden, ihr Oberstkämmerer und ihr Sekretär gehörten dem Bund an. Unter diesen Umständen konnte es nicht ausbleiben, daß 1783 auch in Klagenfurt eine Loge gegründet wurde, die zu Ehren der Erzherzogin den Namen „Zur wohltätigen Marianna" erhielt. Marianna war dem Männerbund, der in der Nähe ihres Palais seine Sitzungen abhielt, freundschaftlich verbunden, hat ihm selbst – entgegen immer wieder auftauchenden, gerüchteweise anderslautenden Meinungen – aber nie angehört.

Graf Enzenberg lenkte das Interesse Mariannas über die Naturwissenschaften hinaus auch auf die Archäologie, die sich seit der Mitte des 18. Jahrhunderts in Intellektuellenkreisen einer steigenden Beliebtheit erfreute. Nach den ersten erfolgreichen wissenschaftlichen Grabungen im süditalienischen Pompeji, das 79 n. Chr. durch einen Vesuv-Ausbruch verschüttet worden war, entstanden in zahlreichen europäischen Städten archäologische Gesellschaften. Johann Joachim Winckelmann setzte mit seinem 1764 erschienenen Werk „Geschichte der Kunst des Altertums" neue ästhetische Maßstäbe in der Kunstbetrachtung.

Enzenberg, ein Schüler Winckelmanns, regte an, den Spaten in der Nähe von Maria Saal auf dem Zollfeld anzusetzen, wo Virunum, die Hauptstadt der römischen Provinz Noricum, begraben lag. Die Erzherzogin war sofort dafür zu haben. 1783 begannen die Grabungen, die zahlreiche Funde, Inschriften, Münzen, Statuen, Grabsteine, Gegenstände des täglichen Lebens und vieles andere zutage förderten. Da die Grabungsprotokolle nicht mehr aufzufinden sind, sind wir leider im Detail darüber nicht unterrichtet. Marianna, die insgesamt einen Betrag von 30.000 Gulden in das Unternehmen investierte, hat einige Fundgegenstände in ihre Wohnung schaffen lassen, den Großteil des Materials jedoch an ihre Schwester Maria Carolina von Neapel verschickt, wo es nie angekommen ist. Das Schiff mit der kostbaren Fracht ist in der Adria untergegangen. So endete die an und für sich lobenswerte Unternehmung bedauerlicherweise mit einem Fiasko.

Um die Gesundheit der stets kränkelnden Erzherzogin stand es natürlich auch in Klagenfurt nicht zum besten. 1783 überstand sie mit knapper Not eine schwere Lungenentzündung, von der sie sich jedoch wieder verhältnismäßig gut erholte. Das Wirbelsäulenleiden verschlimmerte sich allerdings konstant, der enger werdende Brustkorb verursachte Atembeschwerden, sie wurde von Husten und Erstickungsanfällen geplagt, litt unter Schlafstörungen und Migräne. Das Gehen kam sie zuletzt wegen ihres hohen Körpergewichtes immer mühsamer an, so daß sie schließlich in einem Rollstuhl gefahren und mittels einer Hebevorrichtung von Stockwerk zu Stockwerk befördert werden mußte.

Im Herbst 1789 kündigte sich unübersehbar der Tod an. Marianna verlor stark an Gewicht und war nur noch ein Schatten ihrer selbst. Am 3. November erhielt sie, die längst ihr Testament niedergeschrieben und ihren Frieden mit der Welt gemacht hatte, die Sterbesakramente. Es dauerte dann aber doch noch etwas mehr als vierzehn Tage, ehe die tiefgläubige, opferbereite, schicksalsgeprüfte Frau heimgeholt wurde. Am 19. November 1789, dem Namenstag der heiligen Elisabeth, dem höchsten Feiertag des Ordens, schied sie, tiefbetrauert, aus dem Leben.

Das Begräbnis fand ein paar Tage später in aller Stille und ohne jeden Prunk statt. Die Erzherzogin aus dem Hause Habsburg-Lothringen wollte nicht in der Wiener Kaisergruft, sondern in der Gruft des Klagenfurter Elisabethinerinnenklosters beigesetzt werden. Dem Kloster, als dessen zweite Gründerin sie gilt, vermachte sie auch ihren gesamten Privatbesitz. Marianna, die wohltätige, sozial engagierte Tochter Maria Theresias, lebt im Angedenken des Ordens bis auf den heutigen Tag fort.

Marie Christine
Die Lieblingstochter Maria Theresias

Marie Christine, die übrigens am Wiener Hof nie so gerufen wurde – in der Familie war sie die „Marie", der Kaiser nannte sie nach lothringischer Art „Madame Mimi", Maria Theresia „Mimi" oder im Wiener Dialekt „Mimerl" –, war der erklärte Liebling, das Herzensbinkerl der Mutter. Das ist aus den Briefen der Mama deutlich ablesbar. Während die Kaiserin mit den übrigen Kindern oft sehr streng ins Gericht ging, ihre Fehler und Schwächen mit harten Worten kritisierte, findet sich in den Zeilen, die sie an Mimi richtete, kaum je ein Vorwurf, eine Zurechtweisung, eine schroffe Rüge. Der mütterliche Ton ist friedfertig, ist auffallend liebevoll, gütig, vertrauensselig. Man darf annehmen, daß das auch im persönlichen Umgang nicht anders war. Die Mutter liebte diese Tochter über alles, die beiden waren ein Herz und eine Seele.

Warum hat Maria Theresia ausgerechnet Marie Christine so offenkundig bevorzugt und begünstigt? Aus welchen Gründen hat sie gerade diesem Kind ihre ganze mütterliche Liebe und Fürsorge angedeihen lassen? War Marie Christine klüger, gescheiter, anmutiger als ihre Geschwister, hatte sie besondere, ungewöhnliche Charaktereigenschaften, die ihre Umwelt für sie einnahmen? Das alles war offenbar nicht der Fall. Vielmehr scheint die Tatsache ausschlaggebend gewesen zu sein, daß die Monarchin Marie Christine an ihrem eigenen Geburtstag zur Welt brachte. Maria Theresia, die gerne an wundersame Fügungen glaubte, sah das als glücklichen Wink des Schicksals an und räumte eben diesem Kind einen besonderen Platz in ihrem Herzen ein.

„Der dreizehnte! Glücklicher Tag, der mir meine teure

liebste Mimi geschenkt hat." So leitete Maria Theresia am 13. Mai 1780, acht Monate vor ihrem Tod, ein Schreiben an die Lieblingstochter ein und beschwor mit diesen Worten zum letzten Mal das enge Band, das Mutter und Tochter zeitlebens verknüpfte. 38 Jahre zuvor, am 13. Mai 1742, an ihrem 25. Geburstag, war noch knapp vor ihrem Entbindungstermin zu ihren Ehren eine große Gala angesagt gewesen, zu der sich, wie üblich, die gesamte Hofgesellschaft eingefunden hatte. Aber anstatt zum Hofknicks vor der Herrscherin vorgelassen zu werden, wurden die antichambrierenden Höflinge in die Hofkapelle komplimentiert, wo man für eine glückliche Niederkunft betete. Die Wehen hatten unvermutet eingesetzt.

Kurz nach elf Uhr nachts wurde Maria Theresia dann von ihrem fünften Kind, einer Tochter, entbunden. „Anno Domini 1742, die 13. Maii Post horam 11tam de nocte fuit nata Serenissima Archiducissa Austriae", lautete die diesbezügliche Eintragung im Pfarrprotokoll der Hofburg. Das gesunde kleine Mädchen, dessen Geburt durch das Läuten der Kirchenglocken und durch Kanonenschüsse den Wienern kundgetan wurde, empfing bereits am nächsten Morgen in der Ritterstube der Hofburg das Sakrament der Taufe. Der Name im Taufregister lautete auf Maria Christina Josepha Johanna Antonia.

Der Lebensweg der Erzherzogin stand von Geburt an unter einem besonders günstigen Stern. Die Mutter verwöhnte sie, und auch der kaiserliche Papa schenkte diesem Kind, das zu einem anmutigen Mädchen heranwuchs, die gebührende Aufmerksamkeit. Als er „Madame Mimi" eines Tages einen Spiegel schenkte, tat er es mit den Worten: „Er ist weder gut noch schön, aber wenn Sie hineinschaut, wird Sie darin immer das Porträt einer Person sehen, die ich sehr lieb habe."

Über die frühe Kindheit Marie Christines wissen wir nicht viel. Der preußische Gesandte am Wiener Kaiserhof,

Otto Christoph von Podewils, dem wir interessante Schilderungen des Hoflebens und scharfsichtige Charakterisierungen einzelner Mitglieder der kaiserlichen Familie verdanken, berichtete nach Potsdam, die Fünfjährige sei von sehr hübscher Gestalt, zeige viel Geist und spreche mit Vorliebe französisch. Indessen scheint Marie Christine schon als Kind recht eigenwillig und temperamentvoll

Marie Christine im Jahr 1762.
Pastell von Jean Etienne Liotard

gewesen zu sein, was sogar zu kleinen Konflikten mit dem gutmütigen Vater führte. „Sei Sie doch immer ohne Willen und befolge Sie alles ohne Widerrede, und Sie wird immer meine Marie bleiben", mahnte dieser bei dem kleinen, widerspenstigen Mädchen Gehorsam ein.

Konfliktfrei gestaltete sich auch Marie Christines Verhältnis zu den anderen Geschwistern nicht, woran sie selbst allerdings nur zum Teil die Schuld trug. Mimis offenkundige Bevorzugung durch die Mutter löste bei den Schwestern und Brüdern Eifersucht, Neid und Haßgefühle aus. Mimi wurde gemieden, man vertraute ihr keine Geheimnisse an, schloß sie von gemeinsamen Spielen aus, plante übermütige Streiche ohne sie. Je länger die Gunst der Mutter anhielt und je älter die Kaiserkinder wurden, desto schärfer verurteilten sie Mimis Sonderposition innerhalb der Familie. So notierte ihr jüngerer Bruder, der Großherzog Leopold von Toskana 1776, 29jährig, in sein Tagebuch: „Die Marie lebt für sich und verkehrt mit keiner ihrer Schwestern. Sie, die sehr viel Talent hat, weiß und wußte die Kaiserin bei ihren Schwächen zu nehmen. Immer bedauert sie sie, gibt ihr recht, ist immer bei ihr zu allen Stunden und zu allen Zeiten, immer schreibt sie ihr, und auf diese Weise hat sie sie völlig gewonnen und macht mit ihr, was sie will, und antwortet ihr und widerspricht ihr auch oft, verlangt viel, und die Kaiserin, um sie nicht zu ärgern, weil sie ihr dann ein böses Gesicht zeigt, und um sie nicht zu verlieren, macht sie alles, was sie will. Sie hält sich in der Öffentlichkeit darauf sehr viel zugute, behandelt alle von oben herab, droht allen, bei der Kaiserin etwas zu sagen oder zu tun, mischt sich in alle Geschäfte, macht sich wichtig und vergibt ihre Protektion, verspricht und vermittelt Anstellungen, Pensionen und Gnadengeschenke, wobei sie sich dann sofort über die Kaiserin beklagt, daß nicht alles so geglückt ist, wie sie es gewollt hat. Sie schilt alle mit großem Hochmut, und in der Tat, obwohl sie manchmal Gefälligkeiten erwiesen hat, ist sie doch allgemein verhaßt und gefürchtet, weil sie eine böse Zunge hat und alles der Kaiserin weitersagt. Sie ist voll Ehrgeiz und Gewinnsucht, in allem will sie mehr bedient und ausgezeichnet sein als alle übrigen der Familie, sie gibt im Namen der Kaiserin Geld aus und verwendet ihre Dienerschaft, als ob es ihre eigene wäre, und macht sich sehr wichtig mit ihrer Protektion. Außerhalb der Familie mischt sie sich in alle Staatsgeschäfte und intrigiert oder rührt um... Wenn sie jemanden haßt oder ihm mißtraut, ist sie zu jedem Exzeß fähig, sie hat große Eifersucht und Abneigung gegen die beiden Schwestern, doch gegen die Maria Anna weniger, wenngleich sie sie verachtet, sie lächerlich macht und von oben herab behandelt, aber gegen die Elisabetha noch mehr, besonders seit sie gemerkt hat, daß sie begonnen hat, Einfluß bei der Kaiserin zu gewinnen. Sie verfolgt sie dauernd, hetzt die Kaiserin gegen sie auf...“

Und in dieser Tonart geht es weiter. Wenn man von diesem Charakterbild auch Abstriche machen muß, so zeigt die Schilderung Leopolds doch, wie sehr die übrigen Kinder Maria Theresias unter der Bevorzugung Marie Christines durch die Mutter gelitten haben.

Doch wir sind den Ereignissen und Entwicklungen vorausgeeilt. Marie Christine wurde in ihren ersten sechs Lebensjahren in der Kindskammer von den Kinderfrauen und den anderen Hofbediensteten umhegt und gepflegt. Ihre Aja, die Fürstin Trautson, konnte das zur Heftigkeit und zu Temperamentsausbrüchen neigende Mädchen, das sich nicht selten zu unüberlegten Äußerungen hinreißen ließ, allerdings nicht für sich gewinnen und seelisch an sich binden. Der Wunsch der Erzherzogin, eine andere Erzieherin zugeteilt zu bekommen, stieß bei Maria Theresia lange Zeit auf taube Ohren. Erst 1756 wurde die Dame ihres Amtes enthoben und durch die verwitwete Gräfin Ma-

61

ria Anna Vasquez abgelöst, mit der sich die anmutige Mimi, die auch sehr gewinnend sein konnte, wesentlich besser verstand. Ein paar Jahre später, als die Erzherzogin einen eigenen Hofstaat erhielt, avancierte Gräfin Vasquez zur Obersthofmeisterin.

Marie Christine erhielt einen sorgfältigen, auf ihre zukünftige Rolle als Gemahlin und Mutter abgestellten Unterricht. Sie war begabt, von rascher Auffassungsgabe und erfüllte ihr Lernpensum mit Eifer und Fleiß. Sie hatte eine Vorliebe für Sprachen, parlierte fließend Französisch und Italienisch und besaß einige Kenntnisse des Englischen.

Der Liebling der Kaiserin besaß offenbar schon von früher Kindheit an eine besondere Neigung und Begabung für das Zeichnen und Malen, weshalb sie der in Genf geborene Etienne Liotard, dem wir Porträts Maria Theresias und ihrer Kinder verdanken, 1762 mit Pinsel und

Maria Theresia mit Franz Stephan und ihren drei jüngsten Kindern Ferdinand, Maria Antonia und Max bei der Nikolobescherung. Gouache von Marie Christine

Malkasten abgebildet hat. Die hübsche, der Mutter ähnelnde Zwanzigjährige blickt übrigens auf diesem Bild recht klug, offen und selbstbewußt in die Welt.

Marie Christine hat in ihren eigenen Arbeiten vorwiegend niederländische und französische Meister kopiert, doch schuf sie auch eigenständige Blätter, auf denen sie charmant und liebenswürdig Genreszenen aus dem kaiserlichen Familienleben festgehalten hat. Außerdem malte sie Selbstporträts und Porträts ihrer Geschwister. Das bekannteste Werk von ihrer Hand ist die Gouache „Nikolobescherung", die einen interessanten Einblick in die bürgerliche Familienatmosphäre am maria-theresianischen Kaiserhof gewährt. So gemütlich wie auf diesem Bild wird es in der kaiserlichen Familie freilich nicht immer zugegangen sein.

So isoliert Marie Christine innerhalb des Familienverbandes auch gewesen sein mag, an den Singspielen und Theaterstücken, an den Festen und Feierlichkeiten, die zu den verschiedenen Anlässen am Kaiserhof stattfanden, hat sie natürlich teilgenommen. Dafür sorgte schon die Mutter, die es nicht zuließ, daß ihre heißgeliebte Mimi davon ausgeschlossen blieb. Bei einer dieser Veranstaltungen blickte der Siebzehnjährigen ein Gast, der kluge und liebenswürdige Prinz Ludwig von Württemberg, beim Menuett tief in die Augen. Die Erzherzogin fing Feuer, aber es blieb zwischen den beiden bei einer harmlosen Schwärmerei. Ein Herzogssohn kam für eine Kaisertochter als Gemahl unter keinen Umständen in Betracht. Das mußte Mimi zur Kenntnis nehmen, als sie bei der Mama diesbezüglich vorsichtig vorfühlte. Der Prinz, der in Berlin erzogen worden war und in Paris französische Lebensart und Manieren angenommen hatte, machte auf die Monarchin im übrigen keinen guten Eindruck. Sie hielt ihn für leichtfertig, prinzipienlos und für zu wenig fromm.

Weitaus besser als der Charmeur aus Württemberg gefielen der Mama die beiden sächsischen Prinzen Albert und Clemens, die zu Beginn des Jahres 1760 nach Wien kamen, um hier bei Hof ihre Aufwartung zu machen. Albert und Clemens, jüngere Söhne König Augusts III. von Polen und Kurfürsten von Sachsen, waren mütterlicherseits habsburgischer Abstammung. Sie dienten seit kurzem in der österreichischen Armee – die Monarchie führte seit 1756 Krieg gegen Preußen, an das sie ein Jahrzehnt zuvor Schlesien hatte abtreten müssen – und kamen direkt vom Kriegsschauplatz. Die beiden sächsischen Prinzen stiegen am 9. Jänner 1760 in einem Gasthof am Neuen Markt, der damaligen Mehlgrube, ab und wurden schon am nächsten Tag vom Kaiserpaar in Audienz empfangen. Albert hat das für sein weiteres Leben so wichtige Ereignis in seinen Memoiren folgendermaßen beschrieben: „Am nächsten Tag begaben wir uns zu Hof und wurden zuallererst dem Kaiser Franz I. vorgestellt, der uns mit der ihn kennzeichnenden Güte empfing und uns in seiner freien und offenen Art und Weise behandelte, die ihn zum liebenswürdigsten Mann am Hofe machte.

Man führte uns zur Kaiserin. Ihr Empfang war von jener herzlichen Freundlichkeit, mit der sie alle gefangennahm, die ihr jemals begegnen durften; wir gingen ganz begeistert von dieser Audienz weg. Das Gespräch mit der großen Herrscherin hatte uns die Größe ihrer Gesinnung, die Zartheit ihrer Empfindungen gleichwie ihre Festigkeit und ihren Mut erkennen lassen, Tugenden, die man sehr zu Recht in ganz Europa an ihr schätzte."

Der überaus herzlichen Aufnahme folgte eine Einladung zu einem Hauskonzert in den Appartements der Herrscherin, bei dem die beiden Erzherzoginnen Maria Anna und Marie Christine mitwirkten. Der junge Kavallerieoffizier folgte der musikalischen Darbietung mit großer, sich steigernder innerer Anspannung. „Beide waren hübsch", schilderte er in seinen Memoiren seine Empfindungen, „die jüngere aber vereinigte mit ihrem reizenden Äußeren, der tadellosen Figur, dem entzückenden Gesicht eine Lebhaftigkeit des Geistes, ein Temperament, alles Eigenschaften, die mich vom ersten Augenblick an für sie begeisterten."

Albert hatte sich in die Erzherzogin verliebt. Auf den ersten Blick, wie es scheint. Der Zufall fügte es, daß sich schon am nächsten Morgen für ihn die Gelegenheit bot, Marie Christine persönlich kennenzulernen. Bei einer Schlittenfahrt des Hofes von der „Burg" nach Schönbrunn wurde ihm die Erzherzogin als Partnerin zugelost. Die beiden jungen Leute verbrachten ein paar Stunden unbeschwerter Heiterkeit miteinander. Daß daraus ein paar Jahre später eine innige Liebe und lebenslang währende Ehegemeinschaft werden sollte, haben sie wohl nicht geahnt.

Albert hielt die gesellschaftliche Kluft zwischen ihm, dem mittellosen Sohn eines zwar geachteten, aber doch zweitrangigen europäischen Herrscherhauses, und der Kaisertochter für unüberbrückbar. Der „pauvre cadet", als der er sich selbst bezeichnete, sollte wohl zu seiner eigenen Verblüffung mit dieser Meinung nicht recht behalten.

Die beiden jungen Prinzen, die bei Hof eine sehr gute Figur machten, verließen Ende Jänner 1760 wieder die Kaiserstadt. Maria Theresia schrieb an Maria Antonia von Sachsen, die Mutter der beiden: „…Ich habe mich viele Stunden lang mit ihnen über Sie unterhalten – wir haben viel getanzt und musiziert –, und bei allem war teure Erinnerung an Sie wach; es schien mir, als ob sie Wien mit Bedauern verließen."

Zumindest für Albert traf die letzte Feststellung der Monarchin mit Sicherheit zu. Er machte in den nächsten beiden Jahren die Feldzüge gegen Preußen mit, wurde

1763 zum General der Kavallerie befördert und erhielt ein Kommando in Ungarn. Sein Bruder Clemens mußte nach einer schweren Erkrankung aus dem Militärdienst ausscheiden. Er schlug die geistliche Laufbahn ein und wurde ebenfalls 1763 zum Bischof von Freising und Regensburg bestellt.

Das größte Ereignis des Jahres 1760 im kaiserlichen Wien war die Vermählung Josephs, des Thronfolgers und ältesten Sohnes des Kaiserpaares, mit der ob ihrer Schönheit über alle Maßen bewunderten Prinzessin Isabella von Parma. Fürst Joseph Wenzel Liechtenstein, den Maria Theresia, die Stifterin dieser Ehe, nach Parma geschickt hatte, um die Braut festlich einzuholen, sandte enthusiastische Berichte nach Wien. „Sie hat meine Erwartung zur Gänze übertroffen", schrieb er der Herrscherin, „und ich kann Eure Kaiserliche Majestät versichern, daß keines ihrer Porträts ihr ähnlich sieht und ein Maler es schwer hat, sie zu treffen. Diese erlesenen Gesichtszüge, diese mit Würde gepaarte Anmut und Bescheidenheit stellen ein Hindernis dar. Seine Königliche Hoheit, der Erzherzog wird der glücklichste Prinz auf Erden sein, denkt man an seinen Charakter und sein Herz. Ich darf hinzufügen, Eure Majestät, daß die Bewunderung alle Kavaliere meiner Suite erregt…" Maria Theresia, die sich nach langen Überlegungen und diplomatischen Verhandlungen für Isabella, eine Enkelin König Ludwigs XV. von Frankreich, entschieden hatte, war entschlossen, trotz der leeren Staatskassen und mitten im Siebenjährigen Krieg, die Hochzeit mit allem nur denkbaren Prunk über die Staatsbühne gehen zu lassen.

Und so geschah es. Der Hochzeitszug mit der von acht Schimmeln gezogenen Prunkkarosse der Braut traf nach einer langen Reise durch Oberitalien, Kärnten, die Steiermark und das südliche Niederösterreich, von einer Unzahl von Edelknaben, Reitknechten, Stallmeistern, Kammerdienern und Lakaien gefolgt und begleitet, am 2. Oktober 1760 in Laxenburg ein. Dort kam es zur ersten Begegnung zwischen Braut und Bräutigam. Was mögen die beiden jungen Menschen, die zum ersten Mal einander persönlich sahen, gedacht und empfunden haben? Wir wissen es nicht. Der schüchterne, ein wenig linkisch wirkende neunzehnjährige Joseph soll beim Anblick seiner künftigen Gemahlin bis an die Haarwurzeln errötet sein. Die ausgesprochen kritische, sensible Isabella hat Jahre später das Dasein und Schicksal einer Prinzessin so formuliert: „Worauf hat die Tochter eines großen Fürsten zu warten? Ihr Schicksal ist unstreitig das unglücklichste. Den Vorurteilen des Volkes schon bei ihrer Geburt ausgesetzt, wird sie zu nichts anderem geboren als dem Plunder von Ehre und Etikette ausgesetzt zu sein, der der Größe und ihrem Stand in der Welt anhaftet – eine Strafe, sobald sie stammeln kann. Ihre Lage beraubt sie der Bekanntschaft der Menschen, von denen sie umgeben ist, ihr Rang, weit davon entfernt, ihr den geringsten Vorteil zu verschaffen, nimmt ihr die größte Annehmlichkeit des Lebens, die allen Leuten gegeben ist, die Gesellschaft… Verpflichtet, inmitten der großen Welt zu leben, hat sie niemanden, mit dem sie reden kann, weder Bekannte noch Freunde.

Das ist aber nicht alles. Am Ende versucht man sie unterzubringen. Sie wird also verdammt, alles zu verlassen, Familie und Land – und für wen? Für einen Unbekannten, einen Menschen, dessen Charakter und dessen Art zu denken sie nicht kennt, für eine Familie, die sie vielleicht nur mit Eifersucht betrachtet, aber zumindest mit Vorsicht: als Opfer einer angeblich wohlwollenden Öffentlichkeit, viel eher aber der unglücklichen Politik eines Ministers, der keinen anderen Weg findet, um die beiden Häuser durch eine Allianz zu verbinden…"

Ob der seltsamen jungen Frau mit dem umdüsterten Gemüt ähnliche Gedanken durch den Kopf gegangen sind, als sie dem ältesten Sohn Maria Theresias damals in Laxenburg zum erstenmal gegenüberstand?

Von Laxenburg führte der Hochzeitszug weiter zum Belvedere, wo die Braut Quartier nahm und bis zum Hochzeitstag, dem 6. Oktober, blieb. Dann erfolgte der feierliche Einzug in Wien, der drei volle Stunden in Anspruch nahm. Wir sind darüber durch ausführliche Beschreibungen unterrichtet, der Hofmaler Martin van Meytens und seine Schüler haben das Großereignis in fünf Kolossalgemälden festgehalten, die noch heute im Zeremoniensaal des Schlosses Schönbrunn dem Beschauer einen Eindruck von der Pracht dieser barocken Festlichkeit vermitteln. Der siebenbürgische Adelige Georg Rettegi notierte in seinen Memoiren: „Am sechsten Oktober standen in allen Straßen, durch welche die Braut kommen sollte, zwei Reihen von Bürgern Wiens im Schmuck ihrer Waffen. An jeder Straßenecke hielten Dragoner zu Pferde Wache, auch sie in voller Bewaffnung. Musikkapellen standen in allen Straßen, alle Türen und Fenster waren belagert von einer unabsehbaren Menge, in der Arm und Reich durcheinanderwogte. Zuerst zog das Regiment des Kaisers vorbei, dem 120 herrliche Karossen folgten, die von prächtig aufgezäumten Pferden gezogen wurden. Reiter und Lakaien, die vor und neben den Kutschen ritten, waren in Paradeuniform. Der Brautzug näherte sich in langsamem Schritt. Der stolze Wuchs der Braut, ihre schwarzen Augen und Brauen, ihre kunstvolle Frisur, das mit kostbaren Steinen überladene Diadem, ihr Kleid aus Silberbrokat zogen alle Blicke an. Nach der Ankunft in der Burg wurde sie zur Kirche geführt, wo ihr Verlobter, Erzherzog Joseph, sie erwartete. Nach den Hochzeitszeremonien wurde bei Einbruch der Nacht vor der Hofburg und am Stephansdom eine Illumination veranstaltet, wie

*Trauung Josephs II. mit Isabella von Parma in der
Augustinerkirche. Gemälde aus der Schule
des Martin van Meytens*

man sie bisher noch nicht gesehen hatte. Der Schimmer
des Lichtes von nahezu 3.000 Lampions stieg sogar über
die vierstöckigen Häuser hinweg. Im Hof der Burg brann-

ten zwei Reihen von 3.000 weißen Wachskerzen und ungezählte Fackeln.

Die ganze Nacht hindurch war die Stadt erfüllt vom Gedränge, den Rufen, der Musik und den Tänzen der Bevölkerung, so daß man darüber fast die Stimmen der Kanonen nicht mehr hörte, die auf den Bastionen unaufhörlich feuerten."

Zur Ergänzung: Die Hochzeit fand in der festlich geschmückten Augustinerkirche im Beisein des gesamten Hofstaates statt und wurde vom päpstlichen Nuntius Vitaliano Borromeo vollzogen. Ein glanzvolles Festmahl im Redoutensaal der Hofburg, Opern- und Theateraufführungen, Empfänge und Galaabende schlossen sich an. Die Festlichkeiten waren kaum zu Ende gegangen, als Anfang November in Wien die Nachricht vom unglücklichen Ausgang der Schlacht von Torgau – an der mittleren Elbe bei Leipzig – eintraf.

Die Gemahlin Josephs, die in Spanien und am Hof ihres Großvaters König Ludwig XV. in Versailles aufgewachsen war, war schön, klug und gebildet, eine vielschichtige Persönlichkeit mit einem außerordentlich komplizierten Gefühls- und Seelenleben. Hypersensibel und exaltiert, reichte der Bogen ihres Empfindens von glühender Sinnlichkeit über Anwandlungen bitterster Schwermut und tiefster Verzweiflung bis zur Todessehnsucht.

Isabella von Parma litt, so scheint es, wie ein Jahrhundert später Elisabeth von Bayern, die Gemahlin Kaiser Franz Josephs, an der Sinnleere ihrer Stellung und ihres Daseins. Sie konnte den Vorrechten ihrer Geburt absolut nichts Positives abgewinnen, sie haßte ihren Rang und das damit verbundene hohle höfische Zeremoniell, sie verabscheute Würde und Repräsentation. Allerdings, und das verschärfte ihre Seelenkonflikte, ließ sie sich nach außen hin davon nichts anmerken. Der Familie und der Öffentlichkeit gegenüber gab sie sich heiter, unbekümmert und zufrieden. Isabella von Parma, diese große, unergründliche Seele, war, und das ist nicht abschätzig gemeint, eine Meisterin der Verstellung. Sie lebte gewissermaßen nach innen. Sie lachte, obwohl ihr zum Weinen zumute war, sie mimte Zuneigung und Liebe, auch wenn sie Gleichgültigkeit empfand, sie verschloß ihre Herzenregungen sorgfältig vor der Außenwelt. An dieser Zwiespältigkeit ihres Wesens mußte die temperamentvolle, fragile Südländerin schließlich zerschellen.

Der unerfahrene und ahnungslose Joseph war in seine bezaubernde, fügsame Gattin bis über beide Ohren verliebt. Er verbrachte mit ihr wunderbare, stimmungsvolle Abende, die Ehe schien vorzüglich zu funktionieren. Der Thronfolger schwelgte im Glück. In die seelischen Abgründe seiner angebeteten Gemahlin vermochte er nicht zu blicken. Die weibliche Psyche war für ihn eine Terra incognita. Er erkannte Isabellas Wesen nicht, er bemerkte ihre Sehnsüchte nicht, ihre Träumereien, ihre Schwermut, den raschen Wechsel ihrer Stimmungen. Daß das süße Geschöpf an seiner Seite unglücklich war, ruhelos, mit ihrer Existenz zutiefst unzufrieden, auf diesen Gedanken wäre er nicht einmal im Traum gekommen. Und so vollzog sich das Drama dieser Ehe im stillen, unter der Oberfläche, ohne leidenschaftliche Szenen und rabiate Temperamentsausbrüche.

Die schöne Südländerin mochte Joseph nicht. Mehr noch: Sie war eine Männerfeindin, sie haßte das männliche Geschlecht. In einem in französischer Sprache abgefaßten Aufsatz mit dem Titel: „Traité sur les hommes" (Abhandlung über die Männer) brachte sie unmißverständlich zum Ausdruck, daß der Mann ihrer Meinung nach ein „unnötiges Tier" sei, eine Drohne der menschlichen Gesellschaft, ein Nichtstuer und Taugenichts, der alle Macht in Händen halte und nichts anderes im Schilde führe, als die Frau zu unterdrücken und zu knechten.

Dieser Traktat Isabellas ist eine einzige Anklage gegen das andere Geschlecht, ein vorweggenommenes emanzipatorisches Manifest, das nicht übel zu den Frauenbewegungen des späten 19. und 20. Jahrhunderts gepaßt hätte. Hätte Joseph und mit ihm der gesamte Wiener Kaiserhof gewußt oder auch nur geahnt, welche revolutionären gesellschaftspolitischen Gedanken die Kronprinzessin in ihrem hübschen Köpfchen wälzte, hätte einige von ihnen vermutlich der Schlag getroffen. So aber lag man Isabella zu Füßen, sie wurde geliebt, verehrt und angebetet, auch von Maria Theresia und Franz Stephan.

Isabella liebte mit südländischer Leidenschaft am Kaiserhof nur ein Geschöpf: Erzherzogin Marie Christine.

Die Historiker haben das Freundschafts- und Liebesverhältnis der beiden jungen Frauen lange Zeit als „mädchenhafte Schwärmerei" abgetan, aber die Briefe, die Isabella ihrer Schwägerin schrieb – es handelt sich um rund 200 Briefe, Zettel und Zettelchen, die bis 1918 im Albertina-Archiv aufbewahrt wurden und die heute im Archiv von Ungarisch-Altenburg liegen –, sprechen eine so deutliche Sprache, daß diese Auffassung unhaltbar geworden ist.

Die Gattin Josephs ließ ihrer „lieben Schwester", ihrem „Engel", ihrem „allerliebsten Esel", ihrer „lieben Alten" fast täglich, zumeist in französischer Sprache, ein paar Zeilen zukommen, in denen sich unmißverständlich eine tiefe, intime Zuneigung reflektiert. Isabella an Marie Christine:

„Guten Morgen, liebe Schwester,

Da ich kaum die Augen offen habe, so kann ich nicht gut auf Ihre Fragen antworten. Ich werde Ihnen aber doch sagen, daß es mir gut geht, daß ich gut geschlafen habe, daß ich Sie rasend liebe und daß ich hoffe, Sie gut zu küssen, auch daß ich entzückt sein werde, Sie zu sehen, Sie zu küssen und von Ihnen geküßt zu werden. Der Kaiser wollte auf die Jagd gehen, ich weiß nicht, ob er geht. Der Erzherzog wird auch gehen, Sie werden bei mir speisen, in diesem Fall wird an diesem Abend kein Cercle und kein Spiel sein… Ich kann vermelden, daß ich voll Ungeduld bin, an Ihrem Busen zu sterben… Adieu, ich küsse Sie und bete Sie an bis zu einem Grade, den ich nicht sagen kann, und der mich zu Ihren Füßen erbeben läßt…"

Und ein andermal formulierte sie ihre Liebesergüsse ausnahmsweise einmal auf deutsch: „…allerliebster, allerschätzbarichster Schatz, ich habe dir schon schreiben wollen als die Englische Camerdienerin kommen ist, aber wer kann vor 7 Uhr schon auf seyen. Adieu mein trost, du bist gar zu gut, daß du auf mich denckst, ich hoffe dich heute zu sehen um halber 11. Adieu nochmal, ich küsse dein ertzengliches arscherl und ich lege mich der Wasques (der Obersthofmeisterin Maries, Anm. d. Verf.) unterthänigst zu füssen."

Die beiden Freundinnen besuchten einander in ihren Appartements und verabredeten Treffen an irgendwelchen verschwiegenen Orten. Marie Christine, von deren Hand nur ein einziges Schriftstück, eine Art Charakterstudie Isabellas, erhalten geblieben ist, hat die Zuneigung der Schwägerin, wenn auch gedämpft und zurückhaltend, erwidert. In ihrem Porträt schilderte die Erzherzogin Isabella als liebenswürdig, großzügig und mitfühlend und bezeichnete die Güte als den prägnantesten Grundzug ihres Charakters. Marie Christine schreckte aber auch nicht davor zurück, auf Isabellas Schwächen hinzuweisen. „Was die Religion betrifft", urteilte sie, „so ist dies ein Punkt, an dem nicht zu zweifeln ist. Trotzdem werfe ich Dir vor, daß Du gegenüber jenen, die Du liebgewonnen hast, ein wenig zu voreingenommen bist und Deine Meinung schwer änderst. Du liebst es, die Leute zu quälen, aber wenn Du

Dein Ziel erreicht hast, und die Leute verärgert sind, dann bist Du verzweifelt, daß es Dir gelungen ist.

Erlaube mir, Dir zu sagen, daß die große Sehnsucht, die Du nach dem Tode hast, ein Gefühl ist, das fehl am Platz ist, ob es nun aus der Eigenliebe kommt oder von dem Wunsch, heldenhaft zu erscheinen…"

Der Tod, die Todessehnsucht spielte im Denken dieser seltsamen, innerlich zerrissenen Frau eine zentrale Rolle. Sie war geradezu davon besessen. Unermüdlich beschäftigte sie der Gedanke an das Jenseits, sehnte sie sich danach, ihrem Erdendasein, das sie als peinigende Qual empfand, zu entfliehen. „Was habe ich in dieser Welt verloren", klagte sie ihrer Freundin ihr Leid, „ich bin zu nichts nütze, ich tue nur Schlechtes. Je mehr ich das betrachte, desto mehr Hindernisse finde ich für mein Seelenheil. Wenn es erlaubt wäre, freiwillig zu sterben, ich wäre versucht, es zu tun. Vielleicht erweist mir Gott die Gnade und holt mich bald zu sich. Adieu, ich umarme Sie… Seien Sie mir nicht böse, daß ich so schwarz geschrieben habe…"

Der Grund für diese zutiefst pessimistische Lebenshaltung ist, so meint Isabellas Biographin Ursula Tamussino, in der erblich bedingten depressiven Veranlagung der Prinzessin zu suchen. Das ist durchaus einleuchtend. Ihre beiden Großväter, Ludwig XV. von Frankreich und Philipp V. von Spanien, litten unter Depressionen, ein Halbbruder ihres Vaters starb in geistiger Umnachtung. Diese melancholisch-depressive Grundstimmung wurde offenbar noch durch Isabellas Überzeugung verstärkt, daß sie die Erwartungen, die die Dynastie in sie setzte, nicht erfüllen konnte: Sie gebar Joseph in drei Ehejahren zwei Töchter, die jung starben, und hatte drei Fehlgeburten. Der ersehnte männliche Nachkomme blieb aus. Dazu kamen das Schuldgefühl ihrer für damalige Begriffe abwegigen Veranlagung und die psychische Belastung, die sich daraus ergab, daß sie ihrer Umgebung die verliebte Gattin vorspielte und vorspielen mußte, die sie nicht war. Alle diese Komponenten zusammengenommen häuften sich zu einem neurotischen Konfliktpotential an, das schwer zu ertragen war und vor dessen quälender Seelenpein sich Isabella durch die Flucht in geistiges und künstlerisches Schöpfertum zu retten versuchte.

Die Gattin Josephs war künstlerisch vielseitig begabt. Sie malte und zeichnete, sie spielte hervorragend Geige und sie schrieb viel. Wenn diese eigenwillige, geistvolle Frau ihr Leben nach ihrem Geschmack hätte einrichten können, wer weiß, sie wäre vielleicht eine ausgezeichnete Schriftstellerin geworden.

Es ist jedenfalls erstaunlich, mit welcher Vielfalt an Themen und Wissensgebieten sich Isabella in ihrem kurzen Leben befaßt hat. „Hier das Bild, das sich Ihnen von meinem Kopf offenbart", schrieb sie an Marie Christine, „Philosophie, Moral, Erzählungen, Meditationen, Chansons, Geschichte, Physik, Logik, Metaphysik, Begeisterung für Sie – schließlich könnte man es als das kompletteste Magazin der Unordnung und der Vernunft ansehen, ein Magazin, von dem sie behaupten, daß ich es in einem Augenblick entwirre, was ich während 20 Jahren angehäuft habe und trotz aller meiner Bemühungen nicht in Ordnung bringen konnte…"

Isabella hinterließ neben ihren Briefen eine Fülle von Schriften. So verfaßte sie, offenbar unter dem Einfluß von Jean-Jacques Rousseaus „Émile" eine Studie unter dem Titel „Réflexions sur l'Éducation" (Betrachtungen über die Erziehung), in der sie, ganz im Sinne der Aufklärung, moderne pädagogische Ansichten vertrat. Sie plante ein großangelegtes Werk über die „Sitten der Völker", das jedoch nur bis zu den Ägyptern gedieh, und schrieb einen kleinen Aufsatz über den Handel, in welchem sie die Bemühungen des Wiener Hofes schilderte, sich am Welthandel zu beteiligen. In ihrer umfangreichen Schrift

„Christliche Betrachtungen", die nach ihrem Tod von Maria Theresia zum Druck freigegeben wurde, setzte sie sich ausführlich mit religiösen Fragen und dem Tod auseinander.

Im Jahre 1763 verdichtete sich die Todessehnsucht Isabellas zur Todesgewißheit. „Ich kann sagen", schrieb sie an ihre Freundin, „daß eine geheime Stimme den Tod mir ankündigt, und dieser Ausspruch verbreitet eine Sanftmut, eine Weihe in meiner Seele, die ich nicht begreifen und noch weniger ausdrücken kann. Sie ermutigt mich zu allem und verleiht mir eine übernatürliche Kraft über mich selbst…"

Offenbar unter dem Eindruck dieser Stimmung brachte die lebensmüde Südländerin ihre „Conseils à Marie" zu Papier, Ratschläge, die nach ihrem Tod Marie Christine als Richtschnur ihres Handelns dienen sollten. In dieser Schrift, die auch Psychogramme von Maria Theresia und Franz Stephan enthält, erweist sich Isabella als scharfsinnige Beobachterin und Menschenkennerin mit feiner psychologischer Einfühlungsgabe. „Der Kaiser liebt Sie, er besitzt große Eigenschaften ebenso wie Fehler, auf die man sehr achten muß. Er ist ein redlicher Mann, und sein Herz ist gut, man kann auf ihn zählen als auf einen wahrhaften Freund. Aber man muß sich hüten vor seiner Willfährigkeit, Leuten Gehör zu geben, die in keiner Weise die gütige Gesinnung verdienen, die er für sie hegt", faßte sie ihr Urteil über Franz Stephan zusammen, nicht ohne auf die Fürstin Wilhelmine Auersperg anzuspielen, der der Kaiser seine Gunst schenkte.

Und über Maria Theresia schrieb sie: „Die Kaiserin hat Dich immer geliebt und liebt Dich auch jetzt mit unvermindert großer Zärtlichkeit. Doch Du kennst ja ihre Weise, ihre Kinder zu lieben, jederzeit ist eine Art Mißtrauen und anscheinde Art Kälte darein gemischt. In dem ersten Schmerz, den ihr mein Tod, der gleichwohl kein so schrecklicher Verlust für sie sein wird, wahrscheinlich bereiten wird, wird sie all ihre Freundschaft für mich auf Dich übertragen. Je betrübter sie Dich sehen wird, umso größer wird ihre Liebe zu Dir werden... Ich rate Dir daher als Freundin und zwar als eine Freundin, die nichts wünscht als Dein Wohlergehen und die Tröstung der Kaiserin, Dich gleich anfangs in ihre Arme zu werfen..."

Die unglückliche Gemahlin des Kronprinzen, die sich so sehr nach dem Tod sehnte, wurde ein Opfer der Pocken. Sie schied am 27. November 1763, ein paar Wochen vor ihrem 22. Geburtstag, aus dem Leben. Fünf Tage vor ihrem Hinscheiden hatte sie noch ein Kind zur Welt gebracht, das jedoch noch am selben Tag starb.

Ihr Tod löste in der Wiener Hofburg tiefe Trauer aus. „Wir beide haben den verhängnisvollsten und trostlosesten Schlag erlitten", schrieb Maria Theresia an Isabellas Vater, den Herzog von Parma, „und doch ist der Schlag, der das Herz bluten läßt, von der Hand des Herrn geführt... Vereinen wir zu einer vollkommenen Ergebung die feste Zuversicht, daß Er, der uns schlägt, auch zu heilen weiß..."

Joseph, der Tag und Nacht am Krankenbett seiner Gemahlin gewacht hatte, war über alle Maßen erschüttert. „Ich habe alles verloren", klagte er, „meine anbetungswürdige Gattin, den Gegenstand all meiner Zärtlichkeit, meine einzige Freundin ist nicht mehr... Betrübt und bedrückt weiß ich kaum, wie ich weiterleben soll. Welche entsetzliche Trennung! Werde ich überleben können? Wenn ja, so nur, um mein ganzes Leben hindurch unglücklich zu sein..." Und in der Tat: Joseph hat sein persönliches Lebensglück nicht mehr wiedergefunden.

Was Marie Christine beim Tod Isabellas empfunden hat, ist nicht überliefert. Ihr Schmerz wird bei der Zärtlichkeit der Beziehungen, die sie mit der Schwägerin unterhalten hatte, tief gewesen sein. Die Erzherzogin hat ihrer Intima jedenfalls ein treues Andenken bewahrt. Sie hat sich von nichts getrennt, was sie an Isabella erinnerte. In ihrem Gebetbuch fand sich nach ihrem Ableben ein kleines Bild, auf dem Isabella mit ihrer Tochter Maria Theresia dargestellt ist. Auf der Rückseite hatte die Erzherzogin Isabellas Todesdatum und die Todesursache festgehalten und die Bemerkung angefügt, sie habe mit ihr die beste und wahrhaftigste Freundin verloren, die sie je auf der Welt besaß. „Diese Frau war mit allen nur erdenklichen Tugenden, Vorzügen und Liebenswürdigkeiten ausgestattet. Sie lebte und starb als ein Engel", schrieb sie abschließend.

Prinz Albert von Sachsen, der anstelle von Isabella im Leben Marie Christines bald die entscheidende Rolle spielen sollte, kam im Dezember 1763 nach Wien, um der kaiserlichen Familie sein Beileid zum Tod der Kronprinzessin auszudrücken. Er hatte Isabella kurz nach der Hochzeit kennengelernt, ihre Talente und Kenntnisse geschätzt, die Bandbreite ihrer Interessen und ihren Hang zur Schwermut erkannt. Auch ihr Verhältnis zu Marie Christine war ihm nicht verborgen geblieben. „Sie schien damals eine tiefe Neigung zur zweiten Erzherzogin, ihrer Schwägerin (Marie Christine) gefaßt zu haben und wurde deren intimste Freundin", notierte er in seinem Tagebuch.

Ob er die Intensität der Beziehung zwischen den beiden Frauen erkannt beziehungsweise durchschaut hat, bleibe dahingestellt.

Kurz nach seinem Eintreffen in Wien erhielt Albert die Nachricht vom Tod seines Bruders, des Kurfürsten von Sachsen. Er reiste daraufhin unverzüglich nach Dresden und kehrte erst im Frühjahr 1764 wieder in die Kaiserstadt zurück. Sogleich erhielt er zu seinem nicht geringen Erstaunen die Erlaubnis, mit dem Hof nach Laxenburg zu kommen, wo er die „schöne und liebenswürdige Erzherzogin" wiedersah, für die sich ein paar Jahre zuvor sein Herz erwärmt hatte. Alberts Gefühle für Marie Christine hatten sich nicht verändert, und er bekundete sie ihr, sooft sich die Gelegenheit dazu bot. Die Aufmerksamkeiten, die er der Kaisertochter erwies, stießen, wie er zu seiner Verwirrung bemerkte, keineswegs auf Ablehnung.

Um sich selbst und der Erzherzogin unnötigen Seelenkummer zu ersparen, kehrte Albert auf seinen Posten nach Ungarn zurück, wurde jedoch schon bald darauf zur Übernahme eines militärischen Kommandos nach Preßburg abkommandiert, wohin auch der Hof zurückgekehrt war. Ob es der Zufall wollte oder ob höhere Gewalt im Spiel war, wer vermag das heute zu sagen?

In Preßburg begegnete Albert jedenfalls der Erzherzogin fast täglich. Die beiderseitige Zuneigung vertiefte sich.

Kurz nachdem der Hof wieder in Wien weilte, erhielt der Prinz den Auftrag, sich in die Hauptstadt zu begeben und zum Zweck der Einstudierung eines neuen Exerzier- und Dienstreglements für die Kavallerie hier Aufenthalt zu nehmen. Maria Theresia bot ihm Quartier in einem ihr gehörenden Haus in der Nähe der Hofburg, lud ihn zu allen Unterhaltungen und Jagden ein und gestattete ihm sogar den Zutritt zur Hofloge. Diesen offenen Gunstbezeugungen folgte eines Abends im Theater die Ermunterung der Erzherzogin, seinen Gefühlen für sie keinen Zwang anzutun, sie aber in der Öffentlichkeit unter keinen Umständen zu zeigen, bis die Zeit dazu reif sei.

Das war deutlich genug. Albert wußte jetzt, woran er war. „Ich konnte mich von meinem Erschrecken kaum erholen", notierte er in seinem Tagebuch, „dieses unerwartete Gespräch machte mich unsicher, ich wußte nicht, ob ich träumte oder ob sie wirklich mit mir geredet hatte. Konnte ich denn im Ernst mir vorstellen – ein 'pauvre cadet', wie ich einer war, nichts besitzend als eine kleine Apanage und das, was ich aus dem Titel meines Generals-

ranges bezog, den ich auch nur der Güte der Kaiserin ver-
dankte –, konnte ich mir überhaupt einbilden, diese große
Souveränin würde soweit gehen, Gefallen an einem Atta-
chement zu finden, an der Neigung zu ihrer geliebten
Tochter, die doch wert war, Gemahlin eines der ersten
Herrscher Europas zu werden; auch wenn diese die Empfindungen, die ihr entgegengebracht wurden, erwiderte.
Allerdings sollten die Prüfungen, die ich noch zu bestehen
haben würde, sehr hart und sehr langwierig werden."

Es kann als sicher gelten, daß Maria Theresia von Mimi
ins Vertrauen gezogen worden war und das sich anbahnende Liebesverhältnis nach Kräften unterstützte. Die
Monarchin schätzte Albert. Er war anspruchslos, bescheiden, liebenswürdig, gebildet und spielte sich nie in den
Vordergrund. Er war ein junger Mann ganz nach ihrem
Geschmack. Auch wenn er, mit fürstlichen Maßstäben ge-
messen, ein armer Teufel war, ein „pauvre cadet" eben, der
nichts besaß als ein Offizierspatent von ihren Gnaden,
auch wenn es für ihn nicht die leiseste Hoffnung gab, einmal einen Thron zu besteigen, warum sollte Albert nicht
ihr Schwiegersohn werden? Mimi liebte ihn, und für ihre
Mimi tat sie alles. In ihrem Fall war sie sogar bereit, entgegen ihrer sonstigen, von der Staatsräson geprägten Vorstellungen über die Partnerwahl ihrer Töchter, einer Liebesheirat zuzustimmen. Noch war allerdings Vorsicht ge-
boten, noch durfte nicht der leiseste Anschein erweckt
werden, daß sie ein solches Projekt billigte.

Der Kaiser hatte für Marie Christine nämlich bereits einen Gatten ausgesucht. Seine Wahl war auf den Sohn seiner Schwester, den Herzog Benedikt Moritz von Chablais, gefallen. Maria Theresia verhielt sich still wie eine
Kirchenmaus, wenn Franz Stephan die Rede darauf
brachte. Sie setzte auf Abwarten und mahnte die auf eine
Entscheidung drängende Tochter, mit der sie unter einer
Decke steckte, zur Bedachtsamkeit.

„Meine liebe Marie", dämpfte sie im Frühjahr 1765 die töchterliche Ungeduld, „alles kann gelingen, wenn wir das strengste Geheimnis wahren. Vor allem darfst Du selbst dem Deinen keinerlei Hoffnung machen und darfst Dich keiner Menschenseele anvertrauen, zumal Dich ohnedies alle Leute schon bedauern. Ich kenne Deine schwierige Lage wohl und bin selbst darüber bekümmert, doch wenn Du Dir noch einige Monate Zwang antust, so besteht Hoffnung, daß wir zum ersehnten Ziel kommen. Deine Mutter und beste Freundin beschwört Dich, ruhig zu sein und alles in Gottes Hand zu legen, bei ihm allein wird Deine Seele Frieden finden. Ich habe Dich sehr lieb. Maria Theresia."

Und da die Erzherzogin ihre Sympathien für den Prinzen offenbar doch nicht gut genug zu verheimlichen verstand, setzte die Herrscherin nach:

„Meine liebe Tochter,

Ich rate Dir sehr, mach die Dinge nicht schwieriger, als sie schon sind. Warum gibst Du aller Welt ein Schauspiel, das jedermann durchschaut? Sei überzeugt, daß man Dich in Laxenburg und noch mehr in Preßburg, wo Du so ruhig zu sein glaubtest, nur allzu leicht erriet. Du hast jetzt Ruhe nötig und darfst Dich nicht aufregen. Das kostet manche Überwindung, wenn Du die gegenwärtige Zeit überstehen willst… Du hast Dein Glück in meine Hände gelegt und mir Dein Herz geöffnet, sei gewiß, daß es gut bei mir aufgehoben ist, und daß ich niemals gegen Deinen Willen handeln werde… Hab keine Vertraulichkeiten, weder mit Deiner Schwester noch mit sonst irgend jemand… Sprich nicht mit Joseph über ihn. Wenn er Dich aushorchen will, sag ihm einfach, er solle Dich, wenn er Dich lieb hat, in Ruhe lassen…"

Im Juli 1765 reiste der Hof nach Innsbruck, um dort die Vermählung Erzherzog Leopolds, des zweitältesten Sohnes des Kaiserpaares und zukünftigen Großherzogs von

Toskana, mit der Infantin Maria Ludovica von Spanien zu feiern. Maria Theresia bestand darauf, daß auch Albert diese Reise mitmachte. Sie begründete ihren Entschluß mit dem Hinweis, daß Alberts Bruder Clemens, der Bischof von Freising und Regensburg, die Trauung vornehme und Alberts Fernbleiben daher zu den verschiedensten Überlegungen und Mutmaßungen Anlaß geben würde.

Zu den Hochzeitsfeierlichkeiten in Innsbruck war auch der Herzog von Chablais geladen. Das Liebespaar mußte nun noch vorsichtiger agieren, die Monarchin noch behutsamer und umsichtiger taktieren als in Wien. Das verlangte viel Beherrschung, Klugheit und Besonnenheit. Wieder und noch einmal mußte Maria Theresia bei Marie Christine Geduld einmahnen. „Je weniger Du Dich aufregst", konstatierte sie, „je weniger gibst Du wegen des Unsrigen Anlaß gegen Dich zu sein, was eben mehr als je vermieden werden muß, umso mehr hoffe ich weiterzukommen, doch brauche ich Zeit und kann vor der Rückkehr von Innsbruck nichts einfädeln…" Sie solle durch zuviel Unrast nichts verderben und sich mit Joseph auf kein Gespräch mehr einlassen, beschwor sie die Tochter, der sie abschließend den Rat gab: „Suche Vaters Zärtlichkeit mit tausend Aufmerksamkeiten und gib ihm keinerlei Anlaß, gegen Dich mit meinem Protégé zu sein, denn er ist hellhörig."

Marie Christine hatte nicht mehr viel Gelegenheit, den Vater mit Zärtlichkeiten zu überhäufen. Mitten in den Hochzeitsfeierlichkeiten ereilte Franz Stephan der Tod. Ein Schlaganfall setzte am 18. August 1765 seinem Leben ein plötzliches Ende.

Albert, der den Kaiser nach einer Theatervorstellung auf den Weg zurück in den Speisesaal der Innsbrucker Hofburg begleitet hatte, berichtete seiner Mutter: „…als ich auf den Lärm hin herbeieilte, den sein Unwohlsein

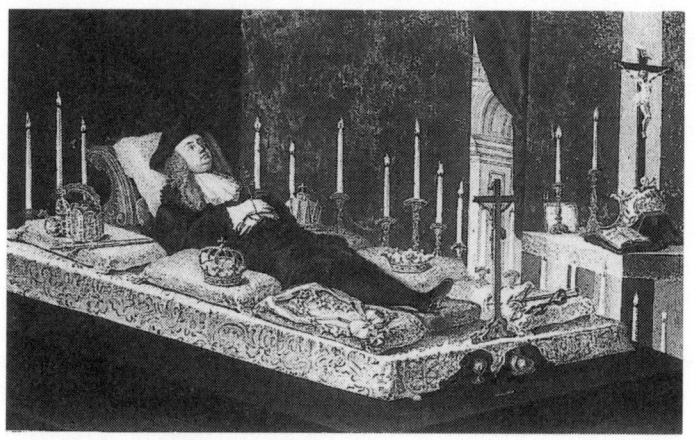

Kaiser Franz I., auf dem Totenbett aufgebahrt

hervorgerufen hatte, sah ich ihn tot auf einem Dienstbotenbett hingestreckt, auf das man ihn gelegt hatte, nachdem er zusammengebrochen war. Der Schlag war so plötzlich, daß er kein einziges Lebenszeichen mehr gab... Ich kann Ihnen kaum den Schrecken dieser Szene und danach schildern. Stellen Sie sich den Kaiser tot in den Armen seines Sohnes (Joseph) vor; die Kaiserin, die man am Betreten des Vorzimmers, wo sich der Vorfall abspielte, hinderte, ganz außer sich; Prinz Carl und seine Schwester (die Geschwister des Kaisers) kaum weniger erschrocken, führten sie in ihre Gemächer, obwohl sie sich kaum aufrecht halten konnten; der Erzherzog (Leopold) krank in seinem Bett; die Erzherzogin (Marie Christine) ganz bestürzt, in Wehklagen verfallen; der gesamte Hofstaat, welcher sich zum Souper versammlen sollte, in Tränen aufgelöst; das ganze Palais widerhallend von Weinen, Schluchzen und Klagen: da haben Sie das Ereignis, dessen Zeuge ich war und das ich in meinem ganzen Leben nicht vergessen werde..."

So sehr Marie Christine um ihren Vater trauerte, ihren Eheplänen stand nun niemand mehr im Wege, denn Maria Theresia war längst dafür gewonnen. Die nach dem Todesfall angeordnete Hoftrauer, die sich üblicherweise über ein Jahr erstreckte, gebot allerdings pietätvolle Zurückhaltung.

Die Hochzeitsvorbereitungen liefen jedenfalls hinter den Kulissen bereits im November 1765 an. Der älteste Bruder Alberts und Familienchef des sächsischen Hauses, Kurfürst Xaver, hielt in aller Form im Namen des Bräutigams um die Hand Marie Christines an, und Maria Theresia gab dazu freudig und gerne ihre Einwilligung. Zur gleichen Zeit einigte sie sich mit Joseph, den sie unmittelbar nach dem Tod Franz Stephans zum Mitregenten ernannt hatte, über die Aussteuer.

Maria Theresia traf alle Vorkehrungen, um dem künftigen Ehepaar ein materiell sorgenfreies, fürstliches Leben zu gewährleisten. Sie ließ es dabei an Groß- und Freizügigkeit nicht fehlen. Zuallererst verschaffte sie ihrem Schwiegersohn in spe, mit dem sie sich übrigens mindestens ebenso gut verstand wie mit ihren eigenen Söhnen, eine hervorragende Position. Am 26. Dezember 1765 ernannte sie den geliebten Albert zum Feldmarschall und Statthalter von Ungarn mit Sitz in Preßburg, der damaligen Hauptstadt. Das Preßburger Schloß, ein finsteres, mittelalterlich anmutendes Gebäude, wurde mit einem Kostenaufwand von sage und schreibe 1,3 Millionen Gulden zu einem modernen Palast mit breiten Treppenaufgängen und lichtdurchfluteten Korridoren umgebaut. Für ihre Mimi war der Kaiserin nichts zu teuer. Maria Theresia kümmerte sich über das Finanzielle hinaus bei der Einrichtung des Schlosses persönlich um das kleinste Detail, reiste des öfteren selbst nach Preßburg, begutachtete die Möbel, wählte das Tafelgeschirr, die Wäsche, den Schmuck und die Nippessachen für die Tochter aus. Sie ließ darüber hinaus bei Schloß Laxenburg für Mimi und Albert ein separates Haus, das sogenannte Grünnehaus, einrichten und stellte später dem jungen Paar für seine Besuche in Wien ihre eigenen Räume in der Hofburg zur Verfügung.

Das Heiratsgut der Erzherzogin umfaßte außerdem das Herzogtum Teschen – Albert konnte sich fürderhin Herzog von Sachsen-Teschen nennen –, die Herrschaften Mannersdorf, Ungarisch-Altenburg, Bellye und Raczkeve, die der Schwiegersohn der Monarchin mit großem wirtschaftlichen und finanziellen Geschick zu ertragreichen Agrarbetrieben um- und ausbaute. Hunderttausend Gulden in Gold erhöhten neben der reichhaltigen Aussteuer Marie Christines Wert als Braut und Gemahlin. Flotte Zahlenjongleure berechneten die jährlichen Einkünfte des Paares auf eine Million Gulden.

Man kann sich unschwer vorstellen, daß diese offenkundige Bevorzugung bei den übrigen Kindern auf kopfschüttelndes Unverständnis stieß, Neid und Eifersucht erregte. Fairerweise ist jedoch anzumerken, daß Albert und Marie Christine mit ihrem Vermögen zeitlebens sehr sorgsam umgegangen sind und ihren Wohlstand vor allem für kulturelle Werte sinnvoll eingesetzt haben. Sie nahmen Künstler und Gelehrte in ihren Dienst, unterhielten ein Orchester, kauften Bücher und Gemälde an und verpflichteten Theatergruppen. Ganz im Geist der Zeit verfügten sie aber auch über einen Hofstaat von geradezu königlichem Zuschnitt. Die Zahl der adeligen Kammerherren und Hofdamen sowie der übrigen dienstbaren Geister aller Schattierungen belief sich insgesamt auf mehr als 120 Personen, und alle mußten bezahlt werden.

Albert hielt am 7. Jänner 1766 seinen feierlichen Einzug in Preßburg und wurde von den Ständen, die sich anfänglich gegen seine Ernennung ausgesprochen hatten, und der Bevölkerung freundlich begrüßt.

Der junge Statthalter befand sich zunächst keineswegs in einer beneidenswerten Situation. Er mußte Latein lernen, das damals in Ungarn Verwaltungssprache war, und seine geringen Kenntnisse auf administrativem und juristischem Gebiet vertiefen, was viel Mühe und Zeit kostete. Albert unterzog sich diesen Aufgaben mit Eifer und Fleiß. Es gelang ihm, durch Umsicht und Klugheit und mit Hilfe verläßlicher und tüchtiger Ratgeber nicht nur seine Gegner von seinen Fähigkeiten zu überzeugen, sondern durch sein korrektes Verhalten auch die Achtung der Bevölkerung zu gewinnen.

Am 2. April 1766 wurde die Verlobung des Paares gefeiert, sechs Tage später fand im ehemaligen Prinz Eugen-Schloß Schloßhof im Marchfeld die Trauung statt, die Alberts Bruder Clemens in der Schloßkapelle vornahm. Mimi trug ein Kleid aus weißem, silberbestickten Mousseline, das mit Edelsteinen reich besetzt war, der Bräuti-

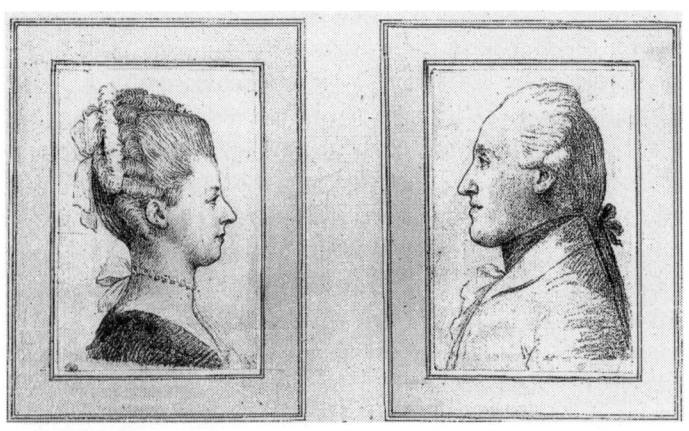

Marie Christine und Herzog Albert von Sachsen-Teschen. Rötelzeichnung von Giovanni Pichler

gam trat in Uniform vor den Traualtar. Maria Theresia wohnte der kurzen Zeremonie von der Empore aus teil. Die Hochzeitsgesellschaft war in tiefstes Schwarz gehüllt, da noch immer Hoftrauer herrschte. An die Trauung schloß sich ein festliches Souper, an dem Maria Theresia jedoch nicht teilnahm. Sie speiste in ihrem Zimmer allein.

Um die gedrückte Stimmung ein wenig zu heben, gestattete die Monarchin einige Veranstaltungen, eine Bauernhochzeit mit Tanz etwa, ein Karussell und andere ländliche Vergnügungen, an denen auch die Spitzen der Preßburger Adelsgesellschaft teilnahmen. Das jungvermählte Herzogspaar blieb vier Tage in Schloßhof. Dann hielt es an der Seite Maria Theresias und Josephs seinen Einzug in Preßburg. Der Alltag trat in seine Rechte.

Maria Theresia kehrte nach einigen Tagen hochzufrieden in die kaiserliche Residenz zurück. „Meine Frischvermählten sind in Preßburg überglücklich", schrieb sie an ihre langjährige Vertraute, Gräfin Sophie Amalie Enzenberg.

Zwischen Mimi, Albert und Maria Theresia entspann sich in den folgenden Wochen ein lebhafter Briefwechsel, in dem die Regentin nicht darauf verzichtete, auch ihrer Lieblingstochter Ratschläge und Verhaltensmaßregeln zu geben. Es waren Belehrungen und Direktiven, die auch in den Briefen an die anderen Töchter immer wiederkehrten: sich dem Mann bedingungslos unterzuordnen, ein christliches und rechtschaffenes Leben zu führen, mildtätig zu sein, keine selbständigen Entscheidungen zu treffen. Im Ton blieb sie dabei, wie bereits angemerkt, moderat.

Wie sehr sie an ihrer Mimi hing und wie schwer ihr die Trennung von ihr fiel, enthüllen ein paar Zeilen eines Schreibens vom 18. April 1766:

„Heute nach Tisch war ich ganz dumm und kindisch, als ich um drei Uhr Eure Schwestern in meiner Kammer hörte, glaubte ich einen Augenblick, meine liebe Mimi käme. Ach sie hält hof bei sich und genießt die Nähe ihres Geliebten – ja, das habe ich nun von meinen Sorgen, die ich seit zwei Jahren um sie gehabt. Doch ich kann Gott nicht genug danken, beide nun zu einem glücklichen Ende geführt zu haben, und erhoffe von seiner Gnade und von Euch selbst, daß Euch dieses Glück erhalten bleibe und alle Tage größer werde. Aber ich will nicht vor Euch brummen, sondern halte Euch von ganzem Herzen lieb. Maria Theresia."

Albert und Marie Christine genossen ihr junges Eheglück in vollen Zügen. Sie gaben auf Schloß Preßburg glanzvolle Feste, nahmen an den Festlichkeiten und Jagden des Adels der Umgebung teil, empfingen in Schloßhof Besucher der Regentin und machten des öfteren ihre Aufwartung in der Wiener Hofburg und in Schönbrunn. Im Mai 1767 steuerte ihre eheliche Eintracht einem Höhepunkt zu, Mimi erwartete ihr erstes Kind. Im Laufe des 15. Mai setzten die Wehen ein, am nächsten Tag wurde die Herzogin von einem Mädchen entbunden, das knapp nach der Geburt starb. Die Eltern waren verzweifelt. Aber der Tod streckte bald auch seine Hand nach ihnen aus. Marie Christine wurde nach der schweren Entbindung vom Kindbettfieber heimgesucht, Albert Mitte Juni von den Blattern befallen.

Das Herzogspaar überstand diese schicksalhafte Krise, Marie Christine und Albert genasen. Kinderglück war ihnen jedoch nicht mehr beschieden. Sie haben später ihren Neffen Erzherzog Carl, den Sieger von Aspern und Besieger Napoleons, an Kindes Statt angenommen und auch zu ihrem Erben bestimmt.

Nach ihrer Genesung ging der Locumtenens, wie Alberts offizieller Titel lautete, daran, die von Maria Theresia gewünschten Reformen in Ungarn durchzuführen. Das harte Los der leibeigenen Bauern hatte in einigen Komitaten zu Revolten geführt, die für die Zukunft nichts

Gutes verhießen. Maria Theresia war über das ausbeuterische Verhalten des Adels empört. „Die vielfachen und unmenschlichen Exzesse, welche in Ungarn begangen werden", schrieb sie 1767 an Albert, „beunruhigen mit Recht mein Gewissen. Ich muß ihnen um so kräftiger vorbeugen, als ich sehe, daß man nicht die passenden Mittel anwendet und Dinge zu entschuldigen und zu beschönigen sucht, welche zu weit gehen und deren üble Folgen das Militär später wohl selbst empfinden wird."

Nur mit äußerster Behutsamkeit und durch die Entsendung kaiserlicher Kommissäre, die an Ort und Stelle den Umfang der bäuerlichen Besitzungen feststellten und die mißbräuchlichen Übergriffe der Grundherren auf das Hab und Gut ihrer Untertanen anprangerten und abstellten, konnte das Land allmählich befriedet werden.

Größere und raschere Erfolge als in seinem Aufgabenbereich als Statthalter erzielte Albert als Kunstsammler und Mäzen. Albert war am Dresdener Hof inmitten von Kunst und in einer schöngeistigen Atmosphäre aufgewachsen, und diese Jugendeindrücke prägten ihn für das ganze Leben. Unterstützt von seiner kunstsinnigen Gemahlin begann er bereits in seiner Preßburger Zeit eine Kunstsammlung anzulegen, die der stille, besonnene und wohltätige Schwiegersohn Maria Theresias im Laufe der Jahre durch den gezielten Ankauf von Zeichnungen und Kupferstichen zu einer der bedeutendsten Sammlungen Europas ausbaute. Diese Kunstschätze, die nach seinem Tod auf seinen Erben Erzherzog Carl übergingen, bilden heute den Grundstock der nach ihm benannten Albertina, die Weltruhm erlangt hat und mit der sich der von den Ideen der Aufklärung geprägte Albert mit goldenen Lettern in das Buch der Kunstgeschichte eingeschrieben hat.

Seinen Soldatenberuf und seine Funktion als Statthalter von Ungarn betrachtete Albert als notwendiges Übel, ge-

Das Palais Herzog Alberts auf der Augustinerbastei
um 1817. Aquarell von Jakob Alt

nauso wie die Reisen durch Ungarn, das Banat und zu König Friedrich II. von Preußen, die er an der Seite seines
Schwagers, Kaiser Josephs II., mitzumachen gezwungen
war. Wesentlich größeren Spaß bereitete ihm die lange
Reise nach Italien vom Dezember 1775 bis Juli 1776, über
die er Maria Theresia einen eindrucksvollen, interessanten
Bericht zusandte. Albert und Mimi besuchten Leopold in
Florenz, Maria Carolina in Neapel, Maria Amalia in Parma, Ferdinand in Mailand und wurden auch von Papst
Pius VI. in Audienz empfangen. Wiewohl der in enger Beziehung zum Freimaurertum stehende Albert vom
freundlichen Empfang durch den klugen, gütigen Ober-
hirten der römischen Kirche tief berührt war, übersah er
doch die Schwächen der päpstlichen Administration
nicht. „Ich will nicht entscheiden, ob alles richtig ist, aber
im ganzen ist der Kirchenstaat schlecht verwaltet", vermerkte er kritisch. „Wie könnte es anders sein, da nur
Geistliche an die Spitze der Geschäfte kommen; da alle

jene, welche Talent, Geist und eine besondere Kenntnis des Landes wie seiner Bedürfnisse besitzen, schon deswegen ausgeschlossen werden, weil sie keine Geistlichen sind; wie kann ein festes System in einem Lande befolgt werden, wo der Souverän immer wechselt; wie kann man erwarten, daß eine Regierung gut sei, deren veraltete Politik nur die Macht und den Reichtum zu vermehren strebt und sich mehr mit Gewalt und religiösem Fanatismus zu befestigen sucht als durch das, was das öffentliche Wohl und das Glück der Provinzen begründet. Seit den Herrschern und ihren Völkern die Augen geöffnet sind, seit der Bannstrahl seine Kraft verloren hat, seit die Annaten von Tag zu Tag kleiner werden und nicht mehr so große Summen nach Rom fließen, ist der römische Hof gesunken und die Administration vernachlässigt."

Die im großen und ganzen glücklichen und unbeschwerten Jahre, die das Herzogspaar in Preßburg verbrachte, gingen 1780 mit dem Tod Maria Theresias zu Ende. Es war der Wendepunkt in ihrem Leben. Mit dem Regierungsantritt Josephs II. wehte Marie Christine und Albert ein anderer, ein frischerer, ungemütlicherer Wind ins Gesicht.

Joseph ließ seiner Schwester bald fühlen, daß sie unter seiner Staatsführung nicht mehr mit Vergünstigungen rechnen könne. Mit ihrer bevorzugten Stellung am Kaiserhof, die auch sein Mißfallen und seine Eifersucht erregt hatte, war es nun vorbei.

Das Herzogspaar, das nunmehr die Generalstatthalterschaft in den österreichischen Niederlanden, dem heutigen Belgien, antreten sollte, bekam die Mißgunst des ungestümen Herrschers sogleich zu spüren. Joseph machte Albert und Marie Christine den Ankauf der ungarischen Herrschaft Bellye zum Vorwurf und setzte ihre Einkünfte in den Niederlanden herunter. Die daraus resultierende

Verstimmung ließ an Deutlichkeit nichts zu wünschen übrig. Das Herzogspaar dachte einen Augenblick lang sogar daran zu resignieren, schreckte aber dann doch vor diesem ungewöhnlichen Schritt zurück.

Albert und seine Gemahlin reisten am 3. Juni 1781 von Wien ab und hielten am 10. Juli „unter dem Jubel des Volkes" ihren Einzug in Brüssel. Ihre Stellung war rein repräsentativ. Joseph II., der das Land noch vor ihrem Amtsantritt bereist hatte, um sich an Ort und Stelle über die politische und wirtschaftliche Situation zu informieren, besprach alle seine Pläne und Maßnahmen mit den Ministern und leitenden Beamten. Das Statthalterpaar war über diese offene Brüskierung wohl gekränkt, machte jedoch aus der Not eine Tugend. Die beiden unternahmen Ausfahrten, machten und empfingen Besuche, nahmen an Jagden teil und kauften südwestlich von Brüssel ein großes Areal an, auf dem sie sich inmitten eines riesigen Parkgeländes ein prachtvolles Schloß errichten ließen. Dieses Schloß Laeken wird noch heute von der belgischen Königsfamilie bewohnt. Und natürlich widmete sich Albert auch in Belgien dem weiteren Ausbau seiner Kunstsammlungen.

Das alles will nicht heißen, daß sich das Statthalterpaar um Land und Leute nicht kümmerte. Anläßlich einiger Rundreisen mußten Albert und Marie Christine feststellen, daß es in vielen Bereichen des gesellschaftlichen und öffentlichen Lebens nicht zum besten stand. Der Unterschied zwischen Arm und Reich war groß, es gab gefährliche soziale Spannungen, die Mißstände in der Verwaltung sprangen ins Auge. Unterschlagungen und Unterschleife waren an der Tagesordnung, das Steuerwesen und die Rechtsprechung begünstigten die privilegierten Schichten, der Handel lag darnieder, der Warenaustausch mit dem Ausland war durch einen alten, von den Holländern durchgesetzten Vertrag, der die Sperre der Schelde für den Transport von Handelsgütern vorsah, praktisch lahmgelegt.

Kein Zweifel: Reformen waren dringend notwendig. Das wußte natürlich auch der Kaiser. Am liebsten hätte er freilich die österreichischen Niederlande, diesen Außenposten der Habsburgermonarchie, gegen Bayern getauscht. Dieses Projekt scheiterte jedoch am Widerstand König Friedrichs II. von Preußen, der gemeinsam mit einigen anderen deutschen Fürsten den „Deutschen Fürstenbund" eingegangen war, um dieser, wie er vorgab, Vergrößerung der Macht des Kaisertums entgegenzutreten. Auch der Plan, die Schelde für die Schiffahrt freizumachen und Antwerpen zu einem Welthafen auszubauen, schlug fehl. Frankreich und die Generalstaaten – die heutigen Niederlande – sprachen sich entschieden dagegen aus. Die Schelde blieb für belgische Schiffe gesperrt.

Kaum war dieser Streitfall aus dem Weg geräumt, übersandte der Kaiser, dem jedweder Sinn für Herkommen und Tradition fehlte, an den bevollmächtigsten Minister am belgischen Statthalterhof, Louis Charles Comte de Belgiojoso, einen Administrationsplan, demzufolge das Land unter eine zentralistische Verwaltung gestellt und eine Reihe von kirchlichen Neuerungen durchgeführt werden sollte. Gleichen Atems forderte er das Statthalterpaar auf, nach Wien zu kommen.

Albert und Marie Christine machten sich im Winter 1785/86 bei schlechtem Wetter auf die beschwerliche Reise und erreichten bei grimmiger Kälte und Eis ihr Ziel. Joseph empfing sie freundlich, gab für sie Feste und Empfänge, war jedoch nicht bereit, seine Verfügungen zurückzunehmen. Da halfen alle Bitten Alberts und Marie Christines um mehr Behutsamkeit und Rücksichtsnahme, da nützte alles Zureden und Abraten nichts. Der Kaiser war ein Doktrinär, der unbehelligt von vernünftigen Einwänden und gutgemeinten Ratschlägen an seinen Prinzipien festhielt.

Albert und Marie Christine kehrten unverrichteterdinge nach Brüssel zurück. Im Palais Royal erreichte sie eine Einladung des französischen Königspaares, Ende Juli 1786 nach Paris zu kommen. Das Herzogspaar reiste am 26. Juli ab und stieg, wie schon Joseph II. zehn Jahre zuvor, in einem Pariser Gasthof ab. Noch am Abend nach der Ankunft wurden die beiden in das Schloß Versailles gebeten, wo es zwischen Marie Christine und ihrer um dreizehn Jahre jüngeren Schwester Marie Antoinette ein Wiedersehen gab. Die beiden Schwestern waren, wohl wegen des großen Altersunterschiedes und der Verschiedenartigkeit ihrer Chraktere, einander nicht besonders zugetan.

Der kaiserliche Gesandte in Frankreich, Graf Mercy d'Argenteau, meldete nach Wien: „Das Beisammensein der beiden erlauchten Schwestern verging nicht ganz ohne Schwierigkeiten, und trotz meiner Bemühungen, sie zu verhindern oder zu verscheuchen, gelang mir das nicht immer so, wie ich es gewünscht hätte. Falsche Vorstellungen haben die Königin bewogen, der Erzherzogin die Neigung zuzuschreiben, über andere dominieren zu wollen. Daher entstand die Diskrepanz zwischen dem Wunsch der Erzherzogin, sich oft und lange in Versailles aufzuhalten, und den Bemühungen der Königin, diese Besuche zu verhindern oder zu verkürzen. Nichts von alledem gelangte an die Öffentlichkeit... Es ist außer Zweifel, daß sich die beiden erlauchten Schwestern in aller Freundlichkeit trennen werden, aber es kommt mir nicht so vor, als ob ihr Zusammentreffen die Bande enger geknüpft hätte."

Das Herzogspaar besichtigte Manufakturen, besuchte mit großem Interesse Kunstsammlungen und Museen, nahm an den Vergnügungen des Hofes teil und kehrte nach einer Reise durch Westfrankreich und an die französische Kanalküste Mitte September 1786 wieder nach Brüssel zurück.

In Belgien war die Lage auf das äußerste gespannt. Um das zu erkennen, bedurfte es keiner außergewöhnlichen Hellsichtigkeit. Zwar war die Aufhebung verschiedener Klöster von Klerus und Bevölkerung verhältnismäßig ruhig hingenommen worden, aber andere Maßnahmen, wie die Neuorganisation der Universität Löwen sowie die Abschaffung von Prozessionen und religiösen Festen, stießen auf erbitterte Ablehnung. Als der Kaiser am 1. Jänner 1787 eine Verordnung über die Neugestaltung der Verwaltungs- und Gerichtsorganisation erließ, die eine Außerkraftsetzung der bisherigen Verwaltung gleichkam, war das der berühmte Tropfen, der das Faß zum Überlaufen brachte.

Die Stände von Brabant beantworteten das kaiserliche Dekret mit der Aufkündigung der Steuerzahlungen. Die Erregung steigerte sich von Tag zu Tag. Der verhaßte kaiserliche Minister Belgiojoso, ein unfähiger, hochmütiger Bürokrat, wird in aller Öffentlichkeit verhöhnt, das Volk jubelt dem Führer der ständisch-klerikalen Opposition, Henri van der Noot, zu, es johlt und tobt und stößt Verwünschungen gegen den Kaiser aus. Am 30. Mai 1787 bricht dann in Brüssel der Aufstand los, der im ganzen Volk als Fanal verstanden wird. Eine unüberschaubare Menschenmenge zieht vor das Schloß des Statthalters und verlangt stürmisch die Abberufung Belgiojosos. Marie Christine und Albert stehen vor einer schweren Entscheidung. Sie müssen unverzüglich handeln. Und sie entziehen sich nicht dem Ruf der historischen Stunde. Vom Balkon ihres Palastes aus erklären sie die kaiserlichen Anordnungen für aufgehoben. Diese Willenserklärung löst eine ungeheure Begeisterung aus. Die Menge läßt das Statthalterpaar hochleben, flinke Hände läuten die Kirchenglocken in der ganzen Stadt, am nächsten Abend spannen kräftige Männer nach der Galavorstellung, die man zur Versöhnung des Volkes mit der Regierung veranstaltet, der Staatskarosse Marie Christines und Alberts die Pferde aus und ziehen sie unter dem Jubel der Bevölkerung durch die Straßen. Die Situation ist gerettet, das Statthalterpaar atmet erleichtert auf. „Die Erzherzogin hat bei verschiedensten Gelegenheiten Kraft und bewundernswerten Mut entfaltet", berichtet der kaiserliche Kämmerer Alexander Seckendorf nach Wien. „Ihr Kopf ist, meiner Treu, noch der einzig wohlorganisierte, sie ist stets geistesgegenwärtig, und es liegt an ihr, an ihrem bewundernswürdigen Verhalten, an ihrem Geist und ihrer Entschlossenheit, daß der Kaiser diese Provinz noch in Händen hält. Ohne sie wäre alles verloren. Sie hat durch ihre rasche Entschlußkraft das Vertrauen der Nation, die sie, ihren großen Charakter bewundernd, anbetet, zu bewahren und sogar in höchstem Maße zu verdienen gewußt." Wenn der Kaiser jetzt kluge Entschlüsse trifft, wenn er jetzt den Bogen nicht überspannt, dann ist noch nicht alles verloren.

Die Nachricht von den Vorgängen in Belgien erreicht Joseph während einer Rußlandreise. Sogleich sagt er die geplante zweite Zusammenkunft mit Zarin Katharina ab und kehrt eiligst nach Wien zurück, wo er am 2. Juli 1787 eintrifft. Staatskanzler Fürst Kaunitz, der auf eigene Verantwortung das nachgiebige Verhalten des Statthalterpaares gebilligt hat, bekommt als erster den Unmut des Kaisers zu spüren. Er werde auf gar keinen Fall seine Anordnungen zurücknehmen, macht dieser dem erfahrenen Staatsmann unmißverständlich klar und kritisiert mit scharfen Worten das Verhalten der Schwester und ihres sanften Gemahls. Er zeiht sie der Schwäche, der Mutlosigkeit, des Verrates.

Kaunitz versucht, den Kaiser vor unüberlegten Schritten zurückzuhalten, bietet als letztes Druckmittel sogar seinen Rücktritt an. Vergeblich. Joseph befiehlt die Statthalter und den bevollmächtigten Minister Belgiojoso zur

Berichterstattung nach Wien und verstärkt unter dem Kommando General Joseph Graf Murrays die Anzahl der Regimenter in den Niederlanden. Er ist fest entschlossen, eine neuerliche Erhebung mit Militärgewalt niederzuwerfen. Um sich den Anschein der Verhandlungsbereitschaft zu geben, lädt er die belgischen Stände ein, eine Delegation zu Gesprächen in die Wiener Hofburg zu entsenden.

Marie Christine und Albert verlassen Brüssel am 19. Juli und treffen bereits eine Woche später in der kaiserlichen Hauptstadt ein. Es gelingt ihnen nicht, den Kaiser umzustimmen.

„Wir haben oft die Ehre, ihn zu sehen", beklagte sich Marie Christine bei ihrem Bruder Leopold, „er richtet wohl auch das Wort an uns, doch immer nur im Vorübergehen. Was uns am meisten bedrückt, ist das deutliche Gefühl, daß er kein Vertrauen mehr zu uns hat."

Joseph ersetzte den unfähigen Belgiojoso durch Fürst Ferdinand Trauttmannsdorff-Weinsburg, der nachgiebige Murray mußte dem ehrgeizigen, nicht eben feinfühligen General Richard Graf d'Alton weichen.

Als das Statthalterpaar im Jänner 1788 nach Belgien zurückkehrte, standen alle Anzeichen auf Sturm. Im ganzen Land kursierten Pamphlete gegen die kirchlichen Reformen des Kaisers, in den Straßen von Brüssel patrouillierten Soldaten, die Volksseele kochte. Ein Ausbruch der Gewalt lag in der Luft. „Ich will nicht unterlassen, Dir über das, was im Lande geschieht, zu schreiben", berichtete Marie Christine am 21. April 1788 dem Bruder. „Du bist in Kenntnis von allem, was die Angelegenheiten betrifft, und weißt, daß die Ruhe eher äußerlich als innerlich ist. Es wäre eine Täuschung zu glauben, daß die Gemüter befriedigt sind und eine vollkommene Ruhe wiederhergestellt sei... Furcht und Mißtrauen herrschen überall, und es ist schwer anzunehmen, daß eine Rückkehr zu einer entgegengesetzten Gesinnung, einer Harmonie der Gedanken und zum alten Vertrauen erfolgen werde. Soweit unsere Stellung es erlaubt, haben wir alles dazu beigetragen. Du hast uns selbst Deine Anerkennung darüber ausgesprochen. In allem wird unsere Regel, unser Ziel sein, das zu erfüllen, was uns die Anhänglichkeit, die Pflicht Dir gegenüber vorschreibt..."

Joseph hielt an seinen Reformplänen fest. Eine Revolte, die sich gegen die Schließung der bischöflichen Seminare in Mecheln und Antwerpen und gegen die Verlegung der Universität von Löwen nach Brüssel richtete, wurde sehr zum Mißfallen Alberts im Blut ertränkt. Aber das Statthalterpaar war machtlos. Die Ereignisse gingen über den Kopf Alberts und seiner Gemahlin hinweg.

Im Jahre 1789 springt der Funke der Revolution von Frankreich aus nach Belgien über und löst dort rasch einen verheerenden Flächenbrand aus. Französische Emissäre heizen die antihabsburgische Stimmung an, in den Niederlanden sammelt sich unter der Führung van der Noots ein Invasionsheer. Marie Christine und Albert übersiedeln von Laeken nach Brüssel und warten in der Hauptstadt den Gang der Ereignisse ab. Einer Aufforderung des Kaisers, das Land zu verlassen, kommen sie vorerst nicht nach. Im Oktober 1789 fällt die „Patriotenarmee" in Belgien ein, erobert Gent, Brügge, Antwerpen, Ostende und verjagt innerhalb einiger Wochen die kaiserlichen Truppen. Am 18. November verlassen Marie Christine und Albert als Flüchtlinge das Land und begeben sich über Luxemburg und Trier nach Koblenz und von dort schließlich nach Bonn, wo ihnen Marie Christines Bruder, Kurfürst Maximilian, Schloß Poppelsdorf als vorübergehenden Wohnsitz zur Verfügung stellt. Am 13. Dezember fällt Brüssel widerstandslos in die Hände der Aufständischen.

Die kränkelnde Erzherzogin beklagt mit Bitterkeit ihr Emigrantenschicksal und bedauert den Gang der Ereignisse, dem sie nicht Einhalt gebieten konnte. In der Wiener Hofburg wartet der schwerkranke, 49jährige Kaiser auf den Tod. „Ich habe Deinen Brief durch Baron Herbert erhalten", schreibt er am 29. Dezember 1789 der Schwester. „Was soll ich Dir über diese unglücklichen Zustände in den Niederlanden sagen? Sie richten mich in dem leidvollen Zustande, in dem ich mich befinde, zugrunde. Ich kann nicht atmen, nicht schlafen, mich nicht rühren, die ganze Nacht bringe ich sitzend zu. Du kannst Dir meine Qualen denken. Für den Moment, glaube ich, hilft den Niederlanden nichts. Man muß die Ereignisse und die Gelegenheit, das Land wieder zu erobern, abwarten; alle Wege der Versöhnung sind abgebrochen, alle Nachsicht, die ich gehabt, war umsonst…"

Auch in dieser letzten Phase seines Lebens denkt Joseph keine Sekunde daran, von seinen Prinzipien abzuweichen. Im Jänner 1790 konstituieren sich die niederländischen Provinzen als „Vereinigte Staaten von Belgien", am 19. Februar diktiert der Kaiser den letzten Brief seines Lebens. Er ist an Mimi gerichtet.

„Adieu, ich umarme Dich und nehme Abschied von Dir, denn ich fühle, wie sehr meine Auflösung vorrückt. Joseph."

Tags darauf wurde Joseph II., von wenigen Getreuen umgeben, von seinem Leiden erlöst. Keines seiner vielen Geschwister hat ihm am Totenbett seelischen Beistand geleistet.

Der neue Herrscher, der die Nachfolge Josephs in den habsburgischen Erblanden und im Heiligen Römischen Reich antrat, war des Kaisers Bruder Leopold, Großherzog von Toskana. Dem fortschrittlich gesinnten, von der Aufklärung geprägten Monarchen gelang es mit Behutsamkeit und einfühlender Besonnenheit, die innen- und außenpolitischen Wogen zu glätten und die revolutionären Gemüter in den österreichischen Niederlanden und in Ungarn zu besänftigen.

Im Juni 1791 kehrten Marie Christine und Albert in die belgische Hauptstadt zurück. Sie nahmen, von der Bevölkerung freundlich begrüßt, in allen Provinzen die Huldigung durch die Stände entgegen und begannen damit, alle Ämter so einzurichten, wie sie zu Zeiten Maria Theresias bestanden hatten. Zum bevollmächtigten Minister ernannte der Kaiser den Grafen Georg Metternich, den Vater des später so berühmt gewordenen Staatskanzlers Clemens Wenzel Metternich. Die alte Ordnung schien wiederhergestellt zu sein. Aber der Schein trog. Von den Ereignissen in Frankreich beeinflußt und angefacht, schwelte unter der Oberfläche der Geist der Revolution weiter.

Am 1. März 1792 starb Kaiser Leopold II. im Alter von 45 Jahren. Am 20. April erklärte Frankreich Österreich den Krieg, französische Truppen fielen in Belgien ein und schlugen im November die unter dem Kommando Alberts stehende österreichisch-belgische Armee.

Marie Christine und ihr Gemahl mußten abermals aus dem Land fliehen, und diesmal war es ein Abschied für immer. Es gelang ihnen, einen Großteil ihres Besitzes, wertvolle alte Möbel und Gemälde, kostbare Bücher und die umfangreiche Graphiksammlung auf drei Schiffen in Sicherheit zu bringen und nach Hamburg zu verfrachten. Eines der Schiffe wurde jedoch durch einen Sturm im Ärmelkanal vernichtet – ein schwerer Schlag, den der kunstsinnige Albert bis an sein Lebensende nicht verwinden konnte.

Den Winter 1792/93 verbrachte das Herzogspaar in Münster, wo ihnen Mimis Bruder Maximilian, Fürstbischof von Köln, freundliches Asyl bot. Im Frühjahr 1793 reisten Marie Christine und Albert nach Dresden weiter. Der schwerkranke Herzog hoffte dort zu genesen und wollte sich, von der kaiserlichen Politik schwer enttäuscht, in seiner Heimatstadt auf Dauer niederlassen. Albert und Marie Christine führten in Dresden ein ruhiges, aber total verändertes Leben. Ihr Vermögen war geschmolzen, es fehlte an Geld für eine standesgemäße Hofhaltung.

Im Jänner 1794 wurde das Herzogspaar von Kaiser Franz II., der seit 1792 die Geschicke der Donaumonarchie lenkte, benachrichtigt, daß er Dispositionen für ihre künftige Versorgung getroffen habe. Marie Christine und Albert übersiedelten nach Wien und fanden im Palais des Grafen Emanuel Silva-Tarouca, des ehemaligen Ratgebers Maria Theresias, ihre letzte und bleibende Heimstätte. Der Herzog ersuchte um seine Entlassung aus dem Militärverband, die ihm im April 1795 auch gewährt wurde. Er widmete sich von dieser Zeit an hauptsächlich seinen Sammlungen, die er um beträchtliche und reichhaltige Bestände erweiterte. So überließ ihm Kaiser Franz II. 1796 die Zeichnungen der kaiserlichen Schatzkammer mit der berühmten Albrecht-Dürer-Sammlung, die heute den unschätzbaren Mittelpunkt der Albertina bildet.

Unterdessen war der Stern Napoleon Bonapartes am Himmel der Kriegskunst aufgegangen. Die österreichische Armee wurde in mehreren Feldzügen empfindlich geschlagen. Marie Christine zeigte sich über die Kriegshandlungen zutiefst beunruhigt. „Ich kann mich nicht trösten über das vergossene Blut", notierte sie nach dem Frieden von Campoformio im Jahre 1797, „so viele brave Leute sind verwundet, erschlagen; mein Herz ist traurig und tief erschüttert mitten in dem allgemeinen Jubel. Nur mit Tränen in den Augen und mit gepreßtem Herzen lobe ich den Frieden".

Mit der Gesundheit der nunmehr 55jährigen Lieblingstochter Maria Theresias ging es rapid bergab. Schon 1797 zeigten sich erste Anzeichen einer schweren Magenerkrankung. Eine Badekur im Juli 1797 in Teplitz verschaffte vorübergehende Linderung, aber schon ein paar Monate später stellten sich die Schmerzen mit neuer Heftigkeit ein. Da das Palais auf der Augustinerbastei umgebaut wurde, mietete Albert das inmitten von Gärten gelegene Palais Kaunitz in der Vorstadt Mariahilf, wo sich die Erzherzogin zum Erstaunen der Ärzte und zur Freude des Gemahls abermals erholte. Mitte Juni verschlechterte sich ihr Zustand jedoch so sehr, daß jeden Tag mit ihrem Ableben gerechnet werden mußte. Am 23. Juni schrieb sie an ihren geliebten Albert, mit dem sie jahrzehntelang in harmonischer Ehe Freud und Leid geteilt hatte, einen berührenden Abschiedsbrief. „Du warst mein Vorbild, meine Triebfeder zum Guten, mein Leitstern, das einzige Wesen, für das ich lebte, dem ich zugehörte und dessen ich würdig sein wollte", brachte sie ihren Lebensinhalt auf einen Nenner. „Wie kann ich Dir meine Dankbarkeit schildern für all das Glück, welches Du mich in so viel Jahren genießen ließest…"

Am nächsten Tag schied sie, ruhig und gefaßt, aus dem Leben. Der Tod seiner Gemahlin erschütterte Herzog Albert zutiefst. „So verlor ich nach 33 Jahren der glücklichsten Ehe die vollkommenste Frau, die je gelebt hat, mein Teuerstes auf Erden und den geliebten Gegenstand meines ganzen Glückes. Nie während dieses langen Zeitraumes war unser Glück getrübt worden, nie durch die kleinste, auch noch so unbedeutende Diskussion gestört…", bekannte er in seinen Memoiren. „Ich kann nicht mehr zu ihrem Lobe sagen", setzte er fort, „als daß sie sich in allen Lebensverhältnissen als eine würdige Tochter Maria Theresias gezeigt hat. Sie war ihr liebstes Kind und hat all die edlen Eigenschaften ihres Geistes und Herzens geerbt, besonders den festen Mut, die Charakterstärke. In den schwierigsten Lagen des Lebens hat sie dieselben bewahrt…"

Zur Erinnerung und zum dauernden Gedenken an seine geliebte Gemahlin erteilte er dem italienischen Bildhauer Antonio Canova den Auftrag, ein Grabmal zu schaffen, das nach seiner Fertigstellung im rechten Seitenschiff der Augustinerkirche aufgestellt wurde. Die flache Wandpyramide mit einem Medaillon Marie Christines und Figuren aus Carraramarmor trägt die Inschrift: UXOR OPTIMAE ALBERTUS (Der besten Gattin, Albert).

Herzog Albert zog sich nach Marie Christines Tod völlig aus dem öffentlichen Leben zurück, ganz von seiner Sammlertätigkeit und seinen künstlerischen Interessen in Anspruch genommen. Der kluge, besonnene Mann starb am 10. Februar 1822. Er war 83 Jahre alt geworden und hatte seine Zeit längst überlebt.

Maria Elisabeth
Eitel, gefallsüchtig, schicksalsgeprüft

Am Abend vor der Geburt ihres sechsten Kindes, einer Tochter, die den Namen Maria Elisabeth tragen sollte, wagte Maria Theresia im Schloß Schönbrunn noch ein Tänzchen, spielte anschließend bis gegen 23 Uhr Karten und ging dann ganz ruhig zu Bett. Am nächsten Morgen, dem 13. August 1743, stellten sich die ersten Wehen ein. Die Herrscherin gab Befehl, in die Hofburg gefahren zu werden. Die Wehen verstärkten sich. Aber als man in der Residenz ankam, war der Zimmerwärter nicht sogleich zur Stelle, und da die Tür zu den Wohngemächern versperrt war, mußte die werdende Mutter eine Viertelstunde in der „Trabantenstube" auf Einlaß warten. „Aber es ging dann alles Gottlob ganz glücklich von statten", berichtet Fürst Khevenhüller, und Ihre Majestät wurde gegen 3 Uhr nachmittags von einer Prinzessin entbunden, die noch am selben Abend getauft wurde.

Man muß diesen Bericht, der aus der Feder des kaiserlichen Obersthofmeisters Fürst Johann Joseph Khevenhüller-Metsch stammt und somit authentisch ist, ein paarmal lesen, ehe man geistig verarbeitet, was da vor 250 Jahren an einem der bedeutendsten Fürstenhöfe Europas passiert ist. Die Regentin über ein riesiges Reich, die Landesmutter eines nach vielen Millionen zählenden Vielvölkerstaates steht knapp vor der Geburt eines Kindes in ihrem Herrschersitz vor verschlossenen Türen und kann nicht in ihre Gemächer, „weil der Zimmerwarter", so Khevenhüller wörtlich, „der sich darauf nicht versehen (der darauf nicht gefaßt war, Anm. d. Verf.), mithin auch nicht sogleich an der Hand gewesen, um dero Wohnungs Zimmern aufzuspören."

Offenbar waren für das bevorstehende Ereignis überhaupt keine Vorbereitungen getroffen worden, eine aus heutiger Sicht beinahe unglaubliche Vorstellung. Seit Maria Theresia zwei Jahre zuvor einem Thronfolger das Leben geschenkt hatte, war das Interesse der Öffentlichkeit an den familiären Begebenheiten in der Hofburg merklich zurückgegangen.

Das Kinderkriegen kam Maria Theresia nicht schwer an. Die Geburt eines Kindes war für sie ein völlig natürlicher Vorgang, dem sie sich zwischen 1737 und 1756, als sie beinahe vierzigjährig ihr letztes Kind zur Welt brachte, fast jedes Jahr unterzog.

Maria Elisabeth kam „klein und schwach" zur Welt. Das Kind kränkelte viel, es konnte die Nahrung nicht behalten und entwickelte sich dementsprechend langsam und unbefriedigend. Offenbar litt es unter einer Affektion des Magen-Darm-Traktes. Seine Gesundheit gab in der Familie zu ernsthafter Besorgnis Anlaß. Die Ärzte rieten zur Luftveränderung. „Mann hat selbe besseren Luffts halber aus der Burg hinaustransportiert", berichtet der Hofchronist Khevenhüller. Die kleine Erzherzogin, die noch nicht einmal ein Jahr alt war, kam zur Erholung in die Vorstadt, in das spätere Palais Rainer auf der Wieden. Und siehe da, sie erholte sich zusehends und nahm an Gewicht zu. Die rasche Kräftigung wurde auch dadurch bewirkt, daß der Arzt dem Kind ein Schokoladegetränk reichen ließ, das der Magen offenbar gut vertrug.

Maria Elisabeth wuchs zu einem lebhaften, fröhlichen Kind heran. Sie neigte jedoch zu Übermut, war neckisch, kicherte viel und fand bei ihren Späßen kein Ende, was der gestrengen Mutter gründlich mißfiel. So fand sie die Elfjährige in einem Brief an Marie Christine zu kindisch. Hinsichtlich der charakterlichen Entwicklung war es jedoch wesentlich schlimmer, daß die hübsche Erzherzogin – sie war allen zeitgenössischen Berichten zufolge die

Maria Elisabeth vor ihrer Blatternerkrankung

schönste Tochter Maria Theresias – sich schon in frühester Jugend kokett gab, gefallsüchtig und eitel. Sie hielt viel auf ihr Äußeres, das sie sorgfältig pflegte, vergnügte sich gern, zeigte jedoch kaum ausgeprägte geistige Interessen und Neigungen.

Maria Elisabeth stand ihren Geschwistern an Intelligenz gewiß um nichts nach. Sie war genauso begabt oder unbegabt wie die anderen und erhielt auch dieselbe Ausbildung. Sie nahm jedoch kaum etwas ernst, hatte Freude am Klatsch, war schnippisch, liebte kleine Bosheiten, fand Gefallen an Bonmots und ironischen Redewendungen. Ihre Vorliebe für Wortspiele und abfällig-ironische Bemerkungen teilte sie im übrigen mit ihrem Bruder Joseph, mit dem sie sich ansonsten überhaupt nicht verstand. Die Mutter, die das natürlich bemerkte, schrieb einmal tadelnd an den Sohn: „Ihr seid eine Kokette des Geistes, Ihr jagt ihm urteilslos nach, wo immer Ihr ihn zu finden glaubet. Ein gescheites Wort, eine glänzende Phrase, die Ihr in einem Buch oder sonstwo findet, fesseln Euch, Ihr gebraucht sie bei der ersten Gelegenheit, ohne ernstlich zu überlegen, ob sie auch dahin passen, ganz wie Eure Schwester Elisabeth mit ihrer Schönheit gefallen will, bei einem Wachtposten oder einem Prinzen, das ist ihr gleich."

Die Lehrer und Erzieher hatten es nicht leicht mit Maria Elisabeth. Immer wieder mußten sie sie zur Aufmerksamkeit ermahnen, ihre oberflächliche Schülerin zu Gründlichkeit und exakter Arbeit ermuntern.

Der Kindskammer der Erzherzogin stand zunächst Gräfin Belrupt als Aja vor, die wir bereits kennengelernt haben. Sie wurde 1756 durch Gräfin Maria Gabriela von Heister ersetzt, der vier Jahre später Gräfin Antonia von Erdödy mit dem Titel einer Obersthofmeisterin nachfolgte. Auch sie wurde abgelöst und schließlich kam sogar noch eine fünfte Dame zum Zug. Der oftmalige Wechsel der Erziehungsleitung sowie die Tatsache, daß Maria Elisabeth eine Zeitlang sogar von einem männlichen Obersthofmeister, dem Grafen Franz Norbert von Trauttmannsdorf, betreut wurde, läßt darauf schließen, daß einige Lehrer und Erzieher an der eigenwilligen Erzherzogin pädagogisch gescheitert sind. Auch der Wechsel des

Beichtvaters – der Jesuit Franz Lechner wurde durch Ignaz Parheimer ersetzt – und der mehrmalige Austausch des Personals sprechen für sich.

Es konnte nicht ausbleiben, daß die schöne Tochter Maria Theresias, zur Frau herangereift, bald zum Gegenstand eifrigster Überlegungen der Heiratsdiplomatie wurde. Prinzessinnen regierender Häuser und schon gar die Töchter der römisch-deutschen Kaiserfamilie waren im 18. Jahrhundert begehrte Figuren auf dem Schachbrett der europäischen Politik.

Der erste Fürst, der sich um ihre Hand bewarb, Polenkönig Stanislaus II. August, ein Günstling der Zarin Katharina II., war, wie ein Gemälde Angelika Kaufmanns beweist, ein durchaus attraktiver Mann, der der Erzherzogin gefallen haben mag. Aber die schöne Elisabeth wurde natürlich überhaupt nicht um ihre Meinung gefragt. Ehekontrakte wurden zumindest über den Kopf der Braut, wenn nicht auch über den des Bräutigams, hinweg geschlossen, waren eine Sache politischer Überlegungen und Erwägungen der Staatskanzleien und selbstverständlich auch des betreffenden elterlichen Herrscherpaares. In diesem Fall waren weder Katharina noch Maria Theresia für eine eheliche Verbindung. Die Zarin nicht, weil dadurch die Stellung der Donaumonarchie im mittelosteuropäischen Raum gestärkt worden wäre, während für die Regentin in der Wiener Hofburg der Polenkönig ein zu unsicherer Kantonist und im übrigen zu minderer Abkunft war. Im nachhinein und mit dem Wissen um die historischen Vorgänge im letzten Viertel des 18. Jahrhunderts betrachtet, konnte Maria Elisabeth froh sein, nicht auf den polnischen Thron gekommen zu sein, denn Polen wurde zum Spielball der europäischen Großmachtpolitik. Es wurde dreimal geteilt, zwischen Rußland, Preußen und Österreich aufgeteilt, der König 1795 zur Abdankung gezwungen. Aber wer weiß, vielleicht wäre dem Land unter anderen dynastischen Auspizien und Querverbindungen nicht so übel mitgespielt worden.

Der nächste Freier, der ins Spiel gebracht wurde, war der Herzog von Chablais, ein Sohn König Karl Emanuels von Sardinien-Piemont. Bruder Joseph, zum Zeitpunkt der Brautwerbung bereits Mitregent, wies den Plan jedoch zurück. Also wurde nichts daraus, und Maria Elisabeth blieb endgültig unverheiratet. Denn schon im nächsten Jahr griff das Schicksal mit unerbitterlicher Hand in ihr Leben ein und veränderte es grundlegend.

1767 wurde Wien wieder einmal von den Pocken, der jahrhundertealten, unheilbringenden Menschheitsgeißel, heimgesucht. Tausende Menschen fielen der furchtbaren Seuche zum Opfer, und auch der Kaiserhof blieb nicht davon verschont. Bereits im Frühjahr erkrankten Maria Josepha, die ungeliebte zweite Gemahlin Josephs, und Maria Theresia. Josepha verstarb am 28. Mai morgens, die Monarchin erhielt am 1. Juni die Sterbesakramente. Die Donaumonarchie bangte um das Leben der Herrscherin. Joseph schrieb an Staatskanzler Wenzel Kaunitz: „Der Nachmittag des ersten Juni ist der schlimmste meines Lebens gewesen."

Mitte Juni brach die Krankheit bei Albert von Sachsen aus. Der Schwiegersohn genas, und auch Maria Theresia überstand dank ihrer guten körperlichen Verfassung die schwere Krankheit. Als sie nach ihrer Rekonvaleszenz in Laxenburg am 22. Juli im Stephansdom einer Messe beiwohnte, ging ein hörbares Aufatmen durch die Reihen der Gläubigen.

Kaum hatte der Tod von seinen Opfern abgelassen, begannen am Kaiserhof die Vorbereitungen zur Hochzeit der sechzehnjährigen Erzherzogin Maria Josepha mit König Ferdinand von Neapel. Ein Fest jagte das andere, Bälle wurden veranstaltet, Schauspiele inszeniert. Mitten in dieses bunte Treiben platzte erneut der Pockentod. Am 4. Oktober erkrankte die junge Braut, elf Tage später war sie tot. Und schon suchte sich die Krankheit ein neues Opfer. Da halfen alle Vorsichtsmaßnahmen nichts, alle medizinischen Vorkehrungen. Diesmal war die Reihe an der schönen Elisabeth, die mittlerweile im 24. Lebensjahr stand. Bei der Rückkehr von der Trauerfeier für ihre Schwester in die eigenen Gemächer fühlte sie sich elend. Etwa eine Woche später traten die Krankheitssymptome auf: Frösteln, Fieber, Kopfschmerzen, Übelkeit, Krämpfe. Bald darauf war der ganze Körper von rötlichen Flecken, Blasen und Pusteln übersät, das Gesicht bis zur Unkenntlichkeit entstellt.

Die Krankheit nahm einen so außerordentlich schlimmen Verlauf, daß das Ärgste zu befürchten stand. Am 29. Oktober wurde der Erzherzogin die letzte Ölung gereicht. Maria Theresia, durch die Erkrankung im Frühjahr immun geworden, wachte tage- und nächtelang am Krankenbett der Tochter. An ihre alte Freundin, die Gräfin Enzenberg, schrieb sie: „Heute haben wir das Tedeum für Elisabeth gehalten. Ich habe es nur unter Tränen sprechen können und das De profundis angefügt. Ich fürchte immer, daß meine Söhne auch noch folgen könnten, und gestehe, daß ich nicht mehr die Kraft besitze, einen solchen Schlag zu verwinden…"

Maria Elisabeth blieb wie durch ein Wunder am Leben, und die Herrscherin konnte am 3. November 1767 erleichtert an ihre zukünftige Schwiegertochter, Prinzessin Maria Beatrix von Modena d'Este berichten:

„Ich habe den Trost, Ihnen mitteilen zu können, daß meine Tochter außer Gefahr ist und daß ich glühend wünsche, daß meine Söhne nicht von der selben Krankheit befallen werden. Es geht ihnen sehr gut, ich sehe sie immer von der Empore der Kirche aus und wenn sie ausgehen unter meinen Fenstern, wage aber nicht, mit ihnen in Verbindung zu treten, da ich dauernd bei meiner Tochter bin…"

Ferdinand und Maximilian, die beiden jüngsten Söhne, wurden von einem holländischen Arzt vorbeugend

Maria Elisabeth nach ihrer Blatternerkrankung

geimpft. Ein wirklich wirksamer Impfschutz gegen die verheerende Seuche wurde allerdings erst dreißig Jahre später entdeckt.

Als Maria Elisabeth das Krankenbett verlassen konnte und sich im Spiegel betrachtete, brach sie in ein nicht endenwollendes Schluchzen aus. Ihr schönes, ebenmäßiges, ausdrucksvolles Gesicht war von häßlichen Narben entstellt. Die Pocken hatten sie gebrandmarkt, geradezu stigmatisiert. Aus einer anmutigen jungen Dame war ein wenig begehrenswertes weibliches Geschöpf geworden. Für Maria Elisabeth brach eine Welt zusammen. Sie, die nur ihre Schönheit kultiviert und ansonsten vieles vernachlässigt hatte, ihre Charakterbildung, die Förderung ihrer geistigen und künstlerischen Anlagen, stand nun vor dem seelischen Nichts. Sie war zutiefst unglücklich, litt an Depressionen, mied den Kontakt mit der Öffentlichkeit. Wir wissen nicht, wie ihre Umgebung auf sie reagiert hat, die Brüder und Schwestern, die Mutter. Ob man sie bedauert hat, bemitleidet, gemieden oder getröstet, wer kann es sagen? Sie selbst hat ihren Seelenzustand keinem Tagebuch anvertraut, persönliche Notizen von ihrer Hand sind nicht vorhanden. Zurücksetzungen und Kränkungen sind ihr jedenfalls nicht erspart geblieben. Auch nach ihrer schweren Krankheit mit den so offenkundig wahrnehmbaren Folgen blieb Maria Elisabeth für die Mutter und den (mitleidlosen) Bruder ein Gegenstand der Heiratsdiplomatie. Ein Heiratsobjekt allerdings, das, wie sich bald herausstellte, seinen Marktwert eingebüßt hatte.

Maria Theresia und Joseph dachten an eine Vermählung der Erzherzogin mit dem 52jährigen König Karl III. von Spanien, und, als sich das Projekt zerschlug, mit dem französischen König Ludwig XV. Das Band zwischen Österreich und Frankreich sollte wieder enger geknüpft werden. Da war jedes Mittel recht, jedes Opfer. Denn ein

Opfer wäre es zweifellos gewesen, wäre Maria Elisabeth dem um 33 Jahre älteren französischen Monarchen anvertraut worden, der das Bett mehr schätzte als die Regierungsverantwortung. Aber Maria Theresia machte sich da, man muß es sagen, wenig Skrupel. Hinter die Staatsräson stellte sie alles zurück: moralische Bedenken, Befürchtungen und Besorgnisse, das Glück ihrer Töchter.

Die kleine, naive Erzherzogin scheint sich mit der Idee, Königin von Frankreich zu werden, durchaus angefreundet zu haben, sie war ja auch zu verlockend. Auf einem Maskenball, so wird berichtet, trug sie bereits einen Domino, der mit goldenen Lilien, dem Wappen der französischen Könige, bestickt war. Aber das Hoffnungsflämmchen, das in ihrer Seele brannte, wurde vom rauhen Wind der Realität mitleidlos ausgeblasen. Nachdem der französische Gesandte in Wien um Bilder der potentiellen Braut gebeten hatte, um sie, wie das damals üblich war, seinem Herrn und Gebieter zur Ansicht vorzulegen, blieb Paris stumm. Ludwig XV. ließ sich in seinen letzten Lebensjahren lieber von der schönen Gräfin Marie Jeanne Dubarry verwöhnen als von einer pockennarbigen österreichischen Erzherzogin.

Maria Elisabeth litt unter diesen und anderen Zurücksetzungen erheblich. Ihr Stimmungsbarometer war beträchtlichen Schwankungen unterworfen. Sie schmollte, zog sich zurück, war unansprechbar, abweisend, verletzend, verletzbar, überempfindlich. Dann wieder stürzte sie sich ins Vergnügen, nahm an Gesellschaften teil, tanzte ganze Nächte durch, beteiligte sich an Theateraufführungen des Hofes, sang bei kammermusikalischen Aufführungen.

Ihre Minderwertigkeitskomplexe überspielte sie mit Extravaganzen aller Art, mit Ironie, Spott und Bemerkungen, die so gar nicht an einen Kaiserhof paßten. Um die Mutter und den Bruder zu verärgern, pflegte sie ab und zu vertraulichen Kontakt mit Personen niederer Abkunft. Ein bißchen Schadenfreude tat ihrer gemarterten Psyche offenbar gut.

Im übrigen reagierte wie bei ihrer Schwester Marianna der Körper auf das seelische Leid mit erhöhter Krankheitsbereitschaft. So litt sie im Herbst 1774, wie wir aus einem Schreiben der Mutter an ihren Sohn Ferdinand wissen, an einer Kiefereiterung. „Die arme Elisabeth bleibt hier", berichtete Maria Theresia dem Filius, „weil sie einen Abszeß an der Wange hat, den man ihr schon von außen geöffnet hat und außerdem dreimal einen Zahn gerissen. Sie tut mir wirklich leid, obwohl sie daran nicht unschuldig ist, indem sie harte und entgegengesetzte Mittel anwendete, um alles nur ja schnell und ohne daß es jemand anderer merkte zu beenden…"

Auch in den folgenden Jahren ist in den Briefen Maria Theresias immer wieder von Elisabeths Krankheiten die Rede. Im März 1776 war die Erzherzogin so elend, daß sie selbst an Fasttagen Fleisch essen mußte, und war offenbar in einer so depressiven Stimmung, daß sie fortwährend weinte. Im Februar 1777 litt sie neuerlich unter heftigen Zahnschmerzen.

Die Muter machte sich Sorgen, hielt aber mit Kritik nicht zurück: „…Ihre Leichtfertigkeit läßt sie das alles beiseite schieben. Daß alle ihre Zähne schlecht sind, das ist ihre eigene Schuld…", bemerkte sie, und einen Monat später, am 17. März 1777, meinte sie: „Elisabeth hat noch zu leiden mit ihren Zähnen und an derselben Stelle, wo sie den Abszeß hatte, aber sie gibt es nicht zu und behauptet fest, sie bekäme einen Weisheitszahn; ich wünschte es, aber ich kann es nicht glauben. Sie hat kein Fieber, das beruhigt mich etwas."

Über die Ursachen der andauernden Kränkeleien dachte sie nicht weiter nach. Und auch der kluge Leopold, der am Wiener Hof seine Beobachtungen machte, wenn er zu

Gast war, schürfte nicht sehr tief. Er charakterisierte die Schwester auf seine ungeschminkte, offene Art, ohne den Dingen wirklich auf den Grund zu gehen. Seine geheimen Aufzeichnungen bekam allerdings ohnedies niemand zu Gesicht.

„Die Elisabetha ist immer sehr unklug", notierte er, „aufs äußerste extravagant, auch sie lebt für sich allein (wie Marianna), sie fährt oft im Wagen aus und braucht unterwegs eine ihrer Damen von den ersten des Landes; und die ganze übrige Zeit verbringt sie damit, bei sich zu halten und aufzuziehen ein Mädchen, das vor der Tür ihrer Zimmer gefunden wurde und für das sie eine außerordentliche Zuneigung hat und das sie mit großer Hingabe erzieht. Sie weiß nicht, von wem es ist. Sie ist von aller Welt gemieden und gefürchtet wegen ihrer schrecklichen Zunge, ihren extravaganten und unklugen Reden, sie unterhält sich damit, alle Geschichten und Klatsch aus der Stadt zu erfahren und weiterzuspinnen... Der Kaiser (Joseph) schätzt sie gar nicht, und die Kaiserin schilt sie immer aus, aber dennoch hat sie sich, indem sie ihr alle Neuigkeiten erzählt und alles, was sie weiß, so in ihre Gunst gesetzt, daß, wenn die Maria nicht da ist, sie sehr viel mit der Kaiserin ist und sehr viel Einfluß auf ihren Geist hat..."

Als Leopold das niederschrieb, lebten von allen Kindern Maria Theresias außer Joseph und Maximilian Franz nur noch Marianna und Maria Elisabeth, die beiden unvermählten, nicht an den Mann zu bringenden Töchter, am Kaiserhof. Und die beiden alten Jungfern vertrugen sich wahrlich sehr schlecht. Immer wieder gab es Zank zwischen ihnen, die Eifersüchteleien nahmen kein Ende.

Wenn Maria Elisabeth, wie Leopold berichtet, sich eines Findelkindes annahm und für das kleine Mädchen mütterlich sorgte, so mag ihr diese Aufgabe über vieles Unangenehme hinweggeholfen haben. Leider wissen wir

116

gar nichts Näheres darüber. Wie lange sie das Kind betreute, was aus ihm wurde, ob es nur eine vorübergehende Marotte der Erzherzogin war, die Pflegemutter zu spielen, oder ob sich ein echtes Bedürfnis damit verband, für jemanden zu sorgen: all das entzieht sich unserer Kenntnis. Ungewöhnlich genug ist allein die Tatsache, daß ein weggelegtes Kind am Kaiserhof Betreuung fand und nicht in ein Findelhaus gebracht wurde.

Völlig ungeklärt blieb jahrelang Maria Elisabeths Versorgung. Während Marianna als Leiterin des Adeligen Damenstiftes in Prag bereits 1766 einen Versorgungsposten bekommen hatte, die übrigen Schwestern mehr schlecht als recht, aber immerhin verheiratet waren, war sie nach dem Tod des Vaters, der beträchtliche Ländereien und Kapitalien hinterlassen hatte, leer ausgegangen.

Maria Elisabeth fühlte sich nicht zu Unrecht stiefmütterlich behandelt. Ein halbes Jahr vor dem Tod ihrer Mutter, im Mai 1780, war ihre Zukunft noch immer ungeregelt. Als Maria Theresia um diese Zeit beim Frühstück eines Tages davon sprach, daß sie Maximilian Franz, dem jüngsten Bruder, die Nachfolge als Kurfürst von Köln und Fürstbischof von Münster gesichert habe, begann die unglückliche Erzherzogin heftig zu schluchzen. Maria Theresia glaubte zunächst, ihre Tochter sei vom Abschiedsschmerz für den Bruder übermannt worden. Zu ihrer Überraschung mußte sie freilich feststellen, daß dies ganz und gar nicht der Fall war. Sie würde hier alleine zurückgelassen, brach es aus der Unglücklichen heraus, sie sei dazu bestimmt, mit dem Kaiser allein zu bleiben, und das würde sie unter keinen Umständen tun. „Wir hatten alle Mühe", schrieb die Mutter an ihre Lieblingstochter Mimi, „sie zum Schweigen zu bringen." Und daran schloß sie die kategorische Feststellung: „Es ist traurig, so wenig Vernunft mitanzusehen…"

117

Dieser eine Satz enthüllt, welch geringes Verständnis Maria Theresia dieser Tochter entgegenbrachte.

Mit dem Tod der Mutter im November 1780 ging auch ein Abschnitt im Leben Maria Elisabeths zu Ende. Joseph, mit dem sie sich überhaupt nicht verstand, räumte mit der „Weiberherrschaft" am Wiener Kaiserhof auf. Marianna, wir wissen es schon, verlegte ihren Tätigkeitsbereich nach Klagenfurt, Elisabeth erhielt als Äbtissin des Adeligen Damenstiftes in Innsbruck ein völlig neues Aufgabengebiet, das ihre lebenslange Versorgung sicherstellte.

Das Innsbrucker Damenstift war von Maria Theresia 1765 nach dem Tod Franz Stephans gegründet worden. Die Stiftung sicherte unverheirateten adeligen Damen den Lebensunterhalt und sollte durch Gebete, Messen und tägliche Fürbitten der Stiftsdamen das Seelenheil des verstorbenen Kaisers gewährleisten. Die Aufnahmebedingungen in diese adelige Frauengemeinschaft waren durch strenge Satzungen genau geregelt, ebenso die Aufgaben, der Tagesablauf und der Lebenswandel der Mitglieder. Die Stiftsdamen legten wohl kein Gelübde ab, ihr Leben ähnelte in vielem jedoch dem einer Klosterfrau.

In das Damenstift in der Tiroler Landeshauptstadt wurde nur aufgenommen, wer sechzehn adelige Ahnen nachweisen konnte, und zwar mit allem, was dazugehört, mit Wappen und Insignien. Das Mindestaufnahmealter betrug 24, in Ausnahmefällen 18 Jahre, die Damen hatten Kleidung, Leibwäsche und ein silbernes Eßbesteck mitzubringen und mußten beim Eintritt eine Geldsumme von 200 Gulden erlegen. Sie waren zu Gehorsam gegenüber der Äbtissin verpflichtet, mußten ein tugendhaftes, sittsames Leben führen und zum Zeichen der Trauer um den verstorbenen Kaiser schwarze Kleidung tragen. Zur Sicherung ihres Lebensunterhaltes erhielten sie eine monatliche finanzielle Zuwendung, eine sogenannte Präbende, die ihnen bei einem Verstoß gegen die Satzungen für einige Zeit

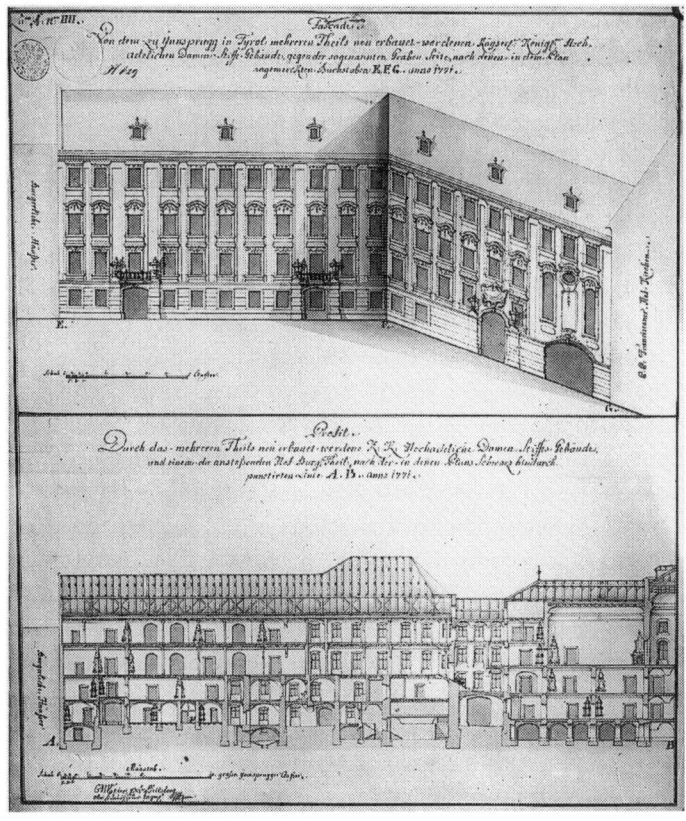

Architekturzeichnung des Adeligen Damenstiftes in Innsbruck

entzogen werden konnte. Ein Ausschluß aus der Gemeinschaft bei einer schweren Verfehlung sowie ein freiwilligcher Austritt waren möglich.

Maria Elisabeth übernahm im Frühjahr 1781 die Leitung des Stiftes. Sie wurde in Innsbruck festlich empfangen und nach einem Hochamt in den Stiftsräumen feierlich in ihr Amt eingeführt. Die in jungen Jahren so lebenslustige und gefallsüchtige Tochter Maria Theresias entwickelte sich in Tirol zu einem respektablen Original, das sich bei der Bevölkerung wegen seiner Leutseligkeit und Geradlinigkeit allgemeiner Beliebtheit erfreute. Die Innsbrucker nannten sie, die neben den Pockennarben auch noch mit drei Kröpfen gesegnet war, durchaus wohlwollend und liebevoll die „kropfete Liesl". Ihr Verhältnis zu den Stiftsdamen war durchaus gut, obwohl sie ab und zu nicht davor zurückscheute, scharf durchzugreifen, wenn sie es im Interesse der Aufrechterhaltung der Ordnung für notwendig hielt.

Schon im ersten Jahr ihrer Stiftsleitung in Innsbruck hatte die Äbtissin eine ungewöhnliche Bewährungsprobe zu bestehen. Auf der Rückreise von seinem Besuch bei Joseph II. in Wien machte Papst Pius VI. in der Tiroler Landeshauptstadt Station und wurde dort an den Stufen der Hofburg von der Erzherzogin und ihrer Obersthofmeisterin, der Gräfin Enzenberg, im Beisein der gesamten Geistlichkeit der Stadt empfangen und in die für ihn vorbereiteten Aufenthaltsräume geleitet. Maria Elisabeth scheint sich dieser Aufgabe durchaus mit Würde gestellt zu haben. Sie strahlte freilich nicht immer und bei jeder Gelegenheit jenes Maß an Hoheit und Distinktion aus, das ihr aufgrund ihrer Stellung gut angestanden wäre. Sie benahm sich ganz im Gegenteil, vor allem bei Verwandtenbesuchen, die sie abstattete oder empfing, sehr ungezwungen und sparte nicht mit mitunter waghalsigen bis beleidigenden Bemerkungen. Jedes Familienmitglied bedachte sie mit einem Spitznamen: So nannte sie Kaiser Franz II. einen „Lümmel", seinen Bruder Rainer „Ochs", Erzherzog Ludwig „Duckmaus" und Erzherzog Rudolf, den nachmaligen Erzbischof von Olmütz, „Nestsch…ßl". Auch benahm sie sich vollkommen ungezwungen. So konnte es geschehen, daß sie in Gesellschaft von Gästen plötzlich jemanden fragte: „Wollen Sie die Kröpfe der Liesl sehen?" Sie schlug dann rasch das Seidentuch zur Seite, mit dem sie ihre körperliche Mißbildung verhüllte, und bewegte die drei knotigen Hauthügel zur Verblüffung ihres Gesprächspartners ein paarmal hintereinander nach rechts und links und umgekehrt.

Auch ihr Schwager, Herzog Albert von Sachsen-Teschen, bekam ihre derbe Barschheit zu spüren. Der Herzog wartete eines Abends vor einem Theaterbesuch gemeinsam mit ihr auf das Kaiserpaar. Als er aus Müdigkeit oder Langeweile zu gähnen begann und sich nicht rasch genug die Hand vor den Mund hielt, schlug ihm die Schwägerin, ehe er sich's versehen konnte, mit dem Fächer auf den offenen Mund.

Die Informationen über diese Vorfälle und Szenen stammen aus Briefen der Töchter Maria Carolinas von Neapel-Sizilien. Diese hielten sich in den Jahren 1800/1801 mehrere Monate am Wiener Kaiserhof auf, wo sie die Tante, die aus Innsbruck angereist kam, aus nächster Nähe kennenlernten und beobachten konnten. „Sie ist eher klein, äußerst dick, blatternnarbig und hat eine Gestalt, die beim bloßen Anblick zum Lachen reizt. Besonders komisch wirken ihre stark ausgebildeten Kröpfe, drei an der Zahl", berichtete eine von Elisabeths Nichten an ihren in Neapel zurückgebliebenen Bruder. Und weiter: „Tante Liesl geniert sich nicht, sie sagt aller Welt und auch ihrer Schwester Marie Caroline die tollsten Sachen ins Gesicht. Selbst der Kaiserin erklärte sie einmal rundheraus, sie sei ein Steinesel, wobei ihr überlassen werden mußte, was für eine besondere Art von Esel sie damit meinte..."

„Tante Liesl kann aber, wenn sie will, auch sehr liebenswürdig sein und besitzt im Grunde ein warmfühlendes Herz", fand eine andere der Nichten.

Maria Carolina, die energische Schwester und unbeugsame Gegnerin Napoleons, bemühte sich redlich, Elisabeths Schwatzsucht einzubremsen. Aber das war offenbar nicht weniger schwer, als dem eroberungssüchtigen Korsen Paroli zu bieten. Schließlich trübten sich die Beziehungen der beiden ungleichen Töchter Maria Theresias, wie eine der Neapolitanerinnen in das ferne Italien meldete. „Tante Liesl ist nicht mehr liebenswürdig, sondern beginnt uns schädlich zu werden", schrieb sie, „ihr Ziel ist Zwietracht in die Familie zu tragen, was hoffentlich nicht gelingen wird… Mama und wir alle fürchten und meiden sie nun."

Nicht nur mit der Familie kam die leidgeprüfte Äbtissin schwer zurecht. Auch die Zeitumstände machten ihr zu schaffen. 1786 wurden über Weisung Josephs II. die Satzungen der Adeligen Damenstifte geändert. In Innsbruck mußten die Chorgebete gekürzt, das abendliche Totenoffizium eingestellt werden. Dieser Eingriff in das innere Stiftsleben war zwar schmerzlich, aber nicht existenzbedrohend. Weitaus schlimmer waren die Auswirkungen, die im Gefolge der Französischen Revolution auf das Stift zukamen. Maria Elisabeth und ihre Damen mußten im Verlauf der Revolutionskriege zweimal vor den heranrückenden Franzosen aus Innsbruck fliehen: im Sommer 1796 nach Sankt Johann, im März 1797 nach Bayern.

Nach ihrer Rückkehr mußte die Äbtissin feststellen, daß sich die wirtschaftliche Situation des Stiftes infolge der durch das Kriegsgeschehen verursachten inflationären Entwicklung rapide verschlechterte. Sie suchte Hilfe beim Kaiser – nach dem Tod Josephs II. und Leopolds II. hatte mittlerweile Franz den Thron bestiegen. Der sparsame, finanziell bedrängte Neffe – der älteste Sohn Leopolds – gewährte ihr eine jährliche Zuwendung von eintausend Gulden. Das war nicht mehr als ein Tropfen auf einen heißen Stein. Trotz verschiedener rigoroser Sparmaßnahmen, die sie anordnete, schmolz das Grundkapital, das Stiftsvermögen verringerte sich, der Schuldenberg wuchs. Das wirtschaftliche Ende des Adeligen Damenstiftes Innsbruck war nahe. Bevor es dazu kam, wurde die Äbtissin von den politischen Ereignissen eingeholt. Nach der Niederlage von Austerlitz am 2. Dezember 1805 mußte Kaiser Franz im Frieden von Preßburg Tirol an Bayern abtreten. Die Erzherzogin zog aus der veränderten Situation die Konsequenzen: Eilig packte sie ein paar Habseligkeiten, die wichtigsten Stiftsdokumente und einige Kostbarkeiten aus der Stiftskapelle zusammen und floh zum Kaiser nach Wien, wo sie per Datum vom 20. März 1806 in einem kurzen offiziellen Schreiben auf ihr Amt verzichtete.

Wie Franz, der sich inzwischen zum Kaiser von Österreich proklamiert hatte, den Entschluß der eigenwilligen Tante und ihre Präsenz in Wien aufgenommen hat, ist nicht belegt. Zweifellos plagten ihn andere, wichtigere Sorgen als das persönliche Schicksal eines Mitgliedes des Kaiserhauses.

Maria Elisabeth hatte allerdings nicht die Absicht, in der Donaumetropole zu bleiben. Die Erinnerung an die vielen freudlosen Jahre, die sie in der Hofbrug verbracht hatte, verdüsterte schon beim bloßen Anblick der alten Gemäuer ihr Gemüt. Sie bat den Kaiser, ihr eine standesgemäße Unterkunft zuzuweisen. Für die Erzherzogin und ihren aus etwa fünfzig Personen bestehenden Hofstaat scheint in Wien kein geeignetes Gebäude aufzutreiben gewesen zu sein. Sie fand schließlich eine Heimstätte in Linz, im Haus eines Grafen Heinrich von Khevenhüller in der damaligen Theatergasse, wo sie die beiden letzten Jahre ihres Lebens zubrachte.

Maria Elisabeth besuchte häufig die Vorstellungen im nahe gelegenen Theater, zeigte sich wohltätig und machte im übrigen um ihre Person nicht viel Aufhebens. In der Hauptstadt Oberösterreichs ist die urwüchsige, kauzige

123

Erzherzogin am 22. September 1808, fünfundfünfzig-jährig, aus dem Leben geschieden. Sie wurde im Alten Dom beigesetzt, wo ihre sterblichen Überreste noch heute ruhen.

Maria Amalia
Maria Theresias Aschenbrödel

„Meine liebe Tochter,

Ihr wünscht Ratschläge von mir, hier sind sie. Sie kommen aus einem liebenden Herzen, und bei der Welterfahrung, die ich habe, werden sie Euch nützlich sein. Mich bewegt nur der eine Wunsch, Euch glücklich zu sehen, wie Euer guter williger Charakter und Euer liebenswürdiges Wesen es verdient haben."

So ungewohnt sanft, pädagogisch klug und einfühlsam leitete Maria Theresia ein mit Juni 1769 datiertes Schreiben ein, in welchem sie ihrer Tochter Maria Amalia, die im Begriffe stand, Familie und Land zu verlassen, um künftighin als Herzogin von Parma ihr Leben zu fristen, die üblichen Verhaltensmaßregeln und Unterweisungen mit

Maria Theresia schreibt an ihre Tochter

auf den Weg gab. Aber schon im nächsten Abschnitt folgte der Paukenschlag.

„Ihr wißt wohl, daß Ihr für Künste und Wissenschaften, die so nützlich und allgemein und in der jetzigen Zeit sogar fast unentbehrlich in der Welt geworden sind, niemals viel Sinn und Geschmack gehabt habt", donnerte die resolute Mama, die bei der Beurteilung ihrer Kinder mit Lob sehr sparsam, mit Tadel jedoch sehr verschwenderisch umging, um dann unbeirrt fortzufahren: „Ihr habt es verstanden, aller Mühe und aller Sorgfalt, die man sich derenthalben um Euch gegeben hat, aus dem Wege zu gehen. Ich muß Euch, meine liebe Tochter, das sagen, schon allein um allen denen gerecht zu werden, sie sich die Mühe machten, Euch zu unterweisen, es ist nichts darin versäumt worden. Ihr hättet auch noch die letzten drei Jahre ausnützen können, wenn Ihr gewollt hättet, ich kann nur hoffen, daß Ihr diese verlorene Zeit nie bereuen und Euch nicht schämen werdet, künftig noch dazuzulernen, was Euch fehlt…"

Maria Amalia war zum Zeitpunkt der mütterlichen Standpauke 23 Jahre alt. Sie hatte als blutjunge Erzherzogin ihre Ausbildung offenbar nicht ernst genommen und sich den Unwillen der Mama zugezogen, dessen Nachbeben Jahre später noch in diesem Schreiben zu spüren sind.

Die Herrscherin rügte nicht nur den mangelnden Bildungswillen dieser – so will es scheinen – mißratenen Tochter. Sie unterzog auch ihren Charakter einer herben Kritik. „Zudem hält man Euch für hochmütig und eigensinnig", formulierte sie mit harter, unbarmherziger Bestimmtheit, „Ihr habt diese Meinung manchen Eurer thörichten Redensarten und Handlungen zu verdanken, die schlecht am Platze waren… Sogar Euer Aussehen, so gut es sonst ist, Eure ein wenig steife, nicht gerade fröhliche und zuvorkommende Haltung haben zu diesem Vorurteil beigetragen." Die Tochter sei, so meinte Maria Theresia kurz darauf wieder etwas wohlwollender, zwar sehr hilfsbereit, besitze Geduld, eine fügsame Art und habe, wenn sie gut aufgelegt sei, sogar etwas sehr Rührendes an sich. Aber im gleichen Atemzug gab es auch wieder Vorhaltungen und Vorwürfe. Sie habe das Studium des Französischen vernachlässigt und spreche es daher schlecht, ihre Art zu plaudern sei langweilig und phrasenhaft. Und in dieser Tonart ging es weiter. Wir werden später auf das Schriftstück noch einemal zurückkommen. Mit welchen Gefühlen Maria Amalia nach dieser Gardinenpredigt ihre Reise in das unbedeutende mittelitalienische Herzogtum antrat, kann man sich vorstellen.

War diese Erzherzogin, mit der die Mutter so schlecht zurechtkam und die mit den mütterlichen Ratschlägen so wenig anzufangen wußte, anders als alle anderen Töchter Maria Theresias? Obwohl wir über ihre Kindheit und Jugend verhältnismäßig wenig wissen, deutet nichts darauf hin, daß sie auf ungewöhnliche Weise aus der Art schlug. Die Mali, wie sie am Wiener Hof als Kind gerufen wurde, erhielt die gleiche Ausbildung wie ihre Schwestern, sie wuchs freilich, so seltsam das auch klingen mag, in der Schar der Geschwister als Einzelkind auf. Am 26. Februar 1746 zwischen zwei Brüdern zur Welt gekommen – Karl Joseph wurde ein Jahr vor, Leopold ein Jahr nach ihr geboren –, teilte sie mit keiner ihrer Schwestern die Kindskammer. Während die um vier Jahre ältere, 1742 geborene Marie Christine mit Maria Elisabeth erzogen wurde und die um vier Jahre jüngere, 1750 geborene Johanna Maria Josepha zur Spielgefährtin hatte, blieb Mali allein und wohl auch ein wenig isoliert. Drei bis vier Jahre Altersunterschied nach unten und oben machten doch etwas aus, schufen Abstand.

Maria Amalia war intelligent, aber grüblerisch, reserviert und dickschädelig. Die gestrenge Mama hat sich mehrmals in ihrer Korrespondenz darüber beklagt. Aus den zeitgenössischen Quellen wird noch über eine andere Eigenheit berichtet: Die kleine Erzherzogin interessierte sich, was für eine Prinzessin im 18. Jahrhundert ungewöhnlich genug war, für die Jagd. Der aufmerksame Vater, der das bald merkte, nahm seine Tochter bereits im Alter von sechs Jahren auf seine Jagdausflüge mit und förderte so deren Interesse für das normalerweise Männern vorbehaltene Vergnügen, für die Natur und die Tierwelt. In späteren Jahren, so wird berichtet, war die Jagd für Maria Amalia eine willkommene Abwechslung im sterbenslangweiligen Einerlei des parmaischen Hofes.

Amélie, wie man die Erzherzogin dann als Mädchen nannte, war keineswegs von robuster Gesundheit. Sie machte wie alle übrigen Geschwister die normalen Kinderkrankheiten durch, ohne Schaden zu nehmen. Von den Blattern blieb sie, so scheint es, verschont. Khevenhüller berichtet indessen im August 1755 von einem medizinischen Vorfall, der die kaiserlichen Eltern mit großer Besorgnis erfüllte. Nach einem krampfartigen Anfall sollte die Neunjährige klistiert werden, was das Mädchen partout nicht zulassen wollte. Daraufhin wendete man Gewalt an und verletzte den Mastdarm, doch konnten die befürchteten Folgen, wie eine abszeßartige Geschwulst, zur allgemeinen Erleichterung vom Arzt abgewendet werden.

Die lebhafte, eigenwillige, zur Heftigkeit neigende Erzherzogin entwickelte sich zu einer starken, selbständigen Persönlichkeit. Sie machte wohl die am Hofe üblichen Feste und Vergnügungen mit, kam den Verpflichtungen nach, die man von ihr verlangte, ging aber ansonsten ihre eigenen Wege und kümmerte sich wenig um die Sorgen und Ärgernisse, die persönlichen und politischen Entscheidungen der Mutter. Zum Unterschied von ihren Schwestern, die bereits im Mädchenalter Opfer der mütterlichen Heiratspolitik wurden, blieb Maria Amalia von den Absichten der Mutter verhältnismäßig lange unbehelligt. So festigte sich in ihr die Meinung, auch sie könne sich, wie ihre Schwester Marie Christine, die im April 1766 den Mann ihrer Wahl geheiratet hatte, ihren Gemahl frei wählen. Sie sollte sich bitter täuschen. Maria Amalia wurde ein Jahr nach der Hochzeit der von ihr nicht sonderlich geliebten Schwester von einer heftigen Zuneigung für den Prinzen Karl von Zweibrücken erfaßt, als dieser am Wiener Hof seine Aufwartung machte. Der Prinz war eine durchaus einnehmende Persönlichkeit. Politisch war er freilich vollkommen unbedeutend und daher unter den gegebenen Umständen gewiß nicht die richtige Wahl für eine Kaisertochter. Er konnte jedoch auf ein reiches Erbe hoffen. Sein Onkel, Karl Theodor von der Pfalz, hatte keinen legitimen Nachfolger, und auch ein anderer seiner Verwandten, der Wittelsbacher Kurfürst Maximilian III. Joseph von Bayern, war kinderlos. Eine zukunftsorientierte habsburgische Heiratspolitik hätte diese verwandtschaftliche Konstellation erkennen und berücksichtigen müssen. Maria Amalia war jedoch, ohne etwas davon zu ahnen, bereits Gegenstand von Heiratsüberlegungen zwischen Maria Theresia und dem spanischen König Karl III. Sie war nun bereits 21 Jahre alt, und es war höchste Zeit, sie an den Mann zu bringen, allerdings nicht an den armen Schlucker, den sie sich in den Kopf gesetzt hatte.

Als Karl von Zweibrücken 1768 in aller Form um die Hand der Kaisertochter anhielt, erteilte man ihm eine glatte Abfuhr. Der allmächtige Staatskanzler Kaunitz, dessen Launen die Regentin mit bewundernswerter Geduld ertrug, fand den Heiratsantrag schlicht komisch, geradezu absurd. Er paßte überhaupt nicht in sein politisches Konzept.

Bereits zehn Jahre später wurde die bayerische Erbfolge akut. Für Karl von Zweibrücken, der seit der schmählichen Zurückweisung seiner Heiratspläne ein erklärter

Gegner des Hauses Österreich war, ergab sich nun die ersehnte Gelegenheit zum Gegenschlag. Er bat den Preußenkönig Friedrich II. um seine Unterstützung in der Auseinandersetzung um die bayerische Nachfolge, die ihm dieser gerne und ohne lange zu überlegen gewährte. Wenn es darum ging, die Donaumonarchie bei ihren Plänen und Handlungen zur Festigung ihrer machtpolitischen Position im deutschen Raum in die Schranken zu weisen, war er prompt zur Stelle.

Die einzelnen Phasen der neuerlichen Auseinandersetzung zwischen Preußen und Österreich müssen hier nicht geschildert werden. Wieder einmal gab es Krieg, diesmal gegen den ausdrücklichen Willen Maria Theresias. Fazit: Österreich erhielt 1779 im Frieden von Teschen das Innviertel.

Doch wir sind der Zeit vorausgeeilt. Als dies alles passierte, war Maria Amalia bereits zehn Jahre lang unglücklich in Parma verheiratet. Drehen wir das Rad der Geschichte also wieder um ein Jahrzehnt zurück.

Die Erzherzogin fiel aus allen Wolken, als ihr die Mutter mitteilte, daß sie einer Ehe mit dem deutschen Prinzen nicht zustimmen könne. Was Maria Theresia ihrer geliebten Mimi zugestanden hatte, wurde Maria Amalia glattweg verwehrt. Sie konnte es nicht fassen und empfand das als ausgesprochen ungerecht, aber alle Versuche, die Mama umzustimmen, blieben ergebnislos. Sie mußte sich fügen, ob sie wollte oder nicht. Die Herzensneigungen der Töchter blieben, wenn man von der bereits mehrfach erwähnten Ausnahme absieht, unberücksichtigt.

Wer war der Auserwählte, auf den das Auge Maria Theresias für ihre eigenwillige Maria Amalia gefallen war? Es war Ferdinand von Parma, der Sohn Herzog Philipps I. von Parma und seiner Gemahlin Elisabeth, der Lieblingstochter des französischen Königs Ludwig XV. Das Her-

zogtum Parma, das nach dem Österreichischen Erbfolge-
krieg 1748 im Frieden zu Aachen von Maria Theresia an
Spanien hatte abgetreten werden müssen, war eine Zweig-
stelle der spanischen Macht. Durch die Heirat einer ihrer
Töchter mit dem Thronerben des kleinen Landes wollte
die Monarchin den verlorengegangenen Einfluß des Hauses Habsburg in Mittelitalien offenbar wiederherstellen.
Daß der 1751 geborene Ferdinand für eine gesunde, tatkräftige Frau wie ihre Maria Amalia ein völlig untaugli-
cher Heiratskandidat war, wußte Maria Theresia nicht,
oder sie nahm es, was wahrscheinlicher ist, ganz einfach
nicht zur Kenntnis. Der Bruder der anmutigen, geschei-
ten, unvergeßlichen Isabella, der früh verstorbenen Gemahlin Josephs, konnte doch kein einfältiger, hinterwäld-
lerischer Tölpel sein. Das war einfach undenkbar. Er hatte doch die bestmögliche Erziehung genossen, wie aus allen Gesandtschaftsberichten eindeutig hervorging.

Ferdinand hatte tatsächlich die namhaftesten Erzieher
gehabt, die der kunstsinnige Vater für den mißratenen
Sohn hatte auftreiben können. Es waren vor allem zwei
Gelehrte, der französische Schriftsteller Abbé Gabriel
Bonnot de Mably und dessen Bruder, der Philosoph Etienne Bonnot de Condillac, die aus der Schar der Erzieher
herausragten. Mably, ein erklärter Gegner der absolutistischen Monarchie, war ein von Rousseau beeinflußter, ra-
dikaler Aufklärer. Er setzte sich in seinen Schriften für
eine Verfassungsreform ein, für Gewaltentrennung, die
Idee der Volkssouveränität und propagierte die Abschaffung des Privateigentums. Sein utopischer Entwurf einer
Gütergemeinschaft und seine radikalen Gleichheitspostu-
late rücken ihn in die Nähe eines Vordenkers des Kom-
munismus.

Condillac gehörte zu den bedeutendsten Philosophen
Frankreichs. Wie sein Bruder ein Freund Rousseaus,
spielte auch er in der Aufklärung eine wesentliche Rolle.

Für seinen schwachsinnigen Schützling schrieb er ein dreizehnbändiges Lehrwerk, das seinen Zweck vollständig verfehlt haben dürfte.

Ferdinand verstand von den geistigen Höhenflügen seiner beiden Lehrerphilosophen so gut wie gar nichts. Aus einem Dummkopf wird selbst durch die beste Erziehung kein Genie. Man kann ihm bestenfalls gute Manieren beibringen, ordentliche Verhaltens- und Anstandsregeln. Ferdinand blieb jedoch selbst dafür unempfänglich. Aus ihm wurde nichts anderes als ein ungeschliffener, störrischer, zu Ausschweifungen neigender Rohling, ein bigotter Betbruder, dessen Lieblingsbeschäftigungen das Läuten der Kirchenglocken und das Maronirösten in bäuerlicher Gesellschaft waren.

Als Maria Amalia erfuhr, daß sie einen um fünf Jahre jüngeren Schwachkopf heiraten sollte, war sie todunglücklich. Maria Theresia redete ihr gut zu, malte ihr ihre zukünftige Stellung in den prächtigsten Farben aus, versuchte ihren Kummer durch den Hinweis auf eine geziemende Ausstattung zu versüßen. Der spanische Hof stellte eine Erhöhung ihrer Einkünfte als Herzogin von Parma durch eine zusätzliche jährliche Geldsumme in Aussicht. Es half alles nichts. Amélie blieb untröstlich.

Die Hochzeit des ungleichen Paares war für Ende des Jahres 1768 vorgesehen. Zwei Monate vor dem geplanten Termin erhielt Maria Theresia die vertrauliche Mitteilung, daß der parmaische Minister Guillaume du Tillot, der für den jungen Herzog die Regierungsgeschäfte erledigte, von der Braut ein Korsett, ein paar Schuhe sowie eine genaue Auskunft über ihre Haarfarbe zu erhalten wünsche. Zu welchem Zweck, blieb ungesagt. Maria Theresia reagierte auf dieses seltsame Ansinnen mit kühler Reserviertheit. Maria Amalia sei für einige Jahre mit Kleidung reichlich ausgestattet, berichtete sie dem Minister, auch anSchmuck werde es ihr nicht fehlen.

Ferdinand von Parma und seine Gemahlin Maria Amalia

Die Vermählung zögerte sich indessen Woche für Woche, Monat für Monat hinaus. Der Grund war die fehlende Ehedispens des Papstes, die bei Verwandschaftsehen erforderlich war. Eine solche Dispens wurde zumeist nur als Formalität gehandhabt, aber Papst Clemens XIII. zierte sich. Er war mit den antikirchlichen Maßnahmen der Bourbonenhöfe, zu denen auch Parma zählte – Auflösung des Jesuitenordens, Säkularisierung der Klöster und Enteignung ihrer Besitztümer –, selbstredend nicht einverstanden und wollte offenbar mit der Hinauszögerung der Dispens ein Zeichen des Protestes setzen. Als er im Februar 1769 starb, war der Weg zur Vermählung frei. Sein Nachfolger, Clemens XIV., machte keine Schwierigkeiten. Er erteilte unverzüglich die Eheerlaubnis. Der Hochzeitstag wurde nun endgültig auf den 19. Juli 1769 festgesetzt. Einen Monat zuvor fand in der Wiener Augustinerkirche im Beisein des gesamten Hofstaates die Trauung per procurationem statt, bei der Amélies Bruder, der fünfzehnjährige Ferdinand, stelltvertretend für seinen gleichnamigen Schwager in Parma als Bräutigam fungierte.

Amélie machte bei der Feierlichkeit einen müden, kränklichen Eindruck. Die Mutter, die das bemerkte, schrieb einen besorgten Brief an Gräfin Enzenberg nach Innsbruck. „Wir sind in den größten Hochzeitsfeierlichkeiten", berichtete sie, „ich erzähle Ihnen darüber nichts, Sie wissen es bereits… Wollte Gott, daß alles glücklich verläuft, aber mein Herz ist bedrückt. Ich fürchte immerzu eine Katastrophe oder daß sie auf der Reise plötzlich krank wird."

Am 1. Juli 1769 machte sich Maria Amalia auf den Weg nach Parma, nicht ohne vorher von der Mutter mit ausgiebigen Ratschlägen versorgt worden zu sein, wie das bereits zitierte lange Schreiben zeigt.

Die Mutter legte ihrer eigenwilligen Tochter streng ans

Herz, sich den Sitten des Landes anzupassen und nur ja nicht den Versuch zu machen, in die Staatsgeschäfte einzugreifen und an der eingespielten Hofhaltung etwas zu verändern. Sie riet ihr, die religiösen Pflichten nicht zu vernachlässigen, sich einfach und unauffällig zu kleiden, sparsam, sanftmütig, freundlich und heiter zu sein, keine Possen zu treiben und ihrem Gatten zu gehorchen. „Ihr wißt, daß wir uns unseren Ehemännern unterzuordnen haben", schärfte sie ihr ein. „Wir schulden ihnen Gehorsam, unser einziges Ziel soll in allem unser Gatte sein."

Wenn man bedenkt, wie dieser Gatte beschaffen war, welche körperliche Mängel und geistige Unzulänglichkeiten ihn auszeichneten – und Maria Theresia war darüber informiert –, kann man über diese mütterliche Direktive nur staunen. „Alles Glück in der Ehe", formulierte die Monarchin weise und lebenserfahren, „besteht im gegenseitigen Vertrauen und in gegenseitiger Zuvorkommenheit. Die tolle Liebe ist bald dahin – man muß einander schätzen und einer des anderen wahrer Freund sein, um in der Ehe glücklich zu leben."

Für zwei so ungleiche Partner wie Maria Amalia und Ferdinand von Parma lagen ehelicher Frieden und gemeinsames Lebensglück freilich von vornherein im Bereich des Unerreichbaren.

Die mütterliche Unterweisung gipfelte in dem Satz: „Wenn Ihr meine Ratschläge befolgt und ein christliches Leben führt, so habt Ihr allen Grund zur Hoffnung, eine glücklich Frau zu werden, soweit man in dieser Welt glücklich sein kann. Seid den Mitmenschen ein Beispiel durch Eure Nächstenliebe und Frömmigkeit, durch einen rechtschaffenen Lebenswandel und edle Bescheidenheit. An Euch liegt es, für Eure ganze Umgebung den Ton anzugeben und ein Vorbild zu sein."

Maria Amalia hat die wohlmeinenden Ratschläge der despotischen Mama, die sie einmal im Monat lesen sollte, was sie aber gewiß nicht tat, zur Kenntnis genommen, sich im wesentlichen jedoch nicht daran gehalten. Ein Konflikt zwischen Mutter und Tochter war somit unausbleiblich.

Amalias Weg nach Parma führte dem Wunsch Maria Theresias gemäß über Innsbruck, wo sie in dem zur Kapelle umgebauten Sterbezimmer des Vaters in der Hofburg vor dem Verlassen der Heimat ein Gebet sprach. Dann setzte sich die Wagenkolonne nach Süden in Bewegung. Über Trient, Rovereto, Verona und Mantua gelangte die Habsburgerin ans Ziel ihrer Reise, das allerdings nicht das Ziel ihrer Wünsche war. Sie wurde in Parma mit allem nur möglichen Prunk und Pomp empfangen. Die endgültige Hochzeit mit Ferdinand, die vereinbarungsgemäß am 19. Juli 1769 stattfand, ließ sie widerwillig über sich ergehen, wie eine nutzlose Formalität, der man nicht entrinnen kann.

Maria Amalia war nicht gewillt, in Parma eine Dornröschenrolle zu übernehmen, im prunkvollen Palast von Colorno, wo sie mit ihrem Gemahl residierte, lediglich ein wenig hofzuhalten, zu tändeln, in den Tag hineinzuleben, darauf zu warten, daß ihr der unhübsche, unreife Herzog seine Gunst schenkte. Sie war von allem Anfang dazu entschlossen, Land und Leute kennenzulernen, Politik zu machen, eine Rolle zu spielen. Sie stellte die Etikette auf den Kopf. Um die vielen schönen Paläste Parmas näher betrachten zu können, lief sie – angeblich – zu Fuß in der Stadt umher und machte Ausritte in die Umgebung, bei denen sie Münzen unter das herbeilaufende Volk warf. Sie kümmerte sich um das Armenwesen und richtete im herzoglichen Palast eine Anlaufstelle für Bedürftige ein. Nicht genug damit, gab sie Dekrete heraus, die mit der Formel begannen: „Wir, der König und meine Frau, ordnen an…"

Die Eingriffe in die Regierungsgeschäfte waren ein Affront gegen den allmächtigen Minister du Tillot, den Ferdinand und Maria Amalia – in diesem Punkt waren sie sich einig – loszuwerden wünschten. Tillot schäumte, und auch Maria Theresia, der das unbotmäßige Verhalten der Tochter bald durch Berichte zu Ohren kam, war auf das äußerste alarmiert. Was bildete sich Amélie eigentlich ein? Hatte sie ihr nicht ausdrücklich aufgetragen, sich aus allen Staatsgeschäften herauszuhalten? War ihre Sprache nicht deutlich genug gewesen? Sie konnte dieses Gehabe unter keinen Umständen dulden. Die Monarchin wies Maria Amalia in einem Schreiben scharf zurecht, und als dies nichts fruchtete, sandte sie ihren Kammerherrn, Freiherr Philipp Franz von Knebel, nach Parma, um ihr den Kopf zurechtzurücken. Auch Fürst Kaunitz bezog Stellung. Er sprach sich für den Weiterverbleib Tillots in seinem Amt aus und wies die Herzogin in die Schranken. Sie habe, betonte er, keine andere Pflicht, als ein unauffälliges, zurückgezogenes Leben zu führen und für Nachkommen zu sorgen. Und bald griff auch der spanische König zugunsten Tillots in das Geschehen ein.

Maria Amalia war nicht die Person, sich einem Druck, auch wenn er noch so massiv war, widerstandslos zu beugen. Sie brach gegenüber Knebel in leidenschaftliche Anklagen gegen ihren unfähigen Gemahl aus und klagte darüber, daß sie von „Schurken, Lügnern und Spionen" umgeben sei. Im übrigen verteidigte sie alle ihre Handlungen und Schritte.

Der kaiserliche Emissär setzte wohl die Entlassung von einigen Gegnern des Ersten Ministers durch und stellte die Etikette wieder her. Als er aber nicht mehr weiterwußte, bat er Maria Theresia um seine Rückberufung.

Die energische Maria Amalia hatte sich zunächst einmal behauptet. Am 22. November 1770 schenkte sie einem Mädchen das Leben, das auf den Namen Karoline getauft wurde. Es war ein ungewöhnlich schönes Baby, aus dem

Maria Amalia mit ihrer Tochter Karoline. Stahlstich nach einem Gemälde von Adelaide Labille-Guiard

ein stilles, ernstes, nachdenkliches Kind wurde. Die Prinzessin heiratete im Alter von 22 Jahren Herzog Maximilian von Sachsen und starb 46jährig.

Die Geburt ihres ersten Kindes verschaffte der Herzogin im Kampf gegen ihre Widersacher eine Atempause. Die Großmutter entbot ihre Glückwünsche und sandte den Generalgouverneur der Lombardei, Graf Paul Firmian, mit Geschenken nach Parma. Firmian wurde von Maria Amalia freundlich empfangen. Er meldete guten Glaubens nach Wien, daß die Ehe intakt sei und die Herzogin sich offenbar in ihr Schicksal gefügt habe. Das war ein Trugschluß.

Bereits im März 1771 berichtete der österreichische Geschäftsträger in Neapel, Graf Wilczek, der die Order hatte, auf der Rückreise nach Wien in Parma Station zu machen, es sei alles beim alten. Du Tillot sei nach wie vor eine Persona non grata, das Herzogspaar sei sich einig in seiner Abneigung gegen die Obersthofmeisterin Anna Malaspina. Am Herzogshof von Parma ging es weiter drunter und drüber, es werde nach Herzenslust kollaboriert und intrigiert. Die Herzogin vertrieb sich unterdessen die Zeit immer häufiger mit der Jagd. Spürhunde für diesen Spaß standen ihr in genügender Anzahl zur Verfügung, denn auch Herzog Philipp, ihr verstorbener Schwiegervater, war ein passionierter Jäger gewesen.

Im Herbst 1771 entschloß sich der spanische König Karl III. endlich, den verhaßten Minister Guillaume du Tillot abzuberufen. Er wurde durch José de Llano, einen Beamten der spanischen Staatskanzlei, ersetzt. Am Hof zu Parma zeigte man sich über diese Entscheidung erleichtert. Aber diese Stimmung herrschte nicht lange vor. Schon bei seinem Antrittsbesuch fand die Herzogin den Minister unsympathisch und ließ ihren Gefühlen freien Lauf. In einem Handbillett teilte sie ihm mit:

„Monsieur Llano!

Gleich bei der ersten Audienz habe ich Sie erkannt. Ich will mich in keine Staatsangelegenheiten mischen, aber ich will bei mir in meinem Hause befehlen... Ich bin Deutsche, ich weiß, was ich mir schuldig bin, vergessen Sie das nie! Ich habe die Möglichkeit, mich so zu verhalten, daß man mich fürchtet oder liebt. Gehorchen Sie!

Amalie."

Obwohl sich die Herzogin am nächsten Morgen für diese Taktlosigkeit entschuldigte, war die Atmosphäre vergiftet, eine gedeihliche Zusammenarbeit zwischen dem Herzogspaar und dem Minister schwer vorstellbar.

Die Reaktion auf die unverständliche Entgleisung Maria Amalias aus Madrid und Wien erfolgte unverzüglich. Maria Theresia entsandte im März 1772 Franz Graf Rosenberg in einer Sondermission nach Parma, mit Instruktionen, die an Deutlichkeit nichts zu wünschen übrig ließen. „Der Graf wird also noch einmal ernstlich und gemessenst unserer Tochter vorstellen", hieß es darin unmißverständlich, „wie daß ihre Handlungen unschicksam, sowohl gegenüber ihrem Gemahl als gegen die beiden bourbonischen Höfe (gemeint sind Madrid und Paris, Anm. d. Verf.) sind." Sie könne mit keinen finanziellen Zuschüssen mehr rechnen – Maria Amalia warf das Geld mit beiden Händen zum Fenster hinaus –, sie habe darauf keinen Anspruch. Maria Amalia sei Mitglied des spanischen Königshauses, führte Maria Theresia weiter aus, sie habe sich ihrem Gemahl unterzuordnen, ihm die Regierungsgeschäfte zu überlassen und ständig in seiner Nähe und um ihn besorgt zu sein. Sie möge ihre Zunge zügeln, ihre Handlungen überlegen und im übrigen ein christliches Leben führen.

Die Monarchin sprach sogar davon – was sie viel Überwindung gekostet haben muß –, daß der Tochter im Falle einer Trennung von ihrem Ehemann nur ein Kloster als letzte Zufluchtsstätte verbliebe. Weder sie noch ein anderer Herrscher werde ihr in diesem Fall Zuflucht gewähren. Sie habe über den Mutwillen Maria Amalias viele Tränen vergossen, konstatierte Maria Theresia, und sie bedaure es nicht, wenn sie fruchteten. „Allein wenn ich sehe, daß Eigensinn, kurzsichtige Stutzigkeit und Vorurteil dasjenige vereiteln, was gesunde Vernunft, Notwendigkeit, Schuldigkeit, Gewissen und getreuer mütterlicher Rat vermögen sollten, so wird der Graf sich auf das Bündigste versichern, daß ich ihre Aufführung nicht allein öffentlich mißbilligen, sondern auch, geschehe was immer wolle, mich ihrer in keiner Gelegenheit annehmen, und zur Erhaltung meiner Ehre und Ruhe sie ihrem Schicksal und elenden Ratgebern auf ewig überlassen werde", formulierte Maria Theresia mit kategorischer Endgültigkeit.

Graf Rosenberg stand vor einer schweren diplomatischen Mission, als er am 15. April 1772 in Parma eintraf. Sogleich machte er sich an die Aufgabe, Maria Amalia im Sinne des kaiserlichen Auftrages zur Einsicht zu bewegen. Es war vergeblich. Die Herzogin blieb uneinsichtig. Rosenberg berichtete das Mißlingen seiner Bemühungen nach Wien. Der Bruch zwischen Mutter und Tochter war unvermeidlich geworden, und Maria Theresia zögerte auch keinen Augenblick, ihn zu vollziehen. Sie brach die Korrespondenz mit Amélie ab. Der ungewöhnliche Schritt zeigte erstaunliche Wirkung. Zerknirscht, voller Reue und Demut unterwarf sich Maria Amalia in einem Brief vom 22. April 1772 dem Willen der Mutter.

„…Ich werfe mich Eurer Majestät zu Füßen und bitte Sie, mir meine Fehler zu vergeben und mich so aufzunehmen wie der gute Vater im Evangelium den verlorenen Sohn", schrieb sie. „Auch ich war ja auf einem falschen Weg. Eure Majestät hat den Vorhang von meinen Augen weggerissen, ich sehe ganz klar, daß ich meinem Verderben entgegenging. Ich komme, um mich in die Arme einer

Mutter zu werfen, die so gut und so mitfühlend ist; ich schreibe Ihnen, liebe, unvergleichliche Mutter, auf den Knien, um zu zeigen, wie gedemütigt und zerknirscht ich von meinen Fehlern bin. Ich kann mich nicht über den Kummer beruhigen, den ich Eurer Majestät verursacht habe, und es gibt keinen anderen Trost für mich, als daß ich doch mehr aus Unwissenheit und Dummheit gefehlt habe als durch Schlechtigkeit. Ich habe meine Kühnheit bis zum äußersten getrieben… Ganz bestimmt, niemals im Leben werde ich wieder so etwas tun."

Rosenberg frohlockte. Er glaubte, das Spiel gewonnen zu haben. Er hatte nicht mit der Widerborstigkeit der Herzogin gerechnet. Als er ein paar Tage später Maria Amalia das förmliche Versprechen abnehmen wollte, die Forderungen der Mutter zu erfüllen, wies diese das Ansinnen temperamentvoll und leidenschaftlich zurück. „Weder heute noch irgendwann", rief sie erregt aus, werde sie sich unterwerfen.

Maria Theresia stellte daraufhin die Korrespondenz mit der Tochter am 7. Mai 1772 endgültig ein und verbot den anderen Kindern, die mit der Unbotmäßigen im Briefwechsel standen, jedweden Kontakt. Leopold in Florenz, Maria Carolina in Neapel, Ferdinand in Mailand, sie alle erhielten den Befehl, etwaige Schreiben Amélies ungeöffnet an Minister Llano nach Parma zurückgehen zu lassen.

„Ich hoffe", schrieb die gestrenge Mutter am 15. Oktober 1772 an Ferdinand, „daß Ihre Schwester nicht die Dreistigkeit haben wird, Sie ohne Voranmeldung zu besuchen. Wenn sie das tut, sollen Sie antworten, Sie wagen es nicht, sie zu sehen. Wenn sie Sie überraschen sollte, erweisen Sie ihr vierundzwanzig Stunden Höflichkeiten und fordern Sie sie dann auf abzureisen, oder (sagen Sie), daß Sie den Befehl hätten, dies zu sagen. Ihre Gesellschaft, ihre Erzählungen sind nicht zuverlässig, sie gibt gern an und flunkert."

Unterdessen hatte das Herzogspaar den unliebsamen Minister Llano und die ausländischen Ratgeber nach Spanien zurückgeschickt, was einen völligen Bruch mit dem Madrider Hof zur Folge hatte. Der spanische König rief seine Gesandten zurück, stellte alle Zahlungen ein und erwog sogar, Truppen in das Herzogtum zu entsenden, was ihm Maria Theresia jedoch mit Erfolg ausredete.

Die Monarchin sah ihren parmaischen Schwiegersohn jetzt völlig realistisch, verurteilte seine Fehler und Schwächen. „Wie, so frage ich, könnte ein Minister… den Infanten hindern, außerhalb seines Hauses zu schlafen, zu den Mönchen zu laufen, sich mit dem gemeinen Volk zu verbrüdern oder lächerliche Befehle zu geben, wenn er keine Schildwache vor der Tür haben will, sich keineswegs als Persönlichkeit fühlt. Was kann man anderes tun, als ihn für verrückt oder blödsinnig zu halten…", schrieb sie dem Großherzog Leopold von Toskana am 19. Dezember 1772.

Am 15. Juli 1773 gebar Amélie einen Thronfolger, der den Namen Ludwig erhielt. Die Großmutter in Wien notierte am Rand des Berichtes, der die freudige Nachricht enthielt: „Wie gewöhnlich haben diejenigen, die es am wenigsten verdienen, das meiste Glück. So ist die Welt!… Das Herz einer Mutter läßt sich trotz allen Kränkungen nicht verleugnen. Ich hoffe, daß es ein Kind des Friedens wird und daß meine liebe Königin von Neapel auch eines bekommt." Sie sandte dem „verrückten" Schwiegersohn ein Glückwunschschreiben und ihrer „närrischen" Tochter ein kurzes Handbillett. Feierlichkeiten irgendwelcher Art bei Hof unterblieben.

Der Madrider Königshof reagierte auf die Kunde von der Geburt eines Infanten in Parma mit einer dreitägigen Gala und der Verleihung des Ordens vom Goldenen Vlies an den Neugeborenen. Nun kam auch der Briefwechsel zwischen den beiden Höfen wieder in Gang, Minister Llano kehrte nach Parma zurück. Unter dem Eindruck dieser Entwicklung nahm auch Maria Theresia den Kontakt mit der auf ihre Unabhängigkeit pochenden Tochter wieder auf.

„Die Wiederaussöhnung mit Parma ist nun vollständig", schrieb sie am 16. Oktober 1773, offenkundig erleichtert, an die Gräfin Enzenberg. „Sie waren immer daran interessiert, ich hoffe, daß es dauerhaft ist. Spanien und Frankreich haben sich großzügig benommen. Das Wirtschaftliche ist ja ein wichtiger Punkt. Ihre (Amalias) Tochter ist schön wie ein Engel und der Sohn scheint es zu werden. Sie hat mir ihr (eigenes) Porträt geschickt. Wenn ihr dies ähnelt, kann sie keine zwei Jahre mehr leben! Sie sieht aus, als hätte sie die Auszehrung, die Schwindsucht. Keine Farbe, beinahe häßlich, so war sie nie."

Die Beziehungen zwischen Mutter und Tochter blieben von nun an intakt, die Korrespondenz beschränkte sich jedoch im wesentlichen auf den Austausch von Informationen. Herzlichkeit kam nie auf. Je mehr Maria Theresia aus den verschiedensten Quellen über Maria Amalias Gatten erfuhr, desto klarer wurde ihr allerdings, welch schweres Los sie ihrer Tochter aufgebürdet hatte. Offenbar von Gewissensbissen geplagt, ermunterte sie nun die Geschwister, die unglückliche Schwester nett und liebevoll zu behandeln. „Im übrigen: amüsieren Sie sie, beweisen Sie ihr alle Freundschaft, nichts wäre mehr am Platze als das", ermunterte sie ihren in Mailand regierenden Sohn Ferdinand.

Der andere Ferdinand, der Schwiegersohn, den Maria Theresia nur von Porträts und Schilderungen kannte, kultivierte indessen in Parma mit Lust und Gusto seine Extravaganzen. Er verrichtete in der Kirche San Liborio täglich für einige Stunden die niedrigsten Reinigungsarbeiten, trieb sich auf Jahrmärkten umher, schwatzte mit den

Maronibratern auf der Straße, zechte nächtelang mit den Mönchen, denen er ihre alten Privilegien zurückgegeben hatte, war zuweilen in handfeste Prügeleien verwickelt und kümmerte sich im übrigen herzlich wenig um die Zustände in seinem Herzogtum. Wenn er sich dazu herbeiließ, Vorträge seiner Minister anzuhören, dann tat er es mit ostentativem Widerwillen. Er saß dann mißmutig beim Schreibtisch, bekritzelte Papier und beendete oft völlig unvorhergesehen, aus einer Laune heraus, die Audienz.

Von seiner Gemahlin lebte er de facto getrennt. Während er einen Großteil des Jahres im Palais Colorno verbrachte, führte Maria Amalia im Landhaus Sala ein zurückgezogenes, eintöniges Leben. Die einzige Unterhaltung und Abwechslung in der Tristesse ihres Alltags war die Jagd, die sie mit waidgerechter Leidenschaft betrieb. Obwohl es zwischen dem Herzogspaar kaum Gemeinsamkeiten gab, von einer Herzensbindung gar nicht erst zu reden, hat sich die unglückliche Kaisertochter doch ihrer ehelichen Pflichten nicht entzogen. Wie man das in Wien, Madrid und Paris von ihr erwartete, sorgte sie nach ihren beiden ersten Kindern für weiteren Nachwuchs, allerdings in größeren zeitlichen Abständen. 1774 kam Tochter Maria Antonia zur Welt, 1777 Charlotte, 1783 Sohn Philipp und 1787, im Alter von 41 Jahren, schenkte sie abermals einem Mädchen das Leben, das auf den Namen Luise getauft wurde.

Die beste Schilderung des Herzogspaares und des Hoflebens von Parma verdanken wir Albert von Sachsen-Teschen, der anläßlich einer Italienreise mit seiner Gemahlin Marie Christine im Jahre 1776 einige Zeit bei Ferdinand und Maria Amalia zu Gast war. „Der Infant entspricht in seiner Persönlichkeit ganz dem Porträt, das man mir entworfen hatte. Seine Figur ist nicht sehr nobel und vorteilhaft, aber nicht unangenehm. Das Gesicht, das für schön gelten könnte, drückt gar nichts aus. Der Ausdruck wechselt nie. Ich habe das bei keinem anderen Menschen gesehen", berichtete er der kaiserlichen Schwiegermutter in Wien. „Er ist sehr höflich", stellte er weiter fest, „spricht sehr gescheit über die verschiedensten Dinge, wie sie bei einer solchen Gelegenheit ins Gespräch gezogen werden. Wenn man länger um ihn ist", schränkte Albert aber gleich ein, „bemerkt man, daß seine Kenntnisse nicht über einen gewissen Kreis hinausgehen, der ihm von seinen Studien geblieben ist… Er ist am meisten über Kunst und wissenschaftliche Gegenstände unterrichtet. Über Regierung und Politik hörte ich ihn gar nicht sprechen und weiß auch nicht, wie tief er blickt."

Der Herzog lege bei allen seinen Schritten und Entschlüssen eine angeborene Scheu und Verlegenheit an den Tag, führte Albert weiter aus. Er zeige für alles, sogar für seine Kinder, eine geringe Teilnahme und werde als träge und indolent geschildert. Er sei jedoch nicht hart und aufbrausend, wie manche Leute sagen.

Obwohl das Bild, das er von seinem Schwager zeichnete, auch negative Züge enthält, war es doch eher schmeichelhaft gezeichnet.

„Die Infantin", wußte Albert, der sie sieben Jahre nicht gesehen hatte, zu berichten, „war so verändert, daß ich sie nicht wiedererkannte. Keine Spur von jenem Glanze, jener Schönheit, die man einst an ihr bewunderte, ist geblieben. Ihre schöne Taille ist verschwunden, Kleidung und Gang tragen noch mehr bei, sie zu entstellen. Sie ist weniger fröhlich, weniger entschieden als jemals.

Ihre älteste Tochter ist das schönste Kind, das man sich denken kann", fügte er hinzu, „hat aber einen Zug von Düsterkeit und Traurigkeit, so daß man es nur mit Wehmut ansehen kann. Die anderen Kinder sind weniger schön. Ihr Betragen gegen sie und den Infanten ist kühl. Man kann daraus entnehmen, daß die Verschiedenheit des

Geschmackes und Lebensganges ihre Herzen und Gefühle nicht näherbringt."

Über den Hof zu Parma berichtete Albert wenig Gutes. Die höchsten Staatsbeamten genössen gar kein Ansehen, das Personal sei in seine Funktionen nicht eingewöhnt, die Residenz heruntergewirtschaftet, die Armee klein, aber prächtig uniformiert.

Wie der mündliche Bericht Alberts und Mimis nach ihrer Rückkehr ausgefallen ist, wissen wir nicht. Maria Theresia muß jedenfalls davon beeindruckt gewesen sein. Sie ermahnte ihre Kinder, ihre Schwiegertöchter und -söhne jetzt nur noch eindringlicher, zu Maria Amalia lieb zu sein und regen Kontakt mit ihr zu pflegen. Dies sei ein Werk der Nächstenliebe. Amélie habe in Parma keine Zufluchtsstätte, keine Möglichkeit sich auszusprechen und verfüge über nur geringe Geldmittel.

Der mütterliche Appell scheint nicht viel gefruchtet zu haben. Die paar Briefe, die Maria Amalia mit den Geschwistern wechselte, vor allem mit Maria Caroline in Neapel, waren ein schwacher Trost in der entsetzlichen Öde ihres Daseins. Amélie blieb einsam und isoliert. Das Verhältnis zur Mutter besserte sich kaum, jedenfalls nicht spürbar. Während Maria Theresia ihren übrigen Kindern zuweilen großzügige Geschenke machte, war sie Maria Amalia gegenüber schofel und knauserig. Was aber noch schwerer wog, geradezu nach Unbarmherzigkeit aussieht: Sie schlug den sehnsüchtigen Wunsch der Tochter, nach Wien zu kommen, rundweg ab. Da half alles Drängen und Bitten nichts. Am 18. Oktober 1780, etwas mehr als einen Monat vor ihrem Tod, schrieb sie an ihren Sohn Ferdinand: „Aber um sie herkommen zu lassen, so würde ich offengestanden nicht wissen, wie ich mich gefällig erweisen sollte. Meine Lage ist zu kritisch. Der Kaiser (Joseph) hat erklärt, nicht einen Tag hierbleiben zu wollen, wenn sie käme…"

Am 29. November schied Maria Theresia aus dem Leben. Mutter und Tochter hatten einander nicht mehr gesehen.

Nach dem Tod Maria Theresias verließ Maria Amalia ein paarmal Parma, was sie zu Lebzeiten der Mutter offenbar nicht gewagt hatte. Sie stattete einigen ihrer Geschwister Besuche ab. 1782 war sie bei ihrem Bruder Leopold in Florenz zu Gast, 1783 besuchte sie ihre Schwester Elisabeth in Innsbruck und hielt sich anschließend bei Marianna in Klagenfurt auf, wo sie sich ausgesprochen wohl fühlte. Nach Wien kam sie nicht, durfte sie nicht kommen. Joseph II., der die Nachfolge der Mutter angetreten hatte, duldete sie nicht in seiner Nähe.

In Parma ging nach diesen kurzen Reiseunterbrechungen das Leben im alten Trott weiter. Der Gemahl trieb unbekümmert um Land und Leute seinen Schabernack, Maria Amalia ging ihren Reit- und Jagdvergnügungen nach. Das Leben des Herzogspaares lief auf zwei verschiedenen Ebenen ab. Nur ab und zu scheint man einander begegnet zu sein. Amélie wurde zwar nicht mehr mit Vorwürfen und Ermahnungen aus Wien konfrontiert, aber sie wurde weiter geschmäht, wenn auch hinterrücks. Die Schwester in Neapel bezeichnete sie als frech und ausgelassen, ein italienischer zeitgenössischer Historiker als unruhig, leidenschaftlich und gewalttätig, als eine Messalina des 18. Jahrhunderts. Das war freilich eine verantwortungslose Verleumdung. Von der Französischen Revolution und ihren Auswirkungen blieb das Herzogtum Parma zunächst verschont. Dafür riß der Tod in der Familie Habsburg-Lothringen eine Lücke um die andere. 1790 starb Joseph, 1792 Leopold, der zwei Jahre lang die Kaiserkrone getragen hatte, 1798 Marie Christine, 1801 der Jüngste der Familie, Maximilian Franz, seines Zeichens entthronter geistlicher Kurfürst von Köln. Ein Jahr später verlor das Herzogtum Parma seine Souveränität. Es wurde dem französischen Kaiserreich einverleibt, nachdem es bereits 1796 von der französischen Armee besetzt und seiner Kunstschätze beraubt worden war. 1802 war auch das Jahr, in dem Maria Amalias Gemahl, der frömmelnde, ungehobelte herzogliche Sonderling, der nur seinen Launen und Hobbys gelebt hatte, aus dem Leben schied. Am 9. Oktober 1802 schloß er für immer die Augen.

Mit seinem Tod waren auch die Tage der Kaisertochter in Parma gezählt. Es wird ihr wohl nicht allzu schwer gefallen sein, die Stadt zu verlassen, in der sie nie heimisch geworden war. Ehe sie Italien für immer verließ, fragte sie beim Kaiser an – seit 1792 hielt ihr Neffe Franz II., der älteste Sohn Leopolds, das Szepter in der Hand –, wo sie in diesen unsicheren Zeiten Zuflucht nehmen solle. Es wurde ihr bedeutet, nach Prag zu gehen. Selbst jetzt durfte sie, einsam und müde geworden, nicht nach Wien zurückkehren.

Kurz vor Weihnachten 1802 traf die verfemte Herzogin mit einem Teil ihres italienischen Dienstpersonals in der Stadt an der Moldau ein, wo sie in der königlichen Burg auf dem Hradschin Quartier bezog. Um die Gesundheit der 56jährigen, alt und gebrechlich gewordenen Frau stand es nicht zum besten. Sie litt an einer Verhärtung der Brustdrüsen und an quälenden rheumatischen Beschwerden, die zu einer Erlahmung des linken Armes führten.

Der Zustand der vom Schicksal so schwer geprüften, einst so vitalen Frau verschlechterte sich rapid. Der Kräfteverfall ging zuletzt so rasch vonstatten, daß sie gerade noch imstande war, ihr Testament abzufassen und zu unterschreiben.

Am 9. Juni 1804 erhielt sie die letzte Ölung, am 18. Juni verschied sie. Die Bestattung des Leichnams erfolgte im Prager Veitsdom. Lediglich das Herz Maria Amalias, das man dem toten Körper entnommen hatte, wurde nach

Wien überführt und in der Loretokapelle, der Herzgruft der Habsburger in der Augustinerkirche, beigesetzt.

Das Haus Bourbon-Parma wurde nach dem Sturz Napoleons zunächst im Herzogtum Lucca, später in Parma in seine Herrscherrechte wiedereingesetzt. Über eine ihrer Urururenkelinnen, Prinzessin Zita von Bourbon-Parma, führte genealogisch der Weg Maria Amalias wieder in die Wiener Hofburg zurück. Kaiserin Zita war persönlich weitaus glücklicher, aber politisch genauso schicksalhaft-unglücklich wie ihre ferne Vorfahrin. Ihr Gemahl, Kaiser Karl I., verzichtete am 11. November 1918 auf die Ausübung der Regierungsgeschäfte und besiegelte damit am Ende eines verlorenen Krieges das Schicksal der österreichisch-ungarischen Monarchie.

Johanna Gabriela und
Maria Josepha
Früher Tod durch Pocken

Dem Alter nach waren diese beiden Töchter Maria Theresias nur um ein wenig mehr als ein Jahr voneinander getrennt. Johanna wurde am 4. Februar 1750, Maria Josepha am 19. März 1751 geboren. Sie wuchsen miteinander auf und wurden gemeinsam erzogen. Sie waren enge Spielgefährtinnen, nahmen gemeinsam die Mahlzeiten ein, beteten miteinander, wurden vom selben Kammerpersonal betreut, hatten dieselbe Aja und dieselben Lehrer. Das Schicksal hatte ihr Leben aneinandergekettet, und es bescherte ihnen auch denselben Tod: Beide Erzherzoginnen starben im Mädchenalter an den Blattern, die eine mit zwölf, die andere mit sechzehn Jahren. Zumindest der Jüngeren der beiden, Maria Josepha, hat der Pockentod ein Ehemartyrium erspart. Sie verstarb kurz vor ihrer Verheiratung mit König Ferdinand IV. von Neapel-Sizilien, einem ungebildeten, ungehobelten, ungepflegten Rüpel, der sich für wenig mehr als die Jagd interessierte.

Maria Theresia war über das unkönigliche Verhalten und den schändlichen Charakter ihres zukünftigen Schwiegersohnes genau informiert. Ihr Mutterherz war darüber auf das äußerste beunruhigt. „Ich betrachte die arme Josepha als ein Opfer der Politik", schrieb sie an die Gräfin Walpurga Lerchenfeld, die Erzieherin der Erzherzogin. „Wenn sie übrigens nur ihre Pflichten gegen Gott und ihren Gatten erfüllt und für ihr Seelenheil sorgt, dann würde ich zufrieden sein, selbst wenn sie unglücklich würde."

Das persönliche Glück ihrer Töchter spielte, wie schon

gesagt, im Denken Maria Theresias keine vordringliche Rolle. Nicht weil sie ihre Kinder nicht geliebt hätte, sondern weil sie sich höheren Werten verpflichtet fühlte, in dynastischen Kategorien dachte. Staatspolitik und Familienpolitik waren in den Herrscherhäusern des 18. Jahrhunderts unentwirrbar miteinander verflochten.

Im oben zitierten Schreiben bezeichnete die Mutter die damals zwölfjährige Maria Josepha übrigens als nicht sehr anmutig, und sie war auch mit ihren Benehmen wenig zufrieden. „Sie hat etwas Rauhes an sich", meinte sie.

Die Gräfin Lerchenfeld war an solche Töne gewöhnt. Als sie 1756 die Erziehung der beiden kleinen Erzherzoginnen übernahm, erhielt sie von der Monarchin Instruktionen, die an Deutlichkeit und Exaktheit nichts zu wünschen übrig ließen. Jedes Detail war geregelt, für jede Situation war Vorsorge getroffen, nichts blieb dem Zufall überlassen. Von der Hygiene über das Essen und die Essensgewohnheiten bis zum Verhalten im Einzelfall reichten die Vorschriften. Maria Theresia war eine sehr gestrenge Mutter. Gottvertrauen, Pflichtbewußtsein, Gehorsam und Ordnungsliebe gehörten zu ihren primären Erziehungsprinzipien.

Die Kammerfrauen wurden angewiesen, bei der Pflege der Kleinkinder größte Sorgfalt walten zu lassen. Sauberkeit und Hygiene waren oberstes Gebot, die Verwendung von eigenen Hausmitteln und Salben war strengstens verboten.

Unter keinen Umständen dürften die kaiserlichen Sprößlinge verwöhnt werden, ordnete die Mama an. In ihrer befehlenden Diktion liest sich das so: „Mit keinem Thürhüter oder Kammerheizer sind Discurse zu gestatten oder haben sie ihnen Befehle zu geben; sie sind geboren zu gehorsamen und sollen es mithin bei Zeiten gewöhnen. Ich fürchte, die Johanna hat einen starken Kopf, obwohl sie sonst Fähigkeiten genug hat: wenn dem also ist, so ist ihr bei Zeiten solcher zu brechen; und das wird sie selbst noch besser mit der Zeit erfahren.

Die Josepha scheint noch ein gutes Kind zu sein, aber nicht so capabel (begabt)."

Die Aja solle dafür sorgen, daß sich die Kinder vor nichts fürchten, gebot die Kaiserin weiter, weder vor Gewittern, Geistern und Hexen noch vor Krankheiten und dem Tod. „Es ist allzeit gut, ihnen denselben bei Zeiten bekannt zu machen", formulierte sie in diesem Fall eher sanft und beratend als betont herrscherlich.

Dem allgegenwärtigen Tod begegnete man im 18. Jahrhundert tatsächlich frei, ungezwungen und natürlich. Er gehörte gewissermaßen zum Alltag.

Maria Theresia ließ es bei diesen pädagogischen Anordnungen nicht bewenden. Sie erließ auch Verhaltensmaßregeln für die Einnahme der Mahlzeiten, und auch in diesem Punkt zeigte sie sich alles andere als zimperlich. „Ich verlange, daß sie von Allem essen sollen", dekretierte sie kategorisch, „und keine Ausstellungen oder Aussuchung im Essen machen von einem besseren Bissen oder Speise, auch keine Discurs vom Essen selbe halten lassen. Fische essen selbe alle Freitage, Samstage und alle anderen Fasttage." Die gestrenge Mama kannte da keinen Pardon. Was auf den Tisch kam, mußte – mit oder ohne Appetit – verzehrt werden. Als die kleine Johanna Gabriela Fischgerichte ablehnte, weil sie Fisch offenbar schlecht vertrug, ordnete die Mutter an, dies unter keinen Umständen zu tolerieren. Erst als die Erzherzogin nach Fischmahlzeiten mehrmals erbrach, gestattete die Monarchin über Fürbitte ihres Leibarztes Gerard van Swieten ein kleines pädagogisches Experiment, das den Zweck hatte, das kleine Mädchen von ihrem Widerwillen gegen Fisch zu befreien. Man organisierte den Besuch einer Forellenzuchtanstalt, wo das Kind den Fischen beim Umherschwimmen zusehen konnte, machte es in den Unterrichtsstunden mit de-

153

ren Anatomie vertraut und ließ es in der kaiserlichen Hofküche zuschauen, wie eine Fischmahlzeit zubereitet wurde. Das modern anmutende erzieherische Experiment soll Erfolg gehabt haben. Johanna Gabriela konnte nunmehr auch an den Fasttagen, die am Wiener Kaiserhof streng eingehalten wurden, problemlos an der elterlichen Tafel teilnehmen.

Im geistigen Erziehungsprogramm Maria Theresias nahm die Religion den unumstrittenen ersten Rang ein. Die Kinder wurden vor allem einmal dazu angehalten, sofort nach dem Aufwachen das Kreuzzeichen zu machen. Nach dem Aufstehen verrichteten sie kniend das Morgengebet. Während des Ankleidens wurde den kleineren Kindern der Katechismus nahegebracht, die größeren hatten sich mit geistlicher Lektüre zu beschäftigen, die vom Beichtvater sorgfältig ausgewählt wurde. Die tägliche Messe, die entweder um zehn oder elf Uhr angesetzt war, war ein ebensolcher Pflichttermin wie der Rosenkranz, der um 17 Uhr den Arbeitstag beschloß.

Zu diesen täglichen religiösen Pflichten, die an Fasttagen noch intensiviert wurden, kamen Beichte und Kommunion sowie die Teilnahme an religiösen Feiern und Umzügen an Fest- und Feiertagen.

Johanna Gabriela und Josepha erhielten – wie die noch vorhandenen Stundenpläne beweisen – täglich Schreib- und Leseunterricht und eine Französischlektion, dreimal pro Woche war eine einstündige Religions-, Geographie- und Tanzstunde angesetzt. Später kamen weitere Sprachstudien sowie Geschichts- und Musikstunden hinzu.

Mußestunden gab es nach dem Mittag- und vor dem Abendessen. Sie wurden mit Spaziergängen, Ausfahrten, Spielen, Proben für Theateraufführungen etc. ausgefüllt. Zwischen 21 und 22 Uhr hatten sich die Erzherzoginnen zur Ruhe zu begeben, ein Abendgebet beschloß den Tag.

Der Erziehungsplan und der Tagesablauf der beiden Erzherzoginnen dürfte auch für die anderen Töchter des Kaiserpaares – möglicherweise mit kleinen Variationen – verbindlich gewesen sein.

Die wohlgemeinten, klugen Ratschläge, die der kaiserliche Papa 1752 unter dem Titel „Instructions pour mes enfants" verfaßt hatte, konnten Johanna und Josepha allerdings nicht beherzigen. Die eine deshalb nicht, weil sie sie gar nicht zu Gesicht bekam, die andere, weil sie zu jung starb, um sie in ihrer ganzen menschlichen und gesellschaftlichen Tragweite zu begreifen. Den anderen Kindern mögen die Empfehlungen und Verhaltensmaßregeln des Kaisers eine Richtschnur für ihr Handeln gewesen sein. Sie in ihrer ganzen Anforderungsbreite zu befolgen und in die Tat umzusetzen überstieg aber wohl bei den meisten von ihnen das Maß an Willenskraft und Charakterstärke, die die Voraussetzung für ihre bedingungslose Befolgung gewesen wären.

Johanna Gabriela und Maria Josepha entwickelten sich gut. Trotz des für ihr Alter verhältnismäßig anspruchsvollen Lernpensums, das sie von Tag zu Tag zu bewältigen hatten, blieb noch genug Zeit für Vergnügungen aller Art. Anlässe für Feste und Festlichkeiten gab es am Kaiserhof genug. Die Namenstage der einzelnen Familienmitglieder wurden natürlich festlich begonnen, Theateraufführungen veranstaltet, bei denen die Kinder mit Begeisterung mitspielten, Besuche gemacht und empfangen, Hochzeiten gefeiert.

Das freudigste Ereignis im kurzen Leben der beiden Erzherzoginnen war wohl die Vermählung ihres ältesten Bruders Joseph mit der anmutigen Prinzessin Isabella von Parma. Ganz Wien war auf den Beinen, als am 6. Oktober 1760 Isabella inmitten eines imposanten Hochzeitszuges in einer prunkvollen, mit himmelblauem Samt ausgeschlagenen Karosse in der kaiserlichen Residenzstadt ihren

Einzug hielt. Sie wurde vom Bräutigam am Haupteingang der Augustinerkirche erwartet und in das festlich geschmückte, von unzähligen Kerzen erleuchtete Kir-

Johanna Gabriela. Stich nach einem Gemälde von Franz Xaver Wagenschön

cheninnere geführt, wo sich bereits der gesamte Hofstaat eingefunden hatte. Welche Gedanken mögen der zehnjährigen Johanna und der neun Jahre alten Josepha durch den Kopf geschossen sein, als das Brautpaar einander das Jawort gab? Sie waren wohl beeindruckt und geblendet von der feierlichen Zeremonie, die sich vor ihren staunenden Augen abspielte. Für die arme kleine Johanna war es das erste und letzte Schauspiel dieser Art, das sie miterleben durfte. Etwas mehr als zwei Jahre später hörte ihr Herz auf zu schlagen.

Von der schönen Braut in ihrem märchenhaften Kleid mit der breiten, langen Schleppe waren die Kinder jedenfalls begeistert. Nach der Trauung begaben sich die Majestäten, die Erzherzoge und Erzherzoginnen mit ihrem Gefolge in den festlich geschmückten Redoutensaal der Hofburg, wo die Hochzeitstafel stattfand. Man speiste bei Tafelmusik von einem kostbaren goldenen Service. Johanna Gabriela und Maria Josepha betrachteten voll Neugier und Bewunderung ihre neue Schwägerin. Sie fanden sie hinreißend, bezaubernd, wie der gesamte Hof einschließlich des Kaiserpaares. Isabella hatte die Herzen der kaiserlichen Familie im Sturm erobert.

An den folgenden Tagen jagte ein Fest das andere: eine Gratulationsgala, eine Festoper, die im k.u.k. Burgtheater zur Aufführung kam, eine Serenade, ein Maskenball, ein Souper. Die kleinen Erzherzoginnen kamen aus dem Staunen nicht heraus. Und das alles geschah mitten im Siebenjährigen Krieg, den Österreich um die Wiedergewinnung Schlesiens gegen Preußen führte.

Kaum war am Wiener Hof wieder der Alltag eingezogen, wurde die kaiserliche Familie von einem schweren Schicksalsschlag heimgesucht. Am 18. Jänner 1761 starb der zweitälteste Sohn des Kaiserpaares, Karl Joseph, sechzehnjährig an den Pocken. Maria Theresia war untröstlich. „Bete für mich, da ich es in allem nötig habe, denn

Gott (hat) mir viel auferlegt", schrieb sie an ihre einstige Erzieherin und vertraute Freundin, Rosalie Gräfin Thurn, verheiratete Gräfin Edling.

Im März 1761 schien das Leben in der Hofburg wieder ein wenig erfreulicher zu sein. Johanna und Josepha empfingen die Erstkommunion. Es war ein Tag der religiösen Einkehr und Besinnung für die beiden kleinen Erzherzoginnen, die schon im Jahr darauf zum Gegenstand von Heiratsprojekten wurden. Wie aus einem Schreiben Maria Theresias an ihren Staatskanzler Wenzel Anton Graf Kaunitz hervorgeht, unternahm der spanische Gesandte in Wien im Namen seines Königs erste Schritte der Annäherung für dessen Sohn, Ferdinand IV. von Neapel-Sizilien. Entgegen ihren sonstigen grundsätzlichen dynastischen Intentionen ging die Monarchin auf die spanischen Überlegungen zunächst jedoch nicht ein. Die beiden kleinen Erzherzoginnen wurden nicht verkuppelt, sie schieden vorerst aus dem diplomatischen Eheanbahnungsspiel aus. Johanna Gabriela sollte das Schicksal überhaupt davor bewahren, ein Opfer der Politik zu werden.

Im Dezember 1762 machten sich bei ihr die ersten Anzeichen einer Erkrankung bemerkbar. Das Kind wirkte eines Abends müde und lustlos und klagte über Kopf- und Gliederschmerzen. Der rasch herbeigerufene kaiserliche Leibarzt van Swieten, der sie stark fiebernd antraf, ordnete die sofortige Trennung Maria Josephas von der erkrankten Schwester an. Sollte nach dem schweren Schlag, der die kaiserliche Familie im Jahr zuvor getroffen hatte, abermals die Plage der Pocken über sie hereingebrochen sein? Diese bange Frage bewegte alle Gemüter. Schon am nächsten Tag konstatierte der Arzt die typischen Symtome der Viruserkrankung. Die schrechliche Befürchtung war zur Gewißheit geworden.

Die kleine Johanna Gabriela litt in dem abgedunkelten

Krankenzimmer, in dem sie lag, entsetzliche Schmerzen. Man kann sich die Qualen eines an Pocken erkrankten Menschen heute nicht mehr vorstellen. Das Virus, das zunächst die Haut befiel, griff auf den Schlund über, auf die Eingeweide, die Lungen, das Herz und auf andere innere Organe und verursachte innere und äußere Blutungen. Starkes Fieber, das sank und wieder stieg, schwächte den Kreislauf des Patienten außerordentlich. Drei bis vier Tage nach dem Ausbruch der Krankheit stellte sich zumeist eine Besserung des Befindens ein, die jedoch nur vorübergehend und daher trügerisch war. In den meisten Fällen kehrte das Fieber nach dieser kurzen Erholungsphase mit um so größerer Heftigkeit zurück.

Die Ärzte waren machtlos. Sie beschränkten sich darauf, den Erkrankten, der häufig auf verschmutzter, übelriechender Bettwäsche ausharren mußte, die man sich wegen der Ansteckungsgefahr nicht zu wechseln getraute, zur Ader zu lassen. Es war eine völlig nutz- und sinnlose medizinische Alibihandlung.

Der Verlauf der Krankheit wurde von den Angehörigen mit sorgenvoller Anteilnahme verfolgt, die Gemüter schwankten zwischen Hoffen und Bangen. Die geringste Besserung löste überschwengliche Freude aus, ein Rückfall verursachte tiefste Niedergeschlagenheit.

Besonderen Anteil am tragischen Schicksal der kleinen Erzherzogin nahm Josephs Gattin Isabella, die ein knappes Jahr später ebenfalls von der Seuche hinweggerafft wurde. Sie hatte Johanna in ihr lebensmüdes Herz geschlossen. „Ach, warum bin ich um ihretwillen ganz trostlos und untröstlich", schrieb sie an Marie Christine, „warum befinde ich mich nicht an ihrer Stelle? Der Tod ist nichts Böses. Ich schwöre Dir, daß ich mein ganzes Leben hindurch nie ernster darüber nachgedacht habe als jetzt, da er dies unschuldige Kind, meinen Engel Johanna bedroht…" Das unschuldige Kind sollte nicht wieder auf die

Beine kommen. Am 22. Dezember 1762 reichte man Johanna die letzte Ölung, einen Tag später starb sie.

Maria Theresia hatte ihr fünftes Kind verloren. Sie nahm es schicksalsergeben hin und suchte Trost in der Allmacht Gottes. Aber es müssen dennoch schreckliche Weihnachten für sie gewesen sein, für sie und die ganze Familie.

Die elfjährige Josepha traf der Tod der Schwester besonders hart. Sie weinte sich schier die Augen aus dem Kopf. Um sie auf andere Gedanken zu bringen, ordnete die besorgte Mutter für sie und die kleineren Kinder tägliche Ausfahrten nach Schönbrunn, in den Prater und den Augarten an, der Leibarzt verschrieb ihr für ein paar Nächte ein Beruhigungsgetränk.

Nach einiger Zeit nahm das Leben wieder seinen gewohnten Gang. Josephas Ausbildung wurde fortgesetzt. Allerdings wurde sie nach dem Tod ihrer Schwester allein unterrichtet und hatte ein umfangreicheres Arbeitspensum zu erfüllen. Sie mußte eine halbe Stunde früher aufstehen, die Mittagspause wurde verkürzt, Italienisch kam als neue Fremdsprache zum Französischen hinzu.

Auf persönliche Anordnung Maria Theresias mußte die Erzherzogin auch Spanisch lernen. Man solle, gebot die Monarchin, auf die Erlernung dieser Sprache besonderen Wert legen, aber darauf achten, daß es möglichst unauffällig geschehe. Diese Anweisung ist nur so zu verstehen, daß sich die Regentin bereits mit dem Gedanken trug, Maria Josepha mit einem spanischen Prinzen zu verheiraten, jedoch noch keine verbindlichen Abmachungen getroffen hatte. Einige Zeit später, im Oktober 1763, machte Maria Theresia zumindest gegenüber der Gräfin Lerchenfeld, die die oberste Erziehungsleitung beibehalten durfte, kein Geheimnis mehr daraus, daß sie die zwölfjährige Erzherzogin Ferdinand IV. von Neapel zur Gemahlin bestimmt hatte. In einer neuerlichen Instruktion an die Gräfin bemängelte die anspruchsvolle Mama etliche Eigenheiten ihrer Tochter, die sie erzieherisch behoben wissen wollte. „Ich sollte sie noch auf einen Punkt hinweisen", kritisierte sie, „der mir überaus mißfällt: sie (Josepha) hat für nichts Ausdauer. Sie möchte nur immer von einem Zimmer ins andere laufen und nichts fertigbringen. Das ist eine schreckliche Zukunftsaussicht. Die Untätigkeit ist Gift für alle Menschen, aber noch mehr für Jungverheiratete.

Sie ist sehr neugierig; das ist ein anderer Punkt, der mich zittern läßt. Sie ist schrecklich boshaft und rauh mit ihren Leuten. Sie schätzt die Kinsky, weil sie mit ihr schwatzt. Sie weiß viele Geheimnisse aus Privathäusern. Ich empfehle Ihnen, nicht zu dulden, daß man vor ihr davon spricht, weder über die Einzelheiten finanzieller Verhältnisse, noch was die Überbringerin der Nachrichten tut…"

Die Gräfin erhielt auch noch die ausdrückliche Weisung, die Andachtsübungen zu intensivieren, da die Erzherzogin in Süditalien, in dieser fremden Welt, keine andere Zuflucht und keinen anderen Trost haben werde als das Gebet. Die Aja möge auch alles daransetzen, aus der widerborstigen Maria Josepha eine freundliche und sanftmütige Frau zu machen.

Gräfin Lerchenfeld blieben für ihre Erziehungsarbeit vier Jahre Zeit, denn die geplante Hochzeit konnte frühestens 1767 stattfinden. Erst in diesem Jahr erlangte der gleichaltrige Bräutigam im Alter von sechzehn seine Großjährigkeit.

Wann und von wem die kleine Braut über ihre zukünftige Ehe informiert wurde, entzieht sich unserer Kenntnis. Sie erhielt jedenfalls 1764 einen eigenen Hofstaat. Spätestens dann wird ihr wohl bewußt geworden sein, für welche Rolle sie bestimmt war.

Das Leben am Wiener Kaiserhof mit seiner Mischung aus schicksalhaft-tragischen und freudvoll-geplanten Er-

161

eignissen ging weiter. 1763 starb Isabella von Parma, zwei Jahre später, am 18. August 1765, der Kaiser. Der gütige Franz Stephan hatte zu vielen seiner Kinder ein menschlich-inniges Verhältnis. Maria Josepha, die dem Papa einmal während einer längeren Abwesenheit geschrieben hatte: „Ich kann Ihrer Majestät die Freude, die ich empfinde, weil sich der Zeitpunkt Ihrer Rückkehr nähert, nicht beschreiben. Ich kann Ihnen versichern, daß ich fast zu nichts anderem mehr fähig bin, als Sie zu erwarten", hat der Tod des geliebten Vaters tief getroffen.

Im Jahr darauf, im April 1766, heiratete Josephas Schwester Marie Christine Herzog Albert von Sachsen-Teschen. Sie war, wie gesagt, die einzige Tochter Maria Theresias, die den Mann ihres Herzens aus freien Stücken und von der Staatsräson unbehelligt ehelichen durfte. Die jüngere Schwester vermerkte das mit Neid und Enttäuschung. „Ich muß jemand heiraten", soll sie einer ihrer Schwestern gegenüber geäußert haben, „den ich nie gesehen und der außerdem, wie ich höre, einer schönen Palastdame, der Prinzessin Belmonte, den Hof machen soll." Sie war nun alt und verständig genug zu erahnen, welch schweres Schicksal ihr bevorstand.

Bald darauf trat das Ehegeschäft zwischen den Höfen in Wien und Madrid in seine entscheidende Phase. Am 23. Dezember 1766 unterschrieb König Karl III. von Spanien den Heiratsvertrag, der am 13. Jänner 1767 in Wien eintraf. Die Trauung Josephas mit Ferdinand war in procurationem für den 14. Oktober in der Donaumetropole vorgesehen.

Die Hochzeitsvorbereitungen liefen an. Zur Anfertigung der Brautkleider mußten Josephas Maße genommen werden: ihre Körper- und Schuhgröße, die Taillenweite, der Miederumfang. Die Mitgift, für die Josephas Tante, Prinzessin Charlotte von Lothringen, sorgte, wurde im Belvedere öffentlich zur Schau gestellt. Sie umfaßte 99

Maria Josepha als Braut und künftige Regentin
des Königreiches Neapel-Sizilien

Kleidungsstücke, Schuhe, Unterwäsche, Haushaltsgeräte
aller Art, Schmuck, Medaillons, erbauliche Lektüre und
so weiter. Sie verschlang insgesamt eine Summe von

200.000 Gulden, aber Khevenhüller fand sie trotzdem „ohne Gusto und nicht wohl assortiert".

Die Ausstattung der Braut war nicht nur kostspielig, sie erforderte auch Geschmack und Fingerspitzengefühl. Aber viel wichtiger noch waren im standesbewußten, vom Zeremoniell beherrschten 18. Jahrhundert Fragen der Etikette und des Protokolls. Die Rangordnung, die Hierarchie, war von geradezu staatstragender Bedeutung. Wer anläßlich von Hochzeitsfeierlichkeiten beim Einzug in und beim Auszug aus der Kirche die Spitze des Zuges bildete, bilden durfte, wer vor, neben und hinter der Braut einherschritt, die Sitzordnung während der Trauungszeremonie, die Teilnehmer am Hochzeitszug in das fremde Land, die Zahl der Pferde und Karossen, die einzelnen Tagesetappen: all das und vieles andere mehr, von dem sich ein Mensch unserer Zeit kaum noch eine Vorstellung machen kann, wurde genau geregelt, war Gegenstand von endlosen, langwierigen Verhandlungen zwischen den Protokollbeamten und Gesandten der betreffenden Höfe. Nicht selten kam es dabei zu Unstimmigkeiten, Rangstreitereien um den Vortritt da und dort waren an der Tagesordnung.

Auch die Festlegung des Zeremoniells für die Hochzeit Maria Josephas machte da keine Ausnahme. Schlug doch der spanische Botschafter allen Ernstes vor, daß die kleine Erzherzogin nach der Trauung beim Auszug aus der Kirche den Vortritt vor der Mutter haben müsse. Sie sei dann schließlich Königin von Neapel und könne als auswärtiger Souverän das Gastrecht am Kaiserhof in Anspruch nehmen, argumentierte er. Die Wiener Hofbeamten waren über dieses seltsame protokollarische Ansinnen verblüfft, ließen es jedoch klugerweise zunächst unberücksichtigt. Die Entscheidung dieser heiklen Angelegenheit nahm ihnen dann das Schicksal aus der Hand.

Die sechzehnjährige Braut wird von diesen Etikette-

164

problemen wohl kaum etwas gewußt haben. Das ganze Getue um ihre bevorstehende Vermählung, das Anprobieren der Kleider, die Hektik und Nervosität, die sich rund um sie abspielten, machten das bedauernswerte Mädchen ganz verzagt. Josepha war deprimiert, es gab Tränen. Von einem Versuch, ihr Los abzuwenden, ist nichts bekannt. Die mütterlichen Entscheidungen waren unwiderruflich. Widerrede wurde nicht geduldet.

Im Mai 1767, mitten in dem Trubel um die Hochzeitsvorbereitungen, grassierten in Wien wieder einmal die Blattern. Und wie schon vorher und auch nachher, blieb die kaiserliche Familie nicht davon verschont. Als erste erkrankte Josephs ungeliebte zweite Gattin Josepha, kurze Zeit später Maria Theresia. Josepha erlag bereits nach zehn Tagen der Krankheit. Das Befinden der Herrscherin verschlechterte sich von Tag zu Tag und gab bald zu den ernstesten Befürchtungen Anlaß. Am 1. Juni erhielt sie die Sterbesakramente, mit ihrem Ableben mußte jeden Augenblick gerechnet werden. Wider Erwarten überstand die Fünfzigjährige jedoch die Krise und gesundete. Ihrer robusten Natur konnten selbst die Pocken nichts anhaben. Als die Pockengefahr endgültig gebannt war, gingen die Hochzeitsvorbereitungen trotz der Trauerzeit für die unglückliche Josepha wieder weiter.

Am 8. September machte der neapolitanische Botschafter mit seinem zahlreichen Gefolge bei einer großen Gala im Schloß Schönbrunn der Monarchin seine Aufwartung und überreichte der Braut bei diesem Anlaß – es handelte sich um die Verlobungszeremonie – ein mit Brillanten besetztes Porträt ihres zukünftigen Gatten, das sie, einer höfischen Gewohnheit folgend, an ihre Aja weitergab. Ein bißchen Zeit für eine kurze Betrachtung des ihr zugedachten Gesponsen wird ihr aber wohl geblieben sein. Die Festlichkeit wurde mit einem Bal paré beschlossen. Tags darauf fand im Burgtheater die von Pietro Metastasio

eigens für diesen Anlaß komponierte Oper „Parthenope"
statt.

Der Hochzeitstag rückte näher und näher. Es war nun
alles dafür vorbereitet, der ganze Kaiserhof stand im Zeichen des bevorstehenden Ereignisses. Am 4. Oktober besuchte Maria Theresia mit ihrer für den neapolitanischen
Königshof bestimmten Tochter die Kapuzinergruft, um
am Sarg Franz Stephans zu beten und Abschied zu nehmen. Maria Josepha kniete auch vor der letzten Ruhestät-
te ihrer Schwester Johanna nieder und sprach ein kurzes
Gebet. Noch am selben Abend klagte sie über heftige
Übelkeit, und bereits am nächsten Morgen zeigten sich die
unverkennbaren Symptome der Krankheit. Wieder einmal hatten die Pocken alle Pläne, Hoffnungen und Absichten zunichte gemacht.

Sogleich wurden alle notwendigen Vorkehrungen getroffen. Sämtliche Unterhaltungen wurden abgesagt, die
Schwestern und Brüder der Erkrankten aus ihrer näheren
Umgebung verbannt. Trotzdem wurde, wie wir bereits
wissen, bald darauf die schöne Erzherzogin Elisabeth vom
Blatternvirus befallen und furchtbar verunstaltet. Auch
der elfjährige Wolfgang Amadeus Mozart und seine
Schwester Nannerl, die mit ihrem Vater nach Wien angereist waren, um bei den Hochzeitsfeierlichkeiten eine
Chormusik zu Gehör zu bringen, entgingen der Seuche
nicht. Sie haben aber beide die Krankheit überstanden.

An eine Hochzeit zum festgesetzten Termin war natürlich nicht mehr zu denken. Kuriere überbrachten die
Nachricht von der schweren Erkrankung der Erzherzogin
nach Neapel und Madrid und stellten die Abreise der
Braut für das nächste Frühjahr in Aussicht. Der zur Schau
gestellte Optimismus war völlig unangebracht. Der Zustand Maria Josephas verschlechterte sich von Tag zu Tag.
Am 10. Oktober erhielt die Erzherzogin die Sterbe-

sakramente. An dem Tag, an dem sie hätte getraut werden sollen, verfiel sie in eine tödliche Krisis. Die verzweifelte Mutter tröstete die Sterbenskranke mit den Worten: „Ich hätte ohnedies morgen von dir Abschied nehmen müssen. Dafür gehe ich in den Himmel, wo ich viel besser aufbehalten sein werde." Am 15. Oktober 1767 schied sie aus dem Leben. Genau eine Woche später traf die Todesnachricht in Neapel ein. Der Bräutigam nahm sie gelassen auf. Da er wegen der Hoftrauer nicht auf die Jagd gehen durfte, inszenierte er ein makabres Schauspiel, das seine geistige Verfassung widerspiegelt: Bei einem „Begräbnisspiel" mimte einer seiner Höflinge, das Gesicht mit Schokolade beträufelt, den Pockentod.

Am Wiener Hof wurde der Tod der sechzehnjährigen Erzherzogin aufrichtig betrauert. Aber für lange Trauer blieb keine Zeit. Das neapolitanische Eheprojekt mußte weiterverfolgt werden, das verlangte die Staatsräson. Bereits am 23. Oktober 1767 bot Staatskanzler Kaunitz in einem Schreiben seiner katholischen Majestät, König Karl III. von Spanien, für seinen Sohn Ferdinand die Hand einer anderen Tochter Maria Theresias an, und zwar einer, „die der Toten in nichts nachsteht und die Blattern schon gehabt hat". Der spanische König war mit dem Vorschlag einverstanden. „Wir werden uns eben einbilden", schrieb er zurück, „bloß die Namen vertauscht zu haben, und die Vorsehung wird unsere guten Absichten segnen." So einfach war das im 18. Jahrhundert, wenn ein Königshaus dem anderen ehelich verbunden werden sollte.

Die Wahl fiel auf Erzherzogin Maria Carolina, am Wiener Hof Charlotte gerufen, die am 7. April 1768, einem ungewissen Schicksal entgegen, die Reise in das ferne Süditalien antrat.

Maria Carolina
Die Todfeindin Napoleons

Sie war das dreizehnte Kind, die zehnte und zweitjüngste Tochter Maria Theresias, der Mutter nicht im Aussehen, aber charakterlich am ähnlichsten. Sie hatte ein ungezügeltes Temperament, war tatkräftig, mutig, offen und offenherzig, von einem unbändigen Drang nach Freiheit und Unabhängigkeit beseelt. Mit einem Wort: eine starke, in sich ruhende, festgefügte und gefestigte Persönlichkeit.

„Um bei ihr ruhig Blut und Mäßigung zu erreichen, müßte man sie umgießen", urteilte ihr Bruder Joseph über sie. Und der um elf Jahre Ältere, der einen scharfen Verstand und einen klaren, eiskalten Blick hatte, mußte es ja schließlich wissen.

Maria Carolina, am 13. August 1752 in Schönbrunn zur Welt gekommen und bis zu ihrer Verheiratung Charlotte gerufen, war schon als Kind zuweilen ausgelassen, heftig und starrköpfig. Sie wurde mit ihrer Schwester Maria Antonia gemeinsam erzogen und machte ihrer Erzieherin, der Gräfin Judith von Brandis, keine geringen Schwierigkeiten. Welche Streiche sie ihr spielte ist im Detail nicht überliefert. Aber daß die beiden nicht gut miteinander auskamen, ist bezeugt. Das Lehrer-Schüler-Verhältnis ließ so zu wünschen übrig, daß die fünfzehnjährige Erzherzogin eines Tages die Mutter partout darum bat, aus der pädagogischen Umklammerung durch die Gräfin befreit zu werden. Das war nun freilich ein unerhörtes Ansinnen. Eine solche Bitte hatte am Wiener Kaiserhof noch kaum je ein Kind geäußert. Charlotte wagte es, und siehe da, die Kaiserin schlug ihr den Wunsch nicht ab. Offenbar war sie selbst davon überzeugt, daß die Gräfin für diese kritische, widerborstige Tochter doch nicht die richtige Hand hatte.

Maria Carolina um 1764. Stich nach einem Gemälde von
Franz Xaver Wagenschön

„Meine liebe Tochter", schrieb sie ihr am 9. August 1767,
„Du wünschest die Trennung von der Brandis und daß
man Dich Frau von Lerchenfeld anvertraut. Ich willige
ein... Du schuldest der Brandis allen Dank für die uner-

müdliche Pflege, die sie während Deiner Krankheit auf sich genommen hat. Du verdankst ihr alles, was Du im Schreiben, in Musik und Malerei gelernt hast, und die geringe Erkenntlichkeit, die Du ihr dafür gezeigt hast, ist die Quelle Eures beiderseitigen Unbehagens…" Die Mutter zieh also die Tochter der Undankbarkeit, denn ohne Zurechtweisung konnte der Erzieherwechsel nicht abgehen, und es wäre nicht Maria Theresia gewesen, wenn sie ihrem geliebten Teenager nicht gleich auch ein paar verbale Ohrfeigen versetzt hätte. „Zu meiner größten Verwunderung habe ich nämlich sowohl von der Brandis wie auch von Deinen anderen Frauen und sogar von Fremden erfahren müssen", tadelte sie die Fünfzehnjährige, „daß Du Deine Gebete sehr lässig verrichtest, ohne Ehrfurcht und Aufmerksamkeit und ohne eine Spur von wahrer Inbrunst. Wundere Dich nicht, wenn bei solchem Tagesanfang alles schlecht verläuft. Da helfen keinerlei sonstige Anstrengungen, sie treiben Dich im Gegenteil in schlechte Laune und zu harten Worten." Und rügend fuhr sie fort: „Du hast Dir bereits in letzter Zeit angewöhnt, Deine Damen so zu behandeln, ich weiß es sogar von Fremden, die geradezu betroffen waren. Nicht weniger launisch bist Du bei der Kleidung, hier dulde ich keinerlei Vergeßlichkeit noch sonst die geringste Ausrede. Frauen müssen liebenswürdig sein, sonst werden sie nicht geachtet und noch weniger geliebt. Es ist eine üble Angewohnheit, die Dich zu solchen Ausbrüchen hinreißt. Deine Stimme und Deine Art zu sprechen sind schon sehr unangenehm, deshalb mußt Du Dir die größte Mühe geben, Dich zu bessern, und vor allem vermeiden, Deine Stimme unnötig laut werden zu lassen."

Sie solle weiterhin ihre Studien ernst nehmen, mahnte die Frau Mama, Müßiggang sei schädlich, und da sie von nun an als erwachsen angesehen werde, solle sie alle Heimlichtuerei, Vertraulichkeit und Klatscherei lassen.

Man werde ihr genau auf die Finger sehen und Berichte über ihre Gebete, ihr Betragen und ihren Verkehr mit den Schwestern und Brüdern verlangen.

Die mütterlichen Ermahnungen und Ratschläge waren kaum verhallt, als das Schicksal dem Leben der kleinen Maria Carolina eine entscheidende Wendung gab. Charlottes Schwester Maria Josepha, die dem Prinzen Ferdinand von Neapel-Sizilien als Ehegattin zugesprochen gewesen war, wurde am 15. Oktober 1767, wie wir bereits wissen, von den Blattern hinweggerafft. Das war zwar ein trauriges Familienereignis, aber die Staatsräson fragte nicht nach persönlichen Gefühlen und Stimmungen. Es mußte rasch eine Ersatzlösung, sprich: eine andere Braut, gefunden werden. Am Hofe Maria Theresias war nichts einfacher als das. Das Los fiel auf Charlotte.

Die Fünfzehnjährige wurde im Eilzugstempo auf ihre Rolle als Königin vorbereitet. Das Lern- und Erziehungsprogramm wurde intensiviert, Staatskanzler Fürst Wenzel Kaunitz persönlich führte die kleine Charlotte in langen Einzelgesprächen in die Kunst diplomatischen Agierens und Taktierens ein. Der alte Fuchs staunte nicht wenig über das politische Interesse, das ihm entgegenschlug, über die rasche Auffassungsgabe, die Wißbegierde, den scharfen, kritischen Verstand dieser Kaisertochter. Wuchs da ein besonderes politisches Talent heran?

Wer war dieser neapolitanische Prinz eigentlich, den die tatkräftige Habsburgerin zu heiraten bestimmt war? Nun, genealogisch ist das ganz einfach zu erklären: Er war der drittgeborene Sohn König Karls IV. von Neapel, der 1759 als Karl III. den spanischen Thron bestieg. Der 1751 geborene, zur Nachfolge bestimmte Prinz war zu diesem Zeitpunkt also acht Jahre alt. Da er selbstverständlich noch nicht regierungsfähig war, setzte der Vater vor seiner Abreise nach Madrid in Neapel einen Regentschaftsrat ein, der die Aufgabe hatte, bis zur Großjährigkeitserklärung Ferdinands – diese sollte erfolgen, wenn der Prinz das 16. Lebensjahr vollendet haben würde – die Amtsgeschäfte zu führen.

Im Königreich Neapel-Sizilien, das seit 1735 unter spanischer Herrschaft stand und von einer Sekundogenitur regiert wurde, gab ab 1759 der aus der Toskana stammende Marchese Bernardo Tanucci als leitender Minister den Ton an. Tanucci, ein Mann von derben Manieren, aber äußerst rechtschaffen und von großem Fleiß, ist seiner politischen Einstellung nach schwer einzuordnen. Er reformierte Rechtsprechung und Verwaltung und vertrat im Sinne der Aufklärung mit Nachdruck und Erfolg die Interessen des Staates gegenüber den Ansprüchen der Kurie. Andererseits war sein Regierungskonzept ganz auf den Herrscher als Träger der obersten Staatsgewalt zugeschnitten. Man könnte ihn somit als einen Aufklärer im Dienste der absoluten Monarchie bezeichnen. Persönlich war er ein hypochondrischer Misanthrop mit einer besonderen Abneigung gegen das weibliche Geschlecht. Die kleine Habsburgerin sollte das bald zu spüren bekommen.

Der allmächtige Minister legte die Leitung der Erziehung des jungen Prinzen in die Hände eines Fürsten namens San Nicandro, der von Pädagogik nichts, aber auch schon gar nichts verstand. Nicandro legte auf geistige Ausbildung überhaupt keinen Wert. Er war vordringlich auf das körperliche Wohlbefinden und Amüsement seines Schützlings bedacht. Zwar erhielt Ferdinand durch einen Jesuitenpater Unterricht in Latein, Französisch und Deutsch, aber über ein paar Brocken kam der König in diesen Sprachen zeitlebens nicht hinaus. Auch der Rechenmeister hatte mit dem Knaben seine Schwierigkeiten. Er hatte Mühe, ihm die Grundrechnungsarten beizubringen. Im geistigen Bereich am erfolgreichsten war der Schreiblehrer, der immerhin auf die tadellose Handschrift seines Schülers verweisen konnte. Im Schwimmen und im Ballspiel, beim Jagen und Reiten stellte der Prinz hingegen bald seinen Mann. Manieren hatte er keine, von aristokratischem Feinschliff gar nicht erst zu reden. Sir William Hamilton, der britische Geschäftsträger in Neapel, wußte 1767 über den Sechzehnjährigen folgendes zu berichten: „…der junge König scheint vor allem deshalb die Tage bis zu seiner Großjährigkeit gezählt zu haben, um unbeschränkt seinen Launen folgen zu können, als seine Königreiche zu regieren. Die Geschäfte interessieren ihn nicht im mindesten, er lebt einzig seinen Vergnügungen, die er mit Leuten der niedrigsten Klasse teilt, deren Manieren er nachahmt. Wie man mir glaubhaft versichert, ist sein intimster Freund und Favorit ein Palastbediener, der nicht einmal den Rang eines Lakaien bekleidet. Er (der König) soll wenig Feingefühl besitzen, cholerisch, widerspenstig und nachtragend sein…"

Bleibt nachzutragen, daß Ferdinands äußere Erscheinung nicht eben aufregend einnehmend, aber keinesfalls abstoßend war. Er hatte ein blasses, längliches Gesicht, in dem die Nase triumphierte – nicht zu Unrecht wurde er deshalb „il re nasone", „König Großnase" genannt –, eine breite Mundpartie, muntere, lebendige Augen und war von zarter, aber robuster Konstitution.

Maria Carolina kannte ihren zukünftigen Gemahl natürlich nicht. Möglicherweise hat man ihr vor der Hochzeit ein Porträt von ihm gezeigt. Aber beweisbar ist das nicht.

Der Ehekontrakt zwischen den beiden Herrscherhäusern wurde am 3. Februar 1768 unterzeichnet, die Trauung für den 7. April 1768 festgelegt. Am Vorabend dieses Tages fand in der Hofburg im Beisein aller Familienmitglieder ein festliches Diner statt, bei dem Leopold Mozart mit seinen Kindern Wolfgang und Nannerl die Tafelmusik besorgte. Die Trauung selbst fand nach einer althergebrachten Gepflogenheit in der Augustinerkirche statt. Die junge Braut, die blaß aussah, trug ein weißes, mit Myrten besticktes Atlaskleid, der Bräutigam wurde vom Bruder Maria Carolinas, Ferdinand, vertreten. Der päpstliche Nuntius, Eugenio Visconti, leitete die Zeremonie. Maria Theresia, die dieser Tochter sehr zugetan war, fiel der Abschied schwer. Nach der kirchlichen Feier und beim anschließenden Essen, das Mutter und Tochter allein einnahmen, flossen die Tränen, und beide brachten kaum ein Wort über die Lippen.

Noch am selben Tag erfolgte die Abreise. Maria Carolina, die nun ein blaues Reisekleid mit goldenen Borten trug, umarmte ein letztes Mal die Mutter und ihre Schwestern. Dann stieg sie in die sechsspännige Karosse und gab das Zeichen zum Aufbruch. Der endlose Wagenzug, der sie begleitete, setzte sich in Bewegung. Eine kleine, unerfahrene, unschuldige Habsburgerin fuhr einem ungewissen Schicksal entgegen.

Mit guten Ratschlägen und wohlgemeinten Ermahnungen war Maria Carolina reichlich versorgt. Die Mutter hatte noch einmal zur Feder gegriffen. „Meine liebe Tochter, selten hat mich etwas mehr beschäftigt und mir gleichzeitig so viel Vergnügen gemacht, als die Mühe, Euch für Euer künftiges Leben ein paar Ratschläge zu geben", begann Maria Theresia ihre Anfang April 1768 abgefaßten Instruktionen, die nicht mehr im vertraulichen Du, sondern, weil an eine zukünftige Herrscherin gerichtet, in der distanzierenden dritten Person geschrieben sind, und fuhr dann unvermittelt fort: „Eure künftige Stellung ist von zwei Seiten her zu sehen: die eine betrifft Eure Ehe, die andere Eure Stellung als Souverän… Das Vorbild des Landesherrn bewirkt alles. Sehet Euren Bruder Leopold an, der durch die Genauigkeit, mit der er seinen religiösen Pflichten nachkommt, meinen ganzen Beifall hat. Ich wage sogar zu sagen, daß nicht Euer Seelenheil, sondern auch Euer diesseitiges Glück davon abhängen. Ohne rechten Glauben keine guten Sitten und ohne gute Sitten weder Glück noch Ruhe, in welchem Stand auch immer… Zeiget durch alle Eure Handlungen und in jedem Eurer Worte, daß Ihr nur die Tugend und Redlichkeit schätzet, daß Ihr Euer Vertrauen nicht leichthin und nur rechtschaffenen Menschen verschenkt. Seid gütig gegen jedermann und lasset hochmütigen Dünkel, andererseits hütet Euch vor Vertraulichkeiten, zumal mit Männern… Nehmt an den Geschäften der Regierung nur so weit Anteil, als der König es wünscht und Ihr selbst glaubet, ihm dabei behilflicher als sonst jemand sein zu können… Ein rechtschaffener Lebenswandel, genaue Pflichterfüllung, Leutseligkeit, Willigkeit – das sind die Eigenschaften, den Wünschen Eures Gemahls zu begegnen."

Sie solle nicht vergessen, daß sie von Geburt eine Deutsche sei, dozierte die Monarchin dann weiter, sich aber trotzdem den Landesbräuchen anpassen und weder für die eine oder die andere Nation eine Abneigung oder Vorliebe zeigen.

In einem zweiten Schreiben waren die mütterlichen Anweisungen dann noch wesentlich direkter und persönlicher. „Ich wünsche, daß Ihr ohne besondere Notwendigkeit nicht länger im Bett liegen bleibt. Steht sofort auf und verrichtet Euer Gebet. Sonntags und an Feiertagen besuchet wenigstens zwei Messen", forderte die Mama kategorisch und kam dann nach einer Charakteristik des zukünftigen Gemahls auf die Kleidung zu sprechen. „Der Schnitt Eurer Kleider sei sorgfältig", mahnte sie. „Erscheinet nie im großen Négligé vor Männern. Eure Kostüme seien stets ordentlich, sauber und anständig. Eure Schmuckstücke und Juwelen gebt niemals Fremden zur Aufbewahrung. Seid mildtätig und freigebig, aber mit Bedacht. Hütet euch, mehr zu geben, als Ihr vermögt. Meidet leichtfertige Einkäufe von Putz, Kleidern, Spitzen und ähnlichen Sachen." Und dann hagelte es wieder Vorwürfe. „Haltet in allem mehr Ordnung", rügte die Mutter die Sechzehnjährige. „Bisher ward Ihr gewohnt, alles aufzuschieben, aber damit richtet Ihr nur Verwirrung an, erreicht nichts und werdet die erste sein, der daraus Ärger und Verdruß erwächst.

Eure übergroße Neugier ist gleichfalls noch ein Fehler, den es nach Kräften auszumerzen gilt, daraus entstehen nur Verdrießlichkeiten, um die sich die Neugier anderer Leute sammelt und belustigt. Die unkluge Art Eurer Gespräche ist höchst gefährlich und peinlich", bohrte sie weiter in Maria Carolinas Charakterschwächen, „ihr wißt nicht, was Ihr redet, und achtet nicht, mit wem Ihr sprecht... Seit kurzem entdecke ich bei Euch einen Hang zu Dünkel, Anmaßung und Herrschsucht, der mich erschrecken macht", fuhr sie unbeirrt fort. „Wißt und vergesset nie, daß das für uns Frauen gegenüber den Männern unangebracht ist. Unsere Pflicht ist die Ergebenheit vor Gott und den Menschen, und von dieser Pflicht spricht uns die Welt nicht frei. Die Frauen haben immer Unrecht, wie auch ihre Männer sein mögen... Ehrfurcht, Willigkeit, Gehorsam gegenüber allen Wünschen Eures Gatten – das sind Eure Pflichten und erst recht vor der Öffentlichkeit..." Und schließlich gab sie der Tochter noch den Rat, „einzig und allein eine gnädige, gütige, nachsichtige, liebreiche Königin zu sein".

Wie mag der kleinen Erzherzogin zumute gewesen sein, als sie diese beiden Schreiben las, die ihr die Mutter mit auf die Reise gab, als Verhaltenskodex, als beschwörendes Menetekel in der Fremde?

Es läßt sich schwer beurteilen, ob diese Zeilen Maria Carolina Mut einflößten, Selbstvertrauen und Zuversicht, oder ob sie sie unter den gegebenen Umständen nur noch verzagter und verzweifelter machten. Beherzigt hat sie die mütterlichen Gebote kaum. Aber nicht aus Ungehorsam oder böser Absicht, sondern ganz einfach deshalb, weil die Gegebenheiten, die sie vorfand, Entscheidungen notwendig machten, die nicht nach vorgefaßten Grundsätzen und paradigmatischen staatsmännischen Lehrbuchformeln gefällt werden konnten.

Vorderhand war Maria Carolina allerdings noch vor keinerlei Entschlüsse gestellt. Es war alles für sie vorgesorgt, zu ihrem Wohle vorgeplant. Nicht weniger als 57 Wagen, 17 davon sechsspännig, folgten ihrer Karosse nach dem Süden. Im Troß befanden sich jede Menge Dienstleute: Kammerfrauen, Bedienerinnen, Köche und Köchinnen, Wäscherinnen, Schneiderinnen und was es damals sonst noch alles an Hofbediensteten gab. Ein Beichtvater und ein Hofkaplan sorgten für das geistige, ein Leibarzt, ein Apotheker und ein für alle Notfälle mitfahrender Chirurg für das leibliche Wohlbefinden. Die Aussteuer wurde in eigenen Wagen mitgeführt. Kleidung, Wäsche und Schmuck füllten zwei Gespanne.

Als Reisemarschall fungierte Markgraf Lucas Pallavicini, der neben vielen anderen Aufgaben darauf zu achten hatte, daß der jungen Königin an jedem Aufenthaltsort ein ihrem Rang entsprechender Empfang bereitet wurde. Und Aufenthalte gab es mehr als genug.

Eine Reise im 18. Jahrhundert war beschwerlich. Die Straßen waren schmal und holprig, die Pferde mußten gefüttert, getränkt und gewechselt werden. Man kam nur mühevoll und langsam voran.

Die Reiseroute führte über Klagenfurt und Brixen zurück nach Innsbruck, wo Maria Carolina im Sterbezimmer des Vaters ein Gebet verrichtete, und ging dann über Trient, Rovereto und Mantua weiter nach dem Süden. In Bologna wurde die Königin von ihrem Bruder, Großherzog Leopold von Toskana, erwartet, der sie nach Florenz, seiner Landeshauptstadt, geleitete, wo man für sie Ausfahrten, Theateraufführungen und einen glanzvollen Maskenball arrangierte. Leopold begleitete seine lebhafte, impulsive Schwester dann auf ihrem weiteren Weg bis zur neapolitanischen Grenze.

Je näher Maria Carolina ihrem Ziel kam, desto aufgeregter und ungeduldiger wurde sie. Sie hatte Angst, dem König nicht zu gefallen. „Ihr Geist ist dadurch so aufgeregt", schrieb Leopold nach Wien, „daß sie manchmal kaum weiß, was sie spricht. Sie ist schrecklich lebhaft und übereilt, aber es geht gleich wieder vorbei. Sie macht weiter alles, was wir ihr sagen, hat aber doch Ratschläge nicht gerne, die einen Anstrich von Hofmeisterei tragen."

Am Abend vor der ersten Begegnung mit Ferdinand fand in Terracina, der ersten Station auf neapolitanischem Boden, ein Gespräch zwischen Maria Ludovica, der Gemahlin Leopolds, und der jungen Braut statt, in welchem die Großherzogin Maria Carolina letzte Verhaltensregeln zu geben versuchte und sie in die Geheimnisse der Hochzeitsnacht einweihte. Sie scheint das mit Feingefühl und Takt getan zu haben.

Am nächsten Tag mußte sich Maria Carolina von ihrem Hofstaat trennen. Die Abschiedszeremonie verlief anfangs programmgemäß, obwohl der armen kleinen Königin die Schicksalhaftigkeit der Situation deutlich anzumerken war. Kreidebleich und bebend saß sie auf dem für sie bereitgestellten Thronsessel inmitten des Raumes, in dem die Feierlichkeit stattfand. Schließlich verlor die Sechzehnjährige aber doch ihr seelisches Gleichgewicht. Urplötzlich sprang sie von ihrem Sitzplatz auf und warf sich schluchzend in die Arme der Gräfin Renate Trautmannsdorf, der sie mit besonderer Liebe zugetan war. Es dauerte nicht lange, und der gesamte weibliche Hofstaat war in Tränen aufgelöst. „Ich möchte nicht um ein ganzes

Königreich noch einmal so eine Szene erleben", schrieb Leopold an seine Mutter nach Wien.

Nachdem sich das bedauernswerte Mädchen gefaßt und umgekleidet hatte, trat sie, vom toskanischen Großherzogspaar und Kardinal Orsini, dem neapolitanischen Gesandten bei der Kurie, begleitet, die halbstündige Fahrt nach Portello an, wo Ferdinand seine junge Frau erwartete.

Die Begegnung der beiden Eheleute, die einander zum erstenmal sahen, fand in einem eigens zu diesem Zweck errichteten Holzgebäude statt. Ferdinand und Maria Carolina gingen, wie Leopold berichtet, aus entgegengesetzten Richtungen den Raum betretend, aufeinander zu. Ehe Maria Carolina, wie es die Etikette vorschrieb, ihren Gemahl mit einem Kniefall begrüße, wollte sie umkehren, besann sich dann aber doch eines Besseren, machte einen Knicks und stammelte den sorgfältig in italienischer Sprache einstudierten Satz: „Ich bin überglücklich, Eure Majestät, meinen lieben Gatten, in so blühender Gesundheit und Wohlergehen begrüßen zu können."

Der König, der kein Wort über die Lippen brachte, gab seiner Gemahlin tolpatschig einen Kuß auf die Wange.

Nach dieser peinlichen Szene begab man sich nach Gaeta zur Mittagstafel. Die Atmosphäre während der Fahrt und des Diners war steif und unbehaglich. Der König schwieg vor sich hin und wagte seine Gemahlin kaum anzusehen, Maria Carolina plapperte munter drauflos, verstummte dann aber auch, als sie sah, daß sie kein Echo fand. Was hätten die beiden unerfahrenen jungen Leute, die die Muttersprache des Partners nicht beherrschten, einander auch erzählen sollen?

Das Abendmahl auf dem prunkvollen Landschloß Caserta verlief nicht minder triste und verdrießlich als das Diner. Die beiden jungen Eheleute saßen beziehungslos nebeneinander, der zündende Funke sprang nicht über. Ja, und dann schloß sich hinter ihnen die Tür zum Schlafgemach. Sie waren allein. Für Maria Carolina muß die Hochzeitsnacht, wie für viele Mädchen ihres Standes und Alters, die, kaum aufgeklärt und unerfahren, in die Ehe gestoßen wurden, ein traumatisches Erlebnis gewesen sein. „Ich weiß jetzt, was die Ehe ist, und habe tiefes Mitleid mit Marie Antoinette, der die Ehe noch bevorsteht", schrieb sie drei Monate später an ihre Aja, die Gräfin Walpurga Lerchenfeld. „Ich gebe offen zu, daß ich lieber sterben würde, als das alles noch einmal erleben zu müssen. Wenn ich nicht durch meine Religion gelernt hätte, an Gott zu denken, hätte ich mich umgebracht, denn es war die Hölle…" Etwas mehr als hundert Jahre später sollte Stephanie, die Frau des Kronprinzen Rudolf, ihren Gefühlen in ähnlicher Weise Ausdruck verleihen.

Dem König war die erste Liebesnacht mit seiner Gemahlin nicht einmal eine Gefühlsregung wert. Er erhob sich am nächsten Morgen zeitig von seinem Lager und ging, wie jeden anderen Tag auch, auf die Jagd. Als ihn einer seiner Jagdgäste, ein englischer Diplomat, nach dem Befinden seiner Frau fragte, erwiderte er auf seine rüpelhafte Art: „Dorme come un' ammazzata e suda come un porco." (Sie schläft wie erschlagen und schwitzt wie ein Schwein.)

Was er natürlich nicht sagte, war, daß die bedauernswerte kleine Königin der Etikette gemäß in Mieder und mit Handschuhen bekleidet hatte zu Bett gehen müssen, und das bei einer Temperatur, an die sie ganz und gar nicht gewöhnt war. Die neapolitanischen Nächte hatten es wahrlich in sich!

Das Königspaar verbrachte zunächst noch ein paar Wochen, die mit Lustbarkeiten aller Art an- und ausgefüllt waren, in Caserta. Dann hielten Ferdinand und Maria Carolina feierlichen Einzug in Neapel. Wieder gab es Bälle,

Serenaden, Theatervorstellungen und Volksfeste zu Ehren des jungen, ungleichen Herrscherpaares.

Allmählich, aber um so gebieterischer, begann danach der Alltag, und die kleine Habsburgerin war vollauf damit beschäftigt, sich in ihrer neuen Umgebung zurechtzufinden, sich an die fremden, fremdländischen Sitten zu gewöhnen. Das war, wie sich bald herausstellte, gar nicht so einfach. Ganz im Gegenteil, es war entsetzlich schwer und verlangte von der Königin ein erhebliches Maß an Selbstüberwindung. Am Wiener Hof war sie wohl Zwängen unterworfen gewesen, aber es herrschte eine lockere, ungezwungene Atmosphäre, es gab ein gemütliches, geradezu bürgerliches Familienleben. Maria Theresia und Franz Stephan hatten das strenge spanische Hofzeremoniell weitgehend gelockert. Im Königspalast zu Neapel hatte das Hofzeremoniell überhaupt nichts von seinem allesbeherrschenden Zugriff eingebüßt.

Maria Carolina hatte anfänglich überhaupt keine Bewegungsfreiheit. Sie durfte nichts, aber auch schon gar nichts allein tun, jeder Schritt, jede Bewegung, jede Geste wurde überwacht, registriert, beargwöhnt. Selbst die kleinsten Handgriffe wurden ihr abgenommen. Sie durfte sich selbst kein Kleidungsstück an- und ausziehen, kein Schuhband knüpfen, keine Masche binden, keine Toiletteartikel in die Hand nehmen. Es wurde ihr alles gereicht, dargeboten, abgenommen. Was aber noch viel schlimmer war: Die Kleider aus den schwarzen Stoffen, in die man sie zwängte, bedeckten Hals, Arme und Beine, ließen nicht den kleinsten Teil ihres Körpers frei. Die arme, kleine Maria Carolina, das impulsive Kaiserkind aus Wien, stöhnte und schwitzte unter ihrer Kleidung, konnte kaum atmen. Es war zum Verzweifeln, buchstäblich zum Aus-der-Haut-Fahren.

Womöglich noch beengender als die steifen Roben, in die man ihren jungen Körper preßte, war die Tageseinteilung. Die Zeit zwischen Aufstehen und Schlafengehen war angefüllt mit Mahlzeiten und Repräsentationsaufgaben. Die Königin mußte sich, ob sie wollte oder nicht, vollschlemmen. Knapp nach sieben Uhr früh wurde das Frühstück eingenommen – ein Schokoladegetränk mit Süßgebäck –, nach dem Besuch der Messe gab es ein zweites Frühstück – Schinken, Eier, Pasteten –, um zwölf Uhr folgte ein üppiges Mittagmahl mit etlichen Gängen, um fünf Uhr wurden Kaffee und Mehlspeisen gereicht, ein ausgiebiges Souper, das um halb zehn Uhr über die Bühne ging, beschloß den Mahlzeitenreigen.

Selbst wenn man bei einem solchen Überangebot an Speisen nur eine Kleinigkeit zu sich genommen hätte, was im 18. Jahrhundert, in der Hoch-Zeit der Völlerei, nicht üblich war, wäre eine Zunahme des Körperumfanges und -gewichts unvermeidlich gewesen. Die kleine Königin, die noch nicht ausgereift war, setzte Speck an, nahm zu, wurde korpulenter. Aber nicht nur das. Sie wuchs auch noch um etliche Zentimeter.

Zwischen den Mahlzeiten hatte sie höfische Verpflichtungen zu erfüllen, mußte Empfänge und Audienzen geben, Bällen, Ballettaufführungen und Theatervorstellungen beiwohnen, den Bediensteten Aufträge erteilen. Es war zwar kein anstrengendes, aber ein ermüdendes Tagespensum, vor allem aber blieb ihr kein Augenblick zur Besinnung, war sie keine Minute allein. Es gab im ganzen, weitläufigen Schloß keinen einzigen Raum, in dem nicht dienstbare Geister umherstanden, wie Maulaffen gaffend, jede Gelegenheit zum Tratsch und zur Intrige nützend. Was Maria Carolina besonders mißfiel, waren die vielen Tiere, die den Palazzo Reale, den Königspalast, bevölkerten. Sie glaubte sich allen Ernstes in eine Menagerie versetzt. Jagdhunde streunten durch die Räume und räkelten sich behaglich auf den kostbaren Liegemöbeln und Teppichen, in zahlreichen freskengeschmückten Gemächern hauste allerlei Getier, Vögel, Katzen und Kaninchen, in stinkenden Käfigen tummelten sich Mäuse und Ratten.

Das alles paßte natürlich überhaupt nicht zu einem Königshof. Aber Ferdinand, der sich selbst an keine Normen hielt, an keine Regeln und Vorschriften und schon gar nicht an die spanische Hofetikette, gefiel es. Der König von Neapel, wir haben es bereits mehrfach erwähnt, war kein nobler, eleganter, feinfühlender Gentleman, sondern ein ungehobelter Rohling mit den denkbar schlechtesten Manieren und nicht geringen sadistischen Neigungen. Da er mit Begeisterung das erlegte Wild eigenhändig ausschlachtete, kam er von der Jagd nicht nur blutverschmiert nach Hause, es bereitete ihm auch ein unsägliches Vergnügen, wenn er die Käfige der Mäuse und Ratten öffnete und mit dieser lausbübischen Missetat seinen Hofdamen kreischendes Entsetzen einjagte. Es gab für diesen hemmungslosen Antiknigge im Grunde nichts, wovor er zurückgeschreckt wäre. Er tat das, wonach es ihn gerade gelüstete. Er klopfte den Hofdamen ungeniert auf das pralle Hinterteil, griff seiner Gemahlin in aller Öffentlichkeit derb auf den Busen und gab dabei verbal und gestisch zu verstehen, wie sehr ihm das behagte. Ja, er genierte sich nicht einmal, vor Besuchern und selbstverständlich vor seiner eigenen Frau den Leibstuhl zu benützen. Kaiser Joseph II., der seiner Schwester im Frühjahr 1769 einen Besuch abstattete, berichtet: „Kurz darauf (nach einer Musikdarbietung, Anm. d. Verf.) ging er in sein Zimmer und ließ uns bitten, ihm Gesellschaft zu leisten, während er auf seiner chaise percée (Leibstuhl) saß. Ich trat ein und fand den König tatsächlich mit heruntergelassenen Hosen auf seinem Thron, umgeben von fünf oder sechs Kammerdienern, Kammerherren und anderen. Wir unterhielten uns mehr als eine halbe Stunde, und ich bin sicher, er wäre noch dort, wenn uns ein horribler Gestank nicht davon überzeugt hätte, daß alles vorüber sei. Er versäumte auch nicht, uns alle Details mitzuteilen, und wollte sie uns sogar zeigen; sans autre cérémonie rannte er mit heruntergelassenen Hosen, den stinkenden Topf in einer Hand, hinter zweien seiner Herren drein, die die Flucht ergriffen...“

Maria Carolina mußte das alles mitansehen, erdulden, über sich ergehen lassen. Sie machte, und zunächst blieb ihr wohl auch nichts anderes übrig, gute Miene zum bösen Spiel. An die Gräfin Lerchenfeld schrieb sie: „...Bisher war ich klug, sanft, nachgiebig und vernünftig, aber ich übernehme keine Verantwortung für das, was noch geschehen wird. Wenn mir einmal die Geduld ausgeht, wird sie sich nicht so schnell wieder finden...“

Maria Carolinas Geduldsfaden war nicht lang, aber er riß nicht gleich, er durfte nicht bei der erstbesten Verärgerung reißen. Wenn sie aus ihrem königlichen Gemahl einen für seine Stellung halbwegs tauglichen, brauchbaren Menschen machen wollte, wenn sie ihm seine schauderhaften Eskapaden abgewöhnen wollte, mußte sie behutsam vorgehen. Trotz ihrer Jugend wurde der Königin das langsam klar. Mit hysterischem Übereifer war da nichts zu machen. Ferdinand, und auch das erkannte sie allmählich, war das Opfer seiner Erziehung. Er war zwar ein Flegel, der ihr gelegentlich Tritte und Püffe versetzte, aber im Grunde seines Herzens war er gutmütig, und, obwohl geistig träge, verfügte er über eine nicht unbeträchtliche Portion gesunden Menschenverstandes. Im übrigen war er ein Meister in der Liebe. Davon konnte sich sogar Joseph II. bei seinem Besuch in Neapel überzeugen, den wir bereits erwähnt haben. Der Kaiser traf bei einer morgendlichen Aufwartung das Königspaar im Bett an und stellte zu seinem Erstaunen fest, daß Ferdinand sein Lager gar nicht benützt hatte. Er zog es offenkundig vor, im Bett seiner Frau zu schlafen und machte sich im übrigen nicht das

*Maria Carolina mit ihrem Gemahl Ferdinand und sechs
ihrer Kinder*

mindeste daraus, die Gemahlin vor dem Schwager zu lieb-
kosen. Wenn es zwischen Ferdinand und Maria Carolina
auch des öfteren Zank und Hader gab, im Bett klappte die
Ehe bestens.

Die Königin von Neapel war allerdings zwischen 1771
und 1793 fast ständig schwanger. Am 6. Juni 1772 brachte
sie ihr erstes Kind, Tochter Maria Theresia, 1793 ihr letztes zu Welt. Insgesamt gebar sie siebzehn Kinder und
übertraf somit sogar ihre gebärfreudige Mutter. 1775 lag
sie, was selten genug vorkommt, zweimal im Wochenbett,
einmal im Jänner, das zweite Mal Ende November.

Das Kinderkriegen kam sie allerdings wesentlich
schwerer an als ihre um vieles robustere Mutter. Über ihre
Dauerschwangerschaft war sie verständlicherweise nicht
eben glücklich. Sie soll den König deswegen des öfteren
zur Rede gestellt und ihm einmal den Satz ins Gesicht

geschleudert haben: „Für mindestens ein Jahr, ob du stirbst oder zerplatzt, weigere ich mich, schwanger zu werden."

Auf Ferdinand machte das überhaupt keinen Eindruck. Er beglückte nicht nur seine Frau, sondern auch Tänzerinnen, Dienstmädchen und Mägde mit seiner Manneskraft. Maria Carolina nahm es gelassen hin. Wenn der ungalante Schürzenjäger, mit dem sie verheiratet war, anderen Frauen nachlief, hatte wenigstens sie von ihm ein wenig Ruhe. Sie hatte gegen die Amouren ihres Gemahls nur dann etwas einzuwenden, wenn Damen der guten Gesellschaft involviert waren. In solchen Fällen kannte sie keinen Pardon. Die betreffende Lady wurde stante pede vom Hof verbannt. Im übrigen widmete sich Maria Carolina, die in vielem ihrer Mutter ähnelte, mit zunehmendem Alter neben dem ehelichen Liebesvergnügen mehr und mehr einer anderen Tätigkeit, die ihr nicht minder Lust bereitete: Sie delektierte sich am Genuß der Macht.

Das Königreich Neapel-Sizilien war ein Agrarstaat mit fruchtbaren, ertragreichen Böden, das schön gelegene Neapel schon in der Zeit, über die wir berichten, ein begehrtes Reiseziel zahlreicher ausländischer Gäste. Vor allem die archäologischen Ausgrabungen in Pompeji und Herculaneum erregten das Interesse vieler Wissenschaftler und wissenschaftlich interessierter Laien aus allen europäischen Ländern. An der Universität und im kulturellen Leben herrschte ein Geist der Offenheit. In vielen anderen Bereichen stand es hingegen nicht gerade zum Besten. Handel und Gewerbe lagen darnieder, die Justiz war reformbedürftig, die Staatsfinanzen waren zerrüttet, Heer und Flotte in einem desolaten Zustand. Breite Bevölkerungsschichten lebten in Armut und Not. Verantwortlich für die Mißstände und die Stagnation in Wirtschaft und Verwaltung war ein greisenhafter, altersschwacher Staatsrat, an dessen Spitze der schon genannte Bernardo Tanucci stand, der trotz seiner mehr als achtzig Jahre das Szepter nicht aus der Hand zu legen gedachte. Tanucci, der sich der besonderen Gunst des spanischen Königs erfreute, hielt sich schlicht für unersetzlich. Er sah nicht oder wollte nicht sehen, daß ihm, je mehr die Zeit voranschritt, in der jungen Königin eine gefährliche Rivalin erwuchs.

Maria Carolina, mit dem scharfen politischen Blick und Instinkt ihrer Mutter begabt, blieben die Schwächen im neapolitanischen Staatsgefüge nicht verborgen. Sie gelangte allmählich zur festen Überzeugung, daß Reformen unumgänglich waren. Wer aber sollte sie durchführen? Tanucci war dafür nicht zu haben, Ferdinand ließ ihn gewähren, und ihr selbst waren die Hände gebunden. Sie wurde von allen politischen Entscheidungen ferngehalten. Aber sie war entschlossen, sich das auf die Dauer nicht gefallen zu lassen. Was tun?

Nach einiger Zeit des Bedenkens und Nachdenkens war sie schließlich davon überzeugt, daß der Weg in die Mitentscheidung und zur Entscheidungsgewalt trotz all seiner Schwächen nur über den König ging. Wenn sie Ferdinand auf ihre Seite zog, für ihre Pläne gewann, ihn von deren Notwendigkeit und Klugheit zu überzeugen vermochte, konnte sie den Kampf gegen den allmächtigen Tanucci aufnehmen.

Maria Carolina ging behutsam und mit geradezu tiefenpsychologischer Einfühlungsgabe ans Werk. Sie verwickelte den König geschickt in politische Gespräche, lobte seine Entschlüsse, bestärkte ihn in seinen Meinungen, lenkte unaufdringlich seine Schritte, beriet ihn bei seinen Entscheidungen und gewöhnte ihm ganz nebenbei auch die eine oder andere Unart ab.

Am neapolitanischen Hof, aber über kurz oder lang auch in Madrid und Wien, erkannte man mit zunehmender Deutlichkeit, woher der Wind wehte, wenn es um

Entschlüsse Ferdinands ging. Maria Theresia war wütend. Hatte sie Maria Carolina nicht ausdrücklich verboten, sich in die Politik einzumischen? Was sollte dieser Ungehorsam, der doch zu nichts anderem führen konnte als zu unnötigen Schwierigkeiten und zur Gefährdung ihrer Position? Sie las der Tochter im fernen Süditalien schriftlich gehörig die Leviten. Aber auch der spanische König Karl III. war erbost und ungehalten und hielt mit seiner Meinung nicht hinter dem Berg. Die Schwiegertochter in Neapel solle sich um männlichen Nachwuchs kümmern und nicht um die Staatsgeschäfte, verlangte er dezidiert.

Maria Carolinas Antwort ließ an Deutlichkeit nichts zu wünschen übrig. Sie brachte am 6. Jänner 1775 einen Thronfolger zur Welt, und sogleich pochte sie auf das ihr im Ehevertrag zugestandene Recht, an den Sitzungen des Staatsrates teilzunehmen.

Sie mußte sich noch ein wenig gedulden. Erst im April 1778 nahm sie zum erstenmal an einer Sitzung des kleinen, intimen Rates teil, in dem alle wichtigen Entscheidungen getroffen wurden. Den Kampf um die Abberufung Tanuccis hatte sie bereits eineinhalb Jahre früher gewonnen. Tanucci wurde am 26. Oktober 1776 aller seiner Ämter enthoben. An seine Stelle trat der neapolitanische Gesandte am Wiener Hof, Giuseppe Bologna, Marchese della Sambuca.

Nach diesem ersten großen politischen Erfolg ging Maria Carolina zielstrebig daran, den Staat zu reformieren und nach und nach den Einfluß Spaniens abzuschütteln.

Der Mann, der ihr bei dieser Herkulesarbeit zur Seite stand, war John Acton. Acton, den sie auf Empfehlung ihres Bruders aus der Toskana geholt hatte, war der Sohn eines englischen Katholiken und einer Französin. Der kluge, gutaussehende, kultivierte Junggeselle erwies sich als umsichtiger Ratgeber und durchschlagskräftiger Organisator. Der König sah es mit Wohlgefallen. Wenn seine Frau und Acton Politik machten, konnte sich er wieder mehr aus der Verantwortung heraushalten und amüsanteren Beschäftigungen als dem Regieren nachgehen. Er widmete sich verstärkt der Jagd und Liebesabenteuern und überließ das Feld zunehmend seiner tatkräftigen Frau. Auf den Vater in Spanien hörte er kaum noch, und er hatte dafür eine ausgesprochen plausible Erklärung: Zwischen ihm und dem Papa, meinte er, liege das Mittelmeer, zwischen ihm und seiner Frau nur ein Kopfkissen.

John Acton machte sich unverzüglich an die notwendigen Reformen und trieb sie mit Tatkraft voran. Er stellte in Neapel eine Stadtwache auf, die gegen die zahlreichen Landstreicher und Strolche vorging, die sich in der Stadt umhertrieben, bekämpfte das Räuberunwesen auf dem Lande und baute das Verkehrswesen aus. In der Hauptstadt wurden Straßenzüge reguliert und zu beiden Seiten mit Bäumen und Sträuchern bepflanzt, die Friedhöfe nach ausländischem Muster aus dem Stadtbild verbannt. An der Universität wurden neue Lehrkanzeln eingerichtet, eine königliche Akademie der Wissenschaften gegründet, ein botanischer Garten angelegt, eine Sternwarte errichtet. Die Ausgrabungsstätten in Pompeji und Herculaneum erfuhren eine großzügige Förderung.

Die Finanzierung aller dieser wissenschaftlichen und künstlerischen Projekte sowie die Bereitstellung der Mittel für die Reorganisation des Heeres und der Marine erfolgte durch Einsparungen, vor allem aber durch die Besteuerung kirchlicher Pfründen, Krankenanstalten und Stiftungen. Im übrigen wurden ganz im Sinne der Aufklärung im gesamten Königreich eine Reihe von Klöstern aufgehoben, ihre Besitztümer eingezogen und einem Religionsfonds zugeführt. Die Verfolgung der Freimaurer mußte in Hinkunft unterbleiben.

Es ist unschwer zu erkennen, daß bei diesen antikirchlichen Maßnahmen offenbar das Reformwerk Kaiser Josephs II. Pate gestanden ist.

In Spanien beobachtete man den politischen Kurs Actons, dessen Ziel die endgültige Loslösung von der Bevormundung durch Madrid war, mit wachsendem Argwohn und steigender Erbitterung. Die spanische Partei am neapolitanischen Königshof forderte, von König Karl III. tatkräftig unterstützt, die Abberufung des lästigen Engländers. Da sich Ferdinand und Maria Carolina nicht dazu bereitfanden, griff man nach altbewährtem diplomatischen Rezept – zum Mittel der Intrige, der Verleumdung und des Rufmordes. Der spanische Gesandte in Neapel ließ bei jeder passenden und unpassenden Gelegenheit durchblicken, daß die Königin für ihren Minister und Ratgeber „eine gewisse Zärtlichkeit im Herzen trage". Es war von Briefen an ihn die Rede, von schriftlichen Liebesbeteuerungen, die jedoch nie als Beweis für die angedeutete intime Beziehung vorgelegt wurden.

Die Königin war fuchsteufelswild, als sie davon erfuhr, der König tobte. Er wolle nicht vor ganz Europa als Hahnrei dastehen, schrie er. Acton bot seinen Rücktritt an. Ferdinand lehnte, zur Vernunft gekommen, das Angebot ab. Statt dessen entließ er den spanienfreundlichen Minister Sambuca aus dem Amt. Madrid mußte es zähneknirschend zur Kenntnis nehmen.

Wieder hatte Maria Carolina, die hinter diesen Maßnahmen stand, einen wichtigen Sieg errungen. Von ihrer Rolle sichtlich beeindruckt, berichtete der französische Botschafter aus Neapel nach Versailles: „Es ist die Königin, die hier regiert. Der König nimmt, sei es aus Achtlosigkeit oder Schwäche, alle ihre Ideen auf und hält mehr auf diese als auf seine eigenen. Sie ist es, die alle Gnaden austeilt, die Minister ernennt, unterstützt oder entläßt."

Der Kampf gegen das schändliche Intrigenkarussell,

das sich im schönen Neapel so munter gedreht hatte, kostete die Königin viele schlaflose Nächte, Spannkraft und Energie. Die zahlreichen Schwangerschaften und die fortwährenden Aufregungen untergruben ihre Gesundheit. Sie erbrach häufig, hatte Leberbeschwerden und war hochgradig nervös. Ein Erdbeben im Februar 1783, das die Stadt Messina zerstörte und bei dem 60.000 Menschen ums Leben kamen und auch in Kalabrien furchtbarer Schaden angerichtet wurde, versetzte der Königin, die sich für Land und Menschen verantwortlich fühlte, einen schweren Schlag. Nur langsam gewann sie ihre Gesundheit, ihre innere Ruhe und Selbstsicherheit wieder zurück.

Im Dezember 1786 kam Johann Wolfgang von Goethe, damals 37 Jahre alt, auf seiner ausgedehnten Italienreise nach Neapel. „Neapel selbst kündigt sich froh, frei und lebhaft an, unzählige Menschen rennen durcheinander, der König ist auf der Jagd, die Königin guter Hoffnung, und so kann's nicht besser gehn", notierte er in seiner „Italienischen Reise". Das war freilich nichts weiter als ein Gemeinplatz, der nicht auf persönlicher Beobachtung beruhte. Der Herr Geheimrat aus Weimar verkehrte nicht am neapolitanischen Hof, er ist dem Königspaar nicht begegnet und wurde von ihm auch nicht in Audienz empfangen.

Hingegen war er des öfteren Gast im Haus des englischen Gesandten Sir William Hamilton und seiner jungen, bildhübschen Frau Emma, die später, trotz ihrer niederen Herkunft, zur Vertrauten Maria Carolinas wurde. Auch darüber berichtete Herr von Goethe, aber diesmal wesentlich farbiger und mit größerer Authentizität. „Wenn man in Rom gern studieren mag, so will man hier nur leben; man vergißt sich und die Welt, und für mich ist es eine wunderliche Empfindung, nur mit genießenden Menschen umzugehen", formulierte er, um dann auf das Gesandtenehepaar zu sprechen zu kommen. „Der Ritter Hamilton, der noch immer als englischer Gesandter hier lebt, hat nun nach langer Kunstliebelei, nach so langem Naturstudium den Gipfel aller Natur- und Kunstfreude in einem schönen Mädchen gefunden. Er hat sie bei sich, eine Engländerin von etwa zwanzig Jahren. Sie ist sehr schön und wohl gebaut. Er hat ihr ein griechisch Gewand machen lassen, das sie trefflich kleidet, dazu löst sie ihre Haare auf, nimmt ein paar Schals und macht eine Abwechslung von Stellungen, Gebärden, Mienen etc., daß man zuletzt wirklich meint, man träume. Man schaut, was so viele tausend Künstler gerne geleistet hätten, hier ganz fertig in Bewegung und überraschender Abwechslung. Stehend, knieend, sitzend, liegend, ernst, traurig, neckisch, ausschweifend, bußfertig, lockend, drohend, ängstlich etc., eins folgte aufs andere und aus dem anderen", schwelgte der Herr Geheimrat in vollen Tönen. „Sie weiß zu jedem Ausdruck die Falten des Schleiers zu wählen, zu wechseln, und macht sich hundert Arten von Kopfputz mit denselben Tüchern."

Das Leben am Hof zu Neapel ging indessen weiter. Die Königin gebar jedes oder zumindest jedes zweite Jahr ein Kind. Doch von den siebzehn Sprößlingen, die sie zur Welt brachte, starben acht im Kindesalter.

Die beiden ältesten Töchter, die 1772 geborene Maria Theresia und die 1773 geborene Marie Louise, die allen Krankheiten widerstanden hatten, kamen langsam ins heiratsfähige Alter. Maria Carolina, selbst von der Mutter mit sechzehn Jahren aus dynastischen Gründen an den Mann gebracht, sah sich nun ihrerseits für ihre Töchter um Ehepartner um. Sie schweifte nicht in die Ferne, an ausländische Kaiser- und Königshöfe, sie strebte nicht nach hohen und höchsten Kronen. Ihr Auge fiel auf die Söhne ihres Bruders Leopold im nicht allzufernen Florenz. Maria Theresia sollte nach ihren Vorstellungen Leopolds Älte-

193

sten, den 1768 geborenen Franz, heiraten, Marie Louise den 1769 geborenen Ferdinand, der als Regent für die Toskana vorgesehen war. Der 13jährige Thronfolger von Neapel-Sizilien, Francesco, wurde seiner gleichaltrigen Cousine Klementine versprochen. Daß es sich dabei um eine dynastische Inzucht handelte, kümmerte die Mutter herzlich wenig. Biologische Überlegungen und Rücksichten spielten bei ehelichen Verbindungen zwischen Herrscherhäusern im 18. Jahrhundert überhaupt keine Rolle.

So lange Joseph II., der kaiserliche Bruder, am Leben war, blieben die Ehepläne der Königin von Neapel jedoch unerfüllbare Wunschträume. Denn Joseph war, aus welchen Gründen immer, strikt gegen diese Verbindung, und sowohl in Florenz wie in Neapel hatte man sich seinem Willen zu fügen. Mit seinem Tod am 20. Februar 1790 und dem damit verbundenen Thronwechsel – sein Bruder Leopold folgte ihm nach – stand den geschilderten dynastischen Vermählungswünschen kein Hindernis mehr entgegen. Leopold und Maria Carolina, die sich längst auf das Heiratsprojekt verständigt hatten, waren rasch handelseins.

Die Hochzeitsfeierlichkeiten sollten in Wien vonstatten gehen, doch bevor es dazu kam, mußte die Königin noch schnell ein Kind zur Welt bringen. Am 2. Juli 1790 wurde sie von einem Sohn entbunden, der, wie hätte es anders sein können, auf den Namen Leopold getauft wurde.

Etwa sieben Wochen später, am 20. August, trat das neapolitanische Königspaar mit den beiden Bräuten die lange Reise nach Norden an. Francesco mußte zu Hause bleiben. Seine Trauung fand nur per procurationem statt.

Am 17. September hielten die Gäste aus Süditalien ihren Einzug in Wien, und gleich darauf, am 19., fanden in der Augustinerkirche die Trauungen statt, zu der zahlreiche europäische Herrscherhäuser hochrangige Delegationen

194

in die Kaiserstadt entsandten. Im Anschluß an die kirchliche Zeremonie gab es in der Hofburg eine üppige Festtafel, an die sich ein intimeres Nachtmahl anschloß. Danach begleiteten die beiden Elternpaare die Frischvermählten in deren Schlafzimmer. Während Leopold, der Vater der beiden Bräutigame, die Litanei betete, entkleidete Maria Carolina eigenhändig ihre beiden Töchter, was nicht ohne Aufregung und Tränen abging. Die Ehemänner nahmen es gelassen. Vor allem für Franz, der bereits eine Ehe hinter sich hatte – seine erste Gemahlin war sieben Monate zuvor verstorben –, war die heikle Angelegenheit nicht neu.

Nach dem anstrengenden Hochzeitszeremoniell blieben der Königin, die nach zwei Jahrzehnten zum erstenmal wieder in der Heimat weilte, noch ein paar Tage, um in Schönbrunn alte Erinnerungen aufzufrischen und die Stätten ihrer Kindheit aufzusuchen. Dann brach sie mit ihren Angehörigen im Gefolge des Bruders nach Frankfurt am Main auf, wo Leopold zum römisch-deutschen Kaiser gekrönt wurde. Nach der Rückkehr aus Frankfurt verbrachte das neapolitanische Königspaar noch ein paar erholsame, mit Feiern und Festlichkeiten verbundene Monate in der Kaiserstadt an der Donau.

Mitte März 1791 dachte man endlich an die Heimreise. Über Venedig, Florenz und Rom, wo Papst Pius VI. das Herrscherpaar in Audienz empfing, kehrten Ferdinand und seine Gemahlin am 26. April 1791 nach achtmonatiger Abwesenheit wieder nach Neapel zurück. Der König fand sich in seiner heimatlichen Umgebung sofort wieder zurecht, die Königin benötigte dazu eine geraume Weile. Zu stark waren die Eindrücke der Reise, zu intensiv die Empfindungen für ihre beiden Töchter, die nun ihren eigenen Weg gehen, ihr eigenes Schicksal gestalten mußten. Hatte Maria Theresia für Maria Carolina nicht mit Ratschlägen gespart, so geizte auch sie jetzt nicht mit freundlichen Ermahnungen und Ermunterungen. Vor allem über ihre ältere Tochter Maria Theresia entlud sich eine wahre Flut von Briefen. Die Tochter hatte es allerdings weitaus besser getroffen als sie. Franz war ein gutmütiger, aufmerksamer Gemahl und später ein fürsorglicher Familienvater. Bald flattere von Wien auch die erste freudige Nachricht ins Haus. Maria Theresia war guter Hoffnung. Sie gebar am 12. Dezember 1791 eine Tochter, Marie Louise, die 1810 dem Mann angetraut werden sollte, den Maria Carolina aus ganzem Herzen hassen lernte: Napoleon I., der ungestüme, länderfressende Kaiser der Franzosen. Wütend soll sie damals ausgerufen haben: „Das war es, was mir in meinem Unglück noch gefehlt hat, des Teufels Großmutter zu werden!"

Im Frühjahr 1791, als das neapolitanische Königspaar in seine Hauptstadt zurückkehrte, ging in Europa das Gespenst der Revolution um. Zentrum der revolutionären Stimmung war Frankreich, wo seit dem Frühsommer des Jahres 1789 das überaltete absolutistische Staatsgebäude, teils durch revolutionäre Erschütterungen, teils durch Reformen, Stein für Stein abgetragen wurde. Der entscheidungsschwache, biedere König Ludwig XVI. und seine vergnügungssüchtige, beim Volk verhaßte Gemahlin Marie Antoinette, eine Schwester Maria Carolinas, gerieten in schwere Bedrängnis.

Maria Carolina verfolgte die Ereignisse in Frankreich mit banger Sorge und versuchte, ihrer Schwester mit ungezählten Briefen Mut zu machen. Aber was half's? Weltgeschichtliche Vorgänge haben eine Eigendynamik, die eine Einzelperson nicht zu steuern vermag.

Die Wolken, die sich über den Häuptern des französischen Königspaares zusammenzogen, wurden immer drohender. Maria Carolina war klug genug zu erkennen, daß eines Tages auch das Königreich Neapel-Sizilien vom Strom der Ereignisse überschwemmt werden würde.

Am 1. März 1792 starb unerwartet Kaiser Leopold II., dem Franz II., Maria Carolinas Schwiegersohn, nachfolgte. Ihre Tochter Maria Theresia stieg in den Rang einer Kaiserin auf. Am 20. April erklärte das revolutionäre Frankreich Österreich den Krieg. Dieser europäische Bruderkrieg sollte in immer neuen Konstellationen und Allianzen bis 1815 dauern und weite Landstriche Europas verwüsten. Die Königin von Neapel sollte dabei eine Rolle spielen, aber sein Ende nicht erleben.

Am 20. Jänner 1793 fiel das Haupt Ludwigs XVI. unter dem Fallbeil, am 16. Oktober desselben Jahres wurde auch die müde und alt gewordene Marie Antoinette hingerichtet. Maria Carolina erschauderte, als sie die Nachricht von der Hinrichtung der Schwester erhielt. „Das Gefühl tiefsten Hasses für alle Angehörigen jener Nation wird mein ganzes Leben andauern", schrieb sie an ihren Gesandten nach Sankt Petersburg. Der erbitterte, haßerfüllte Kampf gegen die Französische Revolution und ihre blutigen Auswüchse bestimmte von nun an bis an ihr Lebensende ihr weiteres Handeln.

Inzwischen war die revolutionäre Propaganda auch auf neapolitanisches Territorium übergeschwappt, in der Hauptstadt wurden aufrührerische Flugzettel verbreitet, ein Jacobinerclub etablierte sich, ein französisches Flottengeschwader lief in den Hafen von Neapel ein, eine Demonstration der Stärke, die der Königin kalte Schauer über den Rücken jagte. Als die Franzosen wieder abgesegelt waren, brachte Maria Carolina über Vermittlung des Gesandten Hamilton ein Bündnis mit England zustande, in dem sich der Inselstaat verpflichtete, die Küsten des süditalienischen Königreiches gegen feindliche Angriffe und Übergriffe zu schützen. Im Sommer 1793 ging das erste englische Kriegsschiff im Hafen von Neapel vor Anker. Der Jubel der Bevölkerung kannte keine Grenzen. Das Königspaar begab sich persönlich an Bord des Schif-

fes, um den Kommandanten zu begrüßen. Es war Horatio
Nelson, der durch seine Siege über die französische Flotte bei Abukir und Trafalgar zu einem der gefeiertsten Seehelden Englands aufsteigen sollte. Nelson wohnte während seines Kurzbesuches in Neapel beim englischen Botschafter Hamilton und dessen exaltierter Frau, deren Rei-
zen der einäugige Seebär mit der Zeit nicht mehr widerstehen konnte.

Maria Carolina beobachtete gespannt den Kampf der
konservativen europäischen Mächte gegen das revolutionäre Frankreich. Die vereinten Kräfte Englands, Österreichs, Preußens und Rußlands mußten doch spielend
ausreichen, der Revolution Herr zu werden, meinte sie. Es
war ein Irrtum. Die revolutionären Ideen entflammten die
Massen und setzten ungeahnte Kräfte im Volk frei. Und
als ein strategisches Genie aus Korsika namens Napoleon
Bonaparte, das rasch die militärischen Stufenleiter empor-
klomm, das Kommando des französischen Volksheeres
übernahm, war es um die alten, unbeweglichen Berufsar-
meen der Gegnerstaaten geschehen. Der kleine Korse
trieb sie zu Paaren. 1796 zog er in Mailand ein. Die Königin von Neapel geriet darüber völlig aus der Fassung.
Wenn die Franzosen in ihr Land kämen, schrieb sie ihrem
Botschafter in Wien und späteren Außenminister, Marchese di Gallo, dann wäre sie im äußersten Fall entschlossen, ihre sieben Kinder ins Meer zu werfen und ihnen
nachzustürzen. Noch war es nicht soweit, noch brauchte
sie nicht an diesen äußersten Fall zu denken. Aber schon
zwei Jahre später rückten die Franzosen in gefährliche
Nähe vor.
Im Februar 1798 besetzten sie den Kirchenstaat und
standen somit unmittelbar an der nördlichen Grenze des
Königreiches Neapel-Sizilien. Die Situation war brenzlig,
eine französische Invasion schien bevorzustehen. Aber es

kam wieder einmal anders, wie so oft in der napoleonischen Ära. Napoleon, der bereits Welteroberungspläne im Kopf wälzte, brach mit einer Flotte von 2.000 Schiffen und einem riesigen Expeditionskorps nach Ägypten auf. Der Feldzug wurde nach dem Sieg Admiral Nelsons über die französische Flotte in der Seeschlacht bei Akubir am 1. August 1798 zu einem Mißerfolg.

Die Nachricht vom englischen Triumph löste in Neapel wahre Jubelstürme aus. Maria Carolina war „verrückt vor Freude". Sie empfing den siegreichen Admiral in Privataudienz. Nelson war von der Königin beeindruckt: „...sie ist eine wahre Tochter Maria Theresias". Er empfahl, die Gunst der Stunde zu nutzen und die Franzosen aus Italien zu vertreiben. Die Gelegenheit war in der Tat günstig, denn Napoelon weilte in der Ferne.

Maria Carolinas phlegmatischer Gemahl, der diese Idee begeistert aufgriff, wandte sich, ehe er etwas unternahm, an den Kaiser um Hilfe. Der bedächtige Franz reagierte promptest. Er schickte einen unfähigen General nach Neapel, den Freiherrn Karl von Mack. Nicht mehr und nicht weniger.

Der König, der alles andere als ein Menschenkenner war, fiel auf Macks prahlerische Schönrednereien herein und entschloß sich zu einer schlecht vorbereiteten, verhängnisvollen militärischen Aktion, deren Ziel die Rückeroberung Roms war.

Im Morgengrauen des 22. November 1798 machte sich die neapolitanische Armee auf, genau eine Woche später zog sie ungehindert in Rom ein. Der französische General hatte es vorgezogen, seine Streitmacht – vorübergehend – zurückzuziehen.

Ferdinand sonnte sich im Glanz des Eroberers. Es war ein kurzer Triumph. Denn als General Mack den Weitermarsch anordnete, der Nachschub nicht klappte und die erschöpften, ausgehungerten Soldaten die Waffen wegwarfen, war es um die Neapolitaner geschehen. Um seiner Gefangennahme zu entgehen, bestieg der König sein Pferd und galoppierte aus der Stadt, geradewegs in die Arme seiner Gemahlin, die ihm auf seinen Wunsch in das Schlößchen Belvedere bei Caserta entgegengeeilt war. Maria Carolina spendete ihrem Möchtegernfeldherrn den Liebestrost, den er nach dem schmählichen militärischen Intermezzo so dringend benötigte.

Am nächsten Tag, dem 14. Dezember 1798, kehrte das Königspaar gemeinsam in die Hauptstadt zurück und widmete sich nach einem kurzen Imbiß weiteren Liebesfreuden. Im Bett war Ferdinand ganz offensichtlich wesentlich tüchtiger als auf dem Schlachtfeld. „Massime finezze" (besondere Gefälligkeiten) notierte er in seinem Tagebuch, in dem er penibel die ehelichen Umarmungen mit einem Sternchen und ein paar netten Bemerkungen festhielt.

Der Traum von der Befreiung Italiens war ausgeträumt, und es war nun eigentlich nur mehr eine Frage der Zeit, wann die Franzosen auf neapolitanisches Staatsgebiet vordringen würden. Das Königspaar hatte sich kaum von den Umarmungen gelöst, als auch schon die Vorbereitungen für die Flucht in Angriff genommen wurden. Die Stadt war bereits von einer fieberhaften Unruhe erfaßt. Allerorten tauchten antiroyalistische Flugzettel auf, die Hauswände wurden mit Freiheitsparolen beschmiert, die republikanisch gesinnten Bürger sammelten sich und ballten die Fäuste.

Am 21. Dezember stolperte die königliche Familie bei Nacht und Nebel durch einen Geheimgang vom Schloß zum Hafen, wo die „Vanguard", das Flaggschiff Nelsons, wartete, um sie wegzubringen. Die völlig gebrochene Königin „zitterte wie Espenlaub" und mußte von ihrer Tochter Maria Christina („Mimi") gestützt werden.

Am nächsten Tag verkündete der König in einer Proklamation, daß er sich nach Sizilien begebe, um Verstärkung zu holen. Die Neapolitaner vernahmen die Botschaft mit Entsetzen. Da das Schiff wegen eines heftigen Sturmes nicht auslaufen konnte, versuchte eine Deputation mit dem Kardinal-Erzbischof an der Spitze, Ferdinand zur Rückkehr in die Stadt zu bewegen, aber der König ließ sich dazu nicht überreden.

Erst in der Nacht zum 23. Dezember, nachdem der Sturm nachgelassen hatte, lief die „Vanguard" aus dem Hafen von Neapel aus und nahm Kurs auf Palermo. Aber kaum war das Schiff auf hoher See, brach der Orkan abermals mit voller Stärke los. Ein Großteil der Passagiere und ein Teil der Besatzung wurden ein Opfer der Seekrankheit. Der sechseinhalbjährige Sohn der Königsfamilie, der liebenswürdige kleine Albert, erkrankte schwer und starb in den Armen Lady Hamiltons, die gesund blieb und sich rastlos um die Erkrankten kümmerte.

In der Nacht zum 26. Dezember legte das Schiff endlich im Hafen von Palermo an. Die Königin – und nicht nur sie – war in einer erbärmlichen Verfassung. Um dem offiziellen Empfang zu entgehen, verließ Maria Carolina, von einigen Familienmitgliedern begleitet, in aller Herrgottsfrühe das Schiff und begab sich zum Stadtpalast, der sich von seiner unfreundlichsten Seite zeigte. „Der Palast ist unbewohnt, unbequem, kalt, es fehlt an allem und jedem, nichts ist vorhanden, weder Stühle noch Betten noch Kanapees…", schrieb sie an Außenminister Gallo.

Es verstrich einige Zeit, ehe aus dem unwirtlichen Gebäude ein halbwegs komfortabler Wohnsitz wurde.

Maria Carolina fühlte sich in Sizilien überhaupt nicht wohl, obwohl die Insel zum Herrschaftsbereich des Königshauses gehörte. Sie glaubte im Exil zu leben, hatte weder für das Land noch für die Bevölkerung etwas übrig und klagte darüber, daß „alles um sechzig Jahre zurück" sei. Dieses Klagelied hört sich aus ihrem Mund ein wenig seltsam an, denn offenbar war die Insel von den Herrschern, die im schönen Neapel saßen, durch die Jahrhunderte stets als lästiges Anhängsel betrachtet worden.

Die Königin konnte sich mit den ungewohnten Begebenheiten nur schwer abfinden. Es gab weder eine Flotte noch ein Landheer, sie fühlte sich einem eventuellen Angriff der Franzosen schutzlos ausgeliefert. „Was läßt das hoffen?" schrieb sie an Gallo und gab selbst die Antwort. „Tot oder gefangen nach Paris geschleppt zu werden. Ich ziehe das erstere vor und überlasse denen, die Lust dazu haben zu wählen, die zweite Möglichkeit."

Ferdinand, den apathischen Gemahl, plagten solche Gedanken nicht. Er fand sich mit der neuen Situation ab und ging, wie gewohnt, seinem Jagdvergnügen nach.

Maria Carolina litt am meisten unter der ihr aufgezwungenen Untätigkeit. Ihre Stimmung sank auf den Nullpunkt, um ihre Gesundheit war es schlecht bestellt. Sie fand keinen Schlaf, war übernervös und ungeduldig. Ihre Launenhaftigkeit reflektiert sich sogar im Tagebuch des Königs.

Um der Langeweile Herr zu werden, die an ihren Nerven zerrte, und weil sie der Schreibwut verfallen war – „Ich kann mich wahrhaft nicht losreißen, es fällt mir schwer, das Schreiben zu lassen" –, stürzte sich die Königin in das Vergnügen des Briefeschreibens. Stundenlang saß sie am Schreibtisch und ließ an die verschiedensten Adressaten Brief um Brief los. Sie beklagte darin ihr Schicksal, bat um Hilfe und Unterstützung, enthüllte Geheimnisse, Pläne und Projekte, machte Mitteilungen über andere Personen, gab Klatsch und Tratsch weiter. Kurzum: Sie schrieb nieder, was ihr in den Sinn kam, sie machte aus ihrem Herzen keine Mördergrube. Aber ihre allzu offenen, vertrauensseligen, bisweilen naiven Feststellungen und Beobachtungen waren nicht selten an die falsche Person gerichtet, wurden mißverstanden und boten ihren

Gegnern einen willkommenen Anlaß zu Verdächtigungen, böswilligen Unterstellungen und Intrigen.

Die einzigen Menschen, denen sie sich vorbehaltlos anvertrauen konnte, waren Lord Nelson und das Ehepaar Hamilton. Dieses unzertrennliche Trio spielte nun allerdings eine andere Herzensmelodie. Aus der Bewunderung der schönen Lady Hamilton für den tapferen Seehelden war Liebe geworden, was der Freundschaft mit Sir William jedoch keinen Abbruch tat. Hamilton, ein englischer Gentleman vom Scheitel bis zur Sohle, nahm es mit seinen siebzig Jahren philosophisch. Zum Skandal wurde das Liebesverhältnis zwischen Lord Nelson und Emma Hamilton erst durch die öffentliche Meinung – es gibt zu viele Menschen mit bösen Zungen.

Neapel erlebte unterdessen den Einmarsch der Franzosen und die Ausrufung der Republik. Auf den Kastellen wurde die neue blau-weiß-rote Flagge gehißt, vor dem Königspalast ein Freiheitsbaum gepflanzt, der König und die Königin waren auf öffentlichen Plätzen und in den Theatern Zielscheiben des Spotts. Gezielte Verleumdungen schädigten das Ansehen Maria Carolinas. So hieß es in Pamphleten, die von Hand zu Hand gingen, die Königin feiere wüste Orgien, sie teile mit Emma Hamilton das Bett, sei aber auch Flirts mit hübschen, jungen Gardeoffizieren nicht abgeneigt.

Ansonsten hielten sich die Maßnahmen der neuen Machthaber an das übliche Schema. Man versuchte, dem Volk die geistigen Errungenschaften der Revolution schmackhaft zu machen und es darauf einzuschwören. Die Sympathien der Neapolitaner für die neue politische Ordnung und die Franzosenherrschaft hielten sich allerdings in Grenzen.

Schon dachte man am exilierten Königshof in Palermo auch wieder an eine Rückkehr auf das italienische Festland. Voraussetzung dafür war natürlich ein militärischer

Sieg über die französische Besatzungsmacht. Es war ein Mann der Kirche, Kardinal Fabrizio Ruffo, der sich dem König für diese Aufgabe zur Verfügung stellte. Mit einer bunt zusammengewürfelten Streitmacht und der Hilfe Nelsons gelang es ihm tatsächlich, Neapel zurückzuerobern.

Über die Häupter der Franzosenfreunde entlud sich ein furchtbares Strafgericht. Ruffo hatte für Milde plädiert, aber der König und die Königin waren für eine strenge Bestrafung der Revolutionäre. „Keine Gnade darf gezeigt werden", schrieb Maria Carolina dem Kardinal, „das giftige Unkraut muß ausgerissen, zerstört, ausgerottet und deportiert werden..."

Das Königspaar hätte nun in die Hauptstadt zurückkehren können, aber Ferdinand zog es vor, zunächst noch in Sizilien zu bleiben. Er veranstaltete für Nelson und seine Geliebte eine riesige Siegesfeier, die mancherseits mißfällig aufgenommen wurde. Maria Carolinas Stimmungsbarometer war trotz der günstigen politischen Gesamtlage wieder einmal auf dem Nullpunkt angelangt. „Meine Konstitution ist ruiniert", klagte sie Kardinal Ruffo, „meine Stärke und meine Gesundheit sind zerstört, und mein Herz ist zerrissen... Ich habe Neapel und seine Bewohner leidenschaftlich geliebt, ich habe einunddreißig Jahre da gelebt und mich dreiundzwanzig Jahre davon traurig und schlecht beraten mit öffentlichen Angelegenheiten beschäftigt; ich kann sagen, daß ich nie an mich selbst gedacht habe... Ich werde mich nicht mehr in öffentliche Dinge mischen... Ich werde ein paar Monate Urlaub erbitten, um mich abzulenken, meine Gesundheit wieder herzustellen und meine Töchter zu verheiraten..."

So ernst gemeint war das natürlich nicht. Im Handumdrehen war die Königin wieder voller Tatendrang. Als Sir William Hamilton im Jahre 1800 durch Sir Arthur Paget ersetzt wurde und Lord Nelson aus Gesundheitsgründen um Rückberufung in die Heimat bat, entschloß sie sich, einen bereits seit längerem gefaßten Plan zu verwirklichen: Sie reiste nach Wien.

Am 9. Juni 1800 nahm Maria Carolina von ihrem Gemahl und Palermo Abschied. Sie wurde von ihren drei heiratsfähigen Töchtern Maria Christina, Maria Amalia und Maria Antonia, ihrem Sohn Leopold, Nelson, Sir und Lady Hamilton sowie von zahlreichen Hofbediensteten begleitet. Die Reiseroute führte zunächst auf Nelsons Flaggschiff nach Livorno, wo die Königin und ihre Gefolgschaft von der Nachricht überrascht wurden, daß Napoleon die österreichische Armee bei Marengo besiegt habe. Diese Hiobsbotschaft versetzte Maria Carolina in so große Aufregung, daß sie einen ihrer obligaten Nervenzusammenbrüche erlitt, von dem sie sich jedoch rasch wieder erholte. Der Reiseplan mußte nun selbstverständlich geändert werden. Man beschloß, von Florenz aus den Landweg nach Ancona zu nehmen, von dort per Schiff nach Triest zu reisen, um dann über Laibach, Marburg, Graz und den Semmering in die kaiserliche Residenzstadt zu gelangen.

Am 14. August 1800 erreichte die bunt zusammengewürfelte Reisegesellschaft nach vielen Strapazen und Unannehmlichkeiten ihr Ziel. Die Königin nahm mit ihren Kindern in Schloß Schönbrunn Quartier, Lord Nelson und die Hamiltons stiegen in einem Gasthof am Graben ab.

Maria Carolina feierte in Schönbrunn ein Wiedersehen mit ihrer Schwester Marie Christine und deren Mann Albert, die aus den Niederlanden vor den Franzosen hatten flüchten müssen, mit ihrem Bruder Maximilian, dem Kurfürsten von Köln, der ebenfalls hatte das Weite suchen müssen, und Tochter Louise, die mit ihrem Gemahl Florenz verlassen hatte. Die Kinder und Enkelkinder Maria Theresias waren zu Emigranten geworden.

Lord Nelson, der sich auch in der Kaiserstadt großer Popularität erfreute, versetzte die Wiener in einen wahren Gaffer-Taumel. Jedermann wollte ihn sehen, wo immer er sich zeigte, wurde er mit Applaus bedacht, in den Geschäften wurden gestochene Nelson-Porträts angeboten, modebewußte Frauen trugen Hauben à la Nelson.

Aber auch die Wiener Gesellschaft mit dem Kaiserhaus an der Spitze feierte den Seehelden. Kaiser Franz empfing ihn in der Hofburg in Privataudienz, es gab ihm zu Ehren Cercles, Diners, Feuerwerke und Wasserspiele, Joseph Haydn widmete ihm eine Messe. Lord Nelson und die Hamiltons verließen Wien Ende September, um in ihr Heimatland zurückzukehren. Maria Carolina hat ihre englischen Freunde, die ihr in der Not beigestanden waren und auf die sie hatte zählen können, nicht mehr wiedergesehen. Sir William starb 1803, Nelson fiel zwei Jahre darauf in der Seeschlacht bei Trafalgar der Kugel eines französischen Scharfschützen zum Opfer. Emma Hamilton schied, völlig verarmt und heruntergekommen, am 15. Jänner 1815 in einem Dorf in der Nähe von Calais aus dem Leben.

Zwei Jahre hielt sich die Königin von Neapel in der Kaiserresidenz auf. In Schloß Schönbrunn, wo – wie gesagt – zahlreiche Mitglieder des habsburgisch-lothringischen Hauses Zuflucht gefunden hatten, ging es munter zu. Eine übermütige Kinderschar tollte in den Räumen des weitläufigen Gebäudes umher, nutzte die Gelegenheit zu allerlei Streichen und Schabernacken, unterhielt sich auf jede nur denkbare Weise. Die Erwachsenen machten den Spaß mit, solange sie nicht selbst dem Gespött der „fröhlichen Bande", wie die Königin die jungen Leute nannte, ausgesetzt waren.

Maria Carolina erlebte in Wien Wochen und Monate heiterer Entspannung, aber sie wurde dennoch ihres Lebens nicht so recht froh. Unentwegt starrte sie wie gebannt auf den kleinen General aus Korsika, der als Erster Konsul bereits die politischen Zügel Frankreichs in der Hand hielt, und auf die von ihm verursachten Ereignisse. Sie wurde nicht müde, vor ihm zu warnen. „Solange der Konsul Bonaparte lebt", pflegte sie zu sagen, „wird es keine dauernde Ruhe geben, seine ehrgeizigen Pläne sind maßlos und werden alle anderen entweder mit Gewalt oder gutmütig mitreißen." Sie aber wolle ihn bekämpfen, fügte sie diesen Prognosen noch entschlossen hinzu.

Maria Carolina sollte mit ihren düsteren Vorahnungen nur allzu recht behalten. Aber dem jungen Kaiser Franz ging sie auf die Nerven. Er verübelte es ihr, daß sie versuchte, über seine Gemahlin auf ihn Einfluß zu nehmen, daß sie sich in die Politik einmischte, daß ihre ungehemmte Redseligkeit immer wieder zu Tratschereien und Kabalen führte. Die Vertrauensbasis zwischen Schwieger-

Eines der Schiffe, mit denen Maria Carolina reiste.
Aquarell von Francesco Resman

mutter und Schwiegersohn wurde zusehends brüchiger. Dazu kam, daß die Königin auch mit ihren Plänen für die Verheiratung ihrer Töchter scheiterte. Der Kaiser wollte von weiteren verwandtschaftlichen Verbindungen nichts wissen. Für die Schwiegermutter wurde es langsam Zeit, wieder nach Hause zurückzukehren.

Am 17. August 1802 langte Maria Carolina wieder in ihrem angestammten Königreich ein. Der Empfang war kühl. Der König, der zwei Monate vor ihr nach dreijähriger Abwesenheit nach Neapel zurückgekommen war, war von der Bevölkerung wesentlich freundlicher begrüßt worden.

Auch die Wiedersehensfreude zwischen den Eheleuten hielt sich in Grenzen. Maria Carolina fand ihren Gemahl stark verändert: Er war dick geworden, mißlaunig und verschlossen. Aber auch sie war über ihre Jahre hinaus gealtert. Ihre Haut war schlaff geworden, ihr Haar grau, ihre Figur füllig. Maria Carolina und Ferdinand hatten sich durch die lange Trennung vollkommen auseinandergelebt. „Wir leben völlig getrennt", schrieb sie an den Grafen Andreas Rasumovsky nach Wien, „er liebt weder die Kinder noch irgend jemand... Alles, alles, alles hier ist ein Jammer!"

Auch die politische Situation war alles andere als rosig. Weite Teile Ober- und Mittelitaliens standen unter französischer Patronanz. Neapel hatte mit dem Ersten Konsul zwar Frieden geschlossen, sein Territorium war von fremden Truppen frei. Aber dieser Zustand konnte sich jeden Augenblick ändern. Maria Carolina war davon überzeugt.

Sie sollte recht behalten. Bonaparte hatte freilich zunächst anderes im Sinn als die Okkupation Neapels. Er krönte sich 1804 in Nôtre Dame zu Paris zum Kaiser der Franzosen und setzte sich ein Jahr später in Mailand die Eiserne Krone der Langobarden auf das Haupt, mit der er sich zum „rex totius Italiae", zum König von ganz Italien, machte.

Maria Carolina schäumte vor Wut. In Briefen an ihren Botschafter in Frankreich, Marchese di Gallo, ließ sie ihren Gefühlen freien Lauf, nannte ihren Erzfeind einen „korsischen Despoten", eine „Geißel Europas", ja sogar einen „Verbrecher".

Diese Einstellung der neapolitanischen Königin blieb dem vorerst unbezwingbaren Schlachtenlenker natürlich nicht verborgen. Und der Kaiser der Franzosen, der wie ein Rohrspatz schimpfen konnte, blieb seiner unversöhnlichen Gegnerin natürlich nichts schuldig. Beim großen Diplomatenempfang nach der Krönung in Mailand schnauzte er den neapolitanischen Sonderbotschafter, den Fürsten von Cardito, vor Wut bebend, an: „Also *Sie* sind der Agent der Königin von Neapel, wann wird Ihre Herrin endlich aufhören, Ränke zu spinnen? Sagen Sie ihr in meinem Namen, wenn eine Frau alt und häßlich wird, so bleibt ihr einzig nur übrig, sich der Frömmigkeit in die Arme zu werfen… Sagen Sie ihr, daß sie einmal von ihren Söhnen verflucht werden wird. Ich will ihrem Haus nicht einmal so viel Land lassen, als für dessen Gräber notwendig sind."

Napoleon konnte die durchaus ernstgemeinte Drohung nicht sofort wahr machen, die neapolitanische „Furie" nicht sogleich vom Thron stoßen. Er sah sich 1805 wieder einmal einer Koalition von Gegnern gegenüber, deren Armeen er aber am 2. Dezember in der Schlacht bei Austerlitz eine vernichtende Niederlage bereitete. Erst jetzt konnte er sich Neapel widmen. Gegen Jahresende kündigte das 37. Bulletin der Großen Armee die bevorstehende militärische Aktion gegen das Königreich Neapel an: „Der General Saint-Cyr rückt in Eilmärschen auf Neapel los, um den Verrat dieser Königin zu strafen und das verbrecherische Weib vom Throne zu stoßen, das mit solcher

Schamlosigkeit alles verletzte, was unter Menschen heilig ist... Die Königin von Neapel hat aufgehört zu herrschen", hieß es darin rüde und unverblümt. Am 6. Jänner 1806 druckte der Pariser „Moniteur", das Sprachrohr des Kaisers, die unmißverständliche Verlautbarung wortgetreu nach.

Wie sollte Maria Carolina der drohenden Invasion begegnen? Ihre Lage war praktisch hoffnungslos. Der Gemahl hatte bereits das Weite gesucht und war bei Nacht und Nebel wieder nach Sizilien ausgewichen, die Armee konnte keinen ernsthaften Widerstand leisten, die Engländer und Russen, die sie um Hilfe gebeten hatte, dachten nicht daran, das süditalienische Königreich gegen den rücksichtslosen Eroberer zu verteidigen. Maria Carolina harrte dennoch in Neapel aus. „Sie weint, schreibt, arbeitet und sucht alle Mittel, um die Sache noch zu retten", berichtete ihre Tochter Amélie nach Wien.

Schließlich kam die Königin doch zur Einsicht, daß es sinnlos sei zu bleiben. Am 11. Februar 1806 schiffte sie sich mit ihrer Familie nach Sizilien ein, drei Tage später waren die Franzosen in Neapel.

Zum neuen König ernannte Napoleon seinen Bruder Joseph. Als dieser 1808 auf den spanischen Thron gehievt wurde, folgte ihm Joachim Murat nach, der mit einer Schwester des Korsen namens Caroline verheiratet war. So gab es nun absonderlicherweise zwei Königinnen namens Caroline im Königreich Neapel-Sizilien. Die eine regierte parvenuehaft im neapolitanischen Königsschloß, die andere saß griesgrämig-verdrossen in Palermo im Exil.

Wenn zwischen den Franzosen und dem exilierten Königspaar auch das Meer lag, so fühlte sich Maria Carolina dennoch in Sizilien nicht sicher. „Wir sind in großer Gefahr, nach dem Königreich Neapel auch noch Sizilien zu verlieren, und dann können wir uns nur in das Meer stürzen", bejammerte sie ihr Schicksal.

Sizilien ging nicht verloren, Napoleon hatte andere Pläne. 1806 besiegte er Preußen, 1808 marschierten seine Truppen in Spanien ein. Die Königin, die von schmerzhaften Venenentzündungen und Gallenkoliken gepeinigt wurde, die ein schweres Nierenleiden mit Opium bekämpfen mußte, verfolgte die Vorgänge auf dem Kontinent mit grimmiger Anteilnahme. Ihr ganzes Sinnen und Trachten war nach wie vor darauf gerichtet, Napoleon, dieses teuflische Ungeheuer, zu Fall zu bringen. Sie wandte sich in zum Teil verschlüsselten Briefen an Gott und die Welt um Hilfe, führte den Vorsitz im Staatsrat, gab Audienzen und hielt geheime Besprechungen ab. Der Erfolg war gering.

Immerhin brachte sie 1808 einen „Bündnis- und Unterstützungsvertrag" mit England zustande, in dem sich der Inselstaat dazu verpflichtete, die in Sizilien stationierten Truppen zu unterhalten. Das hatte freilich eine immer stärkere Einmischung der Engländer in die Politik zur Folge, was die herrschsüchtige Königin ganz und gar nicht freute.

Ferdinand, der gekrönte Phlegmatiker, ließ die Dinge laufen und seine Gemahlin nach Herzenslust schalten und walten. Das Regieren machte ihm weniger Spaß denn je. Er widmete sich der Jagd, dem Fischfang und der Liebe. Seine Partnerin war jetzt eine verwitwete Prinzessin, eine sanfte, reizende Person, die ihm das Leben im Exil mehr als nur erträglich machte. Maria Carolina, der die Liaison natürlich nicht verborgen blieb, tat das in dieser Situation einzig Richtige: Sie sah über den außerehelichen Spaß hinweg. Größeren Schmerz als die Untreue des Gatten bereitete ihr der Tod der ältesten Tochter Maria Theresia, der österreichischen Kaiserin, die die Geburt ihres zwölften Kindes nicht überlebte. Geradezu zur Raserei aber brach-

211

te sie die Verheiratung Marie Louises, einer Tochter des Kaisers Franz, mit Napoleon Bonaparte.

Und es wäre nicht Maria Carolina gewesen, hätte sie sich ihre Verbitterung nicht von der Leber geschrieben. „Der Kaiser wagt es, seine Tochter als eheschänderische Konkubine einem mit allen Verbrechen und Greueln besudelten Mann zu geben", klagte sie ihrem Botschafter in Wien, Graf Alvaro Ruffo, und dem Schwiegersohn schleuderte sie brieflich die Sätze ins Gesicht: „Monsieur, zu dieser abscheulichen Hochzeit kann ich Ihnen kein Kompliment machen. Bittere Tränen vergoß ich darüber, mögen Sie niemals Rechenschaft dafür ablegen müssen... das völlige Vergessen Ihrer Pflicht als Sohn, Neffe und Verwandter legt mir ewiges Schweigen auf...".

So sehr ihre Entrüstung zu verstehen ist, sie hätte besser daran getan, sie nicht so laut und unverblümt herauszuschreien. Denn auf den Kaiser war sie letztlich angewiesen. Wer sonst als er konnte ihr im äußersten Notfall Zuflucht gewähren?

Schon begannen die Engländer, unter deren Schutz das Königspaar lebte, sich als Herren auf der Insel aufzuspielen. Mit Lord William Bentnick, dem neuen Sonderbevollmächtigten der englischen Krone, der 1811 in Palermo eintraf, kam sie überhaupt nicht zurecht. Er war anmaßend, benahm sich flegelhaft und stellte unannehmbare politische Forderungen, wie etwa die Reform der Verfassung nach britischem Muster.

Eine kurze Weile dachte Maria Carolina daran, die Segel zu streichen, und bat den Kaiser beinahe kniefällig ihr, wenn nötig, Asyl zu gewähren. Dann aber obsiegte wieder ihre zähe Widerstandskraft, und sie nahm den Kampf gegen den präpotenten Bentnick auf. Der Engländer saß freilich auf dem längen Ast. Er hielt alle jene Mittel in der Hand, die in einem solchen Ringen entscheidend sind: Geld, Truppen und die Unterstützung seiner Regierung. Es gelang ihm, den König zur Übergabe der Regierungsgeschäfte an dessen Sohn Francesco zu bewegen, was einer Entmachtung Maria Carolinas gleichkam. Verbittert und innerlich gebrochen zog sich die Königin in eine Villa im Landesinneren zurück. „Möge mich doch eine wohltätige Krankheit hinwegraffen, bevor ich die Zerstörung von fünfundvierzig Jahren Mühe und Arbeit mit ansehen muß", schrieb sie völlig entnervt. Schließlich und endlich, nach einem langen, kräfteverzehrenden Ringen mit sich selbst, fand sie sich dazu bereit, die Insel zu verlassen. Auch der König, der nichts als seine Ruhe haben wollte, hatte in diesem Sinn auf sie eingewirkt. Das letzte Kapitel im wechselvollen Leben der einst so energischen, heißblütigen Tochter Maria Theresias hatte begonnen.

Es war ein kurzes, aber trauriges Kapitel, überschattet von Mühsal, Krankheit und Widerwärtigkeiten. Noch vor der Abreise blieb der Königin eine weitere Demütigung nicht erspart. Da sie sich nach einer schweren Krankheit noch zu schwach fühlte, das Schiff zu besteigen, das sie wegbringen sollte, ordnete Lord Bentnick eine Untersuchung ihres Gesundheitszustandes an. Ein Militärarzt sollte feststellen, ob sie nicht gar simuliere. Der Arzt, der sich in seiner Rolle überhaupt nicht wohl fühlte, attestierte der alten Dame Reiseunfähigkeit.

Nach ein paar Wochen der Erholung schlug dann die Stunde des Abschieds. Am 14. Juni 1813 verließ die 61jährige Königin an Bord einer englischen Fregatte Sizilien. Auf dem Weg zum Hafen wurde ihr eine letzte Genugtuung zuteil. Tausende Menschen winkten ihr zu und protestierten lautstark gegen die von den Engländern erzwungene Abreise ihrer legitimen Herrscherin. Um so trauriger stimmte es sie, daß sich kein einziges Mitglied ihrer Familie zur Verabschiedung einfand. Weder der Gemahl, von dem sie es vielleicht gar nicht erwartete, noch irgendeines der Kinder waren gekommen, um ihr Lebewohl zu sagen. Offenbar hatten sie bis zuletzt nicht damit gerechnet, daß sich die Mama tatsächlich in ihr schweres Schicksal fügen würde.

Die letzte große, unfreiwillige Reise der Königin von Neapel war anstrengend, mühsam und von unvorhergesehenen Wendungen, Zwischenfällen und Vorfällen begleitet. Da zahlreiche See- und Landrouten zu unsicher, in den Händen oder unter der Kontrolle des Gegners waren, konnte das Reiseziel, die kaiserliche Residenzstadt Wien, nicht direkt angesteuert werden. Die Odyssee führte zunächst durch die Ägäis nach Konstantinopel und von dort auf einem gecharterten Handelsschiff über das Schwarze Meer nach Odessa, wo Maria Carolina mit ihrem kleinen Hofstaat, wie schon zuvor in der Stadt am Bosporus, vierzehn Tage in Quarantäne gehalten wurde. Grund: Das Schiff hatte die pestverseuchte Ägäis durchquert.

Die leidgeprüfte Königin ließ sich die ihr aufgezwungene Muße nicht verdrießen. Sie las Bücher, schrieb wie immer zahlreiche Briefe und freute sich über die Nachrichten, die von den Kriegsschauplätzen an ihr Ohr drangen. Ihr Erzfeind, der Kaiser der Franzosen, hatte nach seinem mißglückten Rußlandfeldzug in der Völkerschlacht bei Leipzig eine schwere Niederlage erlitten. Die Kunde davon war Balsam auf ihr wundes Herz, aber sie brach keineswegs in ein billiges Triumphgeschrei aus. Sie wünsche ihrem Erzfeind einen glorreichen Tod, keine bloße unheldische Gefangennahme, schrieb sie ihrem Gesandten in Konstantinopel. Sie konnte auch nobel, großmütig und gnädig sein, diese Tochter Maria Theresias, die in vielem so sehr ihrer Mutter glich.

Inzwischen war seit ihrer Abreise aus Sizilien ein halbes Jahr vergangen. Endlich, am 18. Dezember 1813, ging es weiter. Über Schneefelder – der Winter war hereingebrochen – und vereiste Flüsse erreichte die kleine Reisegesellschaft nach etlichen Pannen schließlich das galizische Lemberg. Der österreichische Kaiser, der der „Heimkehr" der energischen Tante mit gemischten Gefühlen entgegensah, ließ ihr durch Kurierpost ausrichten, sie möge vorerst in Buda Station machen. Maria Carolina schlug den kaiserlichen Wunsch glattweg in den Wind. Was sollte sie in Ungarn? Sie wollte ihren Lebensabend in ihrer Heimatstadt verbringen. Und so reiste sie denn auch über Brünn in die Metropole an der Donau, wo sie am 2. Februar 1814 anlangte.

Kaiserin Maria Ludovica bereitete ihr einen herzlichen Empfang – Kaiser Franz und sein Staatskanzler Metternich hielten sich nicht in Wien auf – und wies ihr einige Gemächer in der Reichskanzlei am Ballhausplatz als Wohnsitz zu. Auch die Enkelkinder hießen die Großmutter, die einige von ihnen noch gar nicht kannten, artig willkommen. Beim Besuch des Burgtheaters zehn Tage nach ihrer Ankunft war die letzte lebende Tochter Maria Theresias dann auch Gegenstand enthusiastischer Ovationen seitens des Publikums, was sie mit großer Freude und Genugtuung erfüllte.

Obwohl sich Maria Carolina gesundheitlich nicht sonderlich wohl fühlte, interessierte sie sich doch weiterhin für alle politischen Vorgänge inner- und außerhalb des Kaiserreiches. Vor allem drängte sie den Kaiser und Metternich, sich für die Rückkehr Neapels an ihren Gemahl einzusetzen. Der Staatskanzler hielt jedoch an Murat fest.

Als ihnen die alte Dame mit ihren dauernden Bitten und Beschwörungen lästig und unbequem wurde, versuchte sie der kaiserliche Neffe nach Preßburg zu verbannen. Aber er holte sich auch diesmal kalte Füße. Maria Carolina war nicht gesonnen, Wien zu verlassen. Sie bat um die Erlaubnis, in Schönbrunn Aufenthalt nehmen zu dürfen. Dies wurde ihr zwar verwehrt, der Kaiser wies ihr jedoch das benachbarte Schloß Hetzendorf als Wohnsitz zu.

Die Königin fühlte sich in dem kleinen, von einem hübschen Park umgebenen kaiserlichen Jagdschloß sehr wohl. Sie begrüßte dort ihre Enkelin Marie Louise, die nach der Verbannung ihres Gemahls auf die Insel Elba mit ihrem Sohn nach Österreich zurückgekehrt war. Maria Carolina schloß, ungeachtet des ihr verhaßten Vaters, ihren kleinen, blondgelockten Urenkel sogleich in ihr Herz, nannte ihn zärtlich „mon petit Monsieur", spielte mit ihm und machte ihm Geschenke.

Am 16. Juni 1814 kehrte Kaiser Franz, von der Bevölkerung stürmisch bejubelt, wieder in seine Haupt- und Residenzstadt zurück. Napoleon war – so schien es – endgültig besiegt, das Zeitalter, dem er seinen Stempel aufgedrückt hatte, zu Ende. Nun galt es, Europa neu zu gestalten und eine politische und gesellschaftliche Neuorientierung vorzunehmen. Das sollte auf einer großen Fürstenversammlung geschehen, die für den 1. Oktober 1814 nach Wien einberufen wurde und unter dem Namen „Wiener Kongreß" in die Geschichte eingegangen ist.

Maria Carolina wollte auf dem Kongreß die Rückgabe Neapels an seinen legitimen Herrscher fordern. Gewissenhaft bereitete sie sich auf diesen letzten Auftritt in der Öffentlichkeit vor. Sie führte Verhandlungen, schrieb Briefe und wandte sich sogar an den französischen Außenminister Talleyrand mit der Bitte, sich für dieses Ziel einzusetzen. Am Abend des 7. September 1814 las sie noch bis Mitternacht Briefe und Berichte, die ihr ein ehemaliger französischer Marineoffizier, der nun im Dienste Ferdinands stand, aus Neapel gebracht hatte. Dann zog sie sich in ihr Schlafgemach zurück. Ihrer Kammerfrau, die in einem Nebenraum schlief, trug sie auf, sie am nächsten

Morgen nicht vor sieben Uhr zu wecken, da sie müde sei. Aber diesen Morgen sollte die Königin nicht mehr erleben.

Ungefähr zwei Stunden, nachdem sich ihre Herrin zurückgezogen hatte, wurde die Kammerfrau durch einen dumpfen Laut aus dem Schlaf gerissen. Rasch erhob sie sich und eilte in das Schlafgemach Maria Carolinas. Die Königin lag, ein paar Schritte vom Bett entfernt, tot auf dem Fußboden. Ein Herzschlag hatte ihrem Leben ein jähes Ende bereitet. Es war ihr nicht mehr vergönnt, beim Wiener Kongreß mitzumischen, und auch das endgültige Aus für ihren Erzfeind Napoleon Bonaparte in der Schlacht bei Waterloo erlebte sie nicht mehr.

Die Königin von Neapel wurde in der Wiener Kapuzinergruft, der Begräbnisstätte der Habsburger, beigesetzt. Die nach ihrem Tod angesagte Hoftrauer wurde mit kurzen sechs Wochen bemessen. Ihr Gemahl, der im fernen Süditalien eine offizielle Landestrauer von sechs Monaten anordnete, nahm sich für seine persönliche, private Trauer nicht so viel Zeit. Er heiratete bereits am 27. November 1814 seine langjährige Geliebte Lucia Migliaccio, Prinzessin von Partanna. Im Juni 1815 kehrte er wieder auf seinen angestammten Königsthron in Neapel zurück. Zehn Jahre lang erfreute sich dieser knorrig-derbe Nebenast am Stamm des Hauses Bourbon noch seines Lebens, mit einer Frau, „die ihm alles erlaubte" und einem Minister, „der ihm nichts zu arbeiten übrig ließ". „Il re nasone", der königliche Nasenpeter, führte sein Drohnendasein munter weiter. Die Stürme der napoleonischen Zeit hatten ihn wohl aus der Bahn geworfen, aber seine Lebensphilosophie des Dolcefarniente nicht zu erschüttern vermocht. Ferdinand I., der König beider Sizilien, hat aus der Geschichte keine Lehren gezogen. Aber das haben auch weiterblickende und tüchtigere Persönlichkeiten vor und nach ihm nicht getan.

Marie Antoinette (Maria Antonia)
Der lange Weg
zur reifen Persönlichkeit

16. Oktober 1793: Der letzte Tag Marie Antoinettes, der jüngsten Tochter Maria Theresias und verhaßten Königin von Frankreich, ist angebrochen. Um vier Uhr morgens hat der Präsident des Revolutionstribunals nach einem zweitägigen Prozeß, in dem sich die einst so kokette, hochmütige Monarchin klug, standhaft und würdevoll verteidigt hat, das Todesurteil verkündet. Marie Antoinette hat den Richterspruch unbewegten Gesichtes, gefaßt und wortlos entgegengenommen. Sie hat mit dem Leben längst abgeschlossen. Nichts kann sie mehr erschüttern.

Man führt die Königin in ihre Zelle in der Conciergerie, dem Todesgefängnis der Revolution, zurück. In den 76 Tagen, die sie in dem düsteren, feuchten Gelaß zugebracht hat, ist die Achtunddreißigjährige zu einer müden, alten Frau geworden. Der Mangel an Bewegung und frischer Luft hat ihre Haut fahl werden lassen, ihr Haar ist weiß geworden, ihre entzündeten Augen sind matt und glanzlos, schwere Menstruationsblutungen haben ihren Körper geschwächt.

In dem kleinen, spärlich eingerichteten Raum von circa zwölf Quadratmetern brennen entgegen der sonstigen Usance zwei Kerzen. Es ist die letzte Gunst, die man Marie Antoinette in ihrer letzten kurzen Lebensnacht gewährt. Die Königin bittet um Papier, Feder und Tinte. Der Wärter bringt sie ihr. Nach dem nervenaufreibenden Prozeß ist sie zu aufgewühlt, zu erregt, um schlafen zu können. Sie will noch einmal mit jemandem in Kontakt treten, der ihr nahesteht, ihm ihre Gefühle zum Ausdruck brin-

219

gen, ihre letzten Gedanken anvertrauen. Sie richtet diese Zeilen an ihre Schwägerin Elisabeth von Bourbon, der sie in der langen Gefangenschaft im Temple seelisch nähergekommen ist und die sich rührend um ihre Kinder gekümmert hat, um Marie Thérèse, die fünfzehnjährige Tochter und um den achtjährigen Dauphin. In diesem bemerkenswerten Schreiben gilt Marie Antoinettes große Sorge ihren beiden Kindern – die vier anderen sind jung gestorben –, sie bittet Gott um Verzeihung für alle Sünden, die sie begangen hat, legt ihre Seele seinem Erbarmen anheim und nimmt Abschied von ihren Freunden. Der Brief wird die Adressatin nicht erreichen. Er geht durch zahlreiche Hände und taucht erst viele Jahre später auf.

Das Morgenlicht dämmert schon durch das vergitterte Fenster, als die Königin übermüdet die Feder zur Seite legt und sich für kurze Zeit auf dem aufklappbaren Eisenbett ausstreckt, das ihr in den vergangenen zweieinhalb Monaten als Liegestatt gedient hat.

Unterdessen haben in Paris schon in aller Hergottsfrühe die Vorbereitungen für das Spektakel der Hinrichtung Marie Antoinettes begonnen. Die revolutionäre Staatsgewalt bietet die gesamte bewaffnete Macht auf, um sich gegen alles Unvorhergesehene abzusichern. Royalistische Sympathiekundgebungen für die entthronte Femme fatale sind zwar nicht zu befürchten, aber wer weiß, was die Volkswut alles anrichtet? Man muß auf alles gefaßt sein. Dreißigtausend Soldaten stehen jedenfalls für alle Fälle bereit. Mit aufgepflanztem Bajonett sichern sie die Zugänge zu allen Straßenzügen, durch die der Karren mit der Delinquentin zum Hinrichtungsplatz rollen wird, schußbereite Kanonen sperren die Brücken. Wachtposten stehen im Spalier, um die gaffende Menge im Zaum zu halten. Der letzte Akt des Königinnen-Dramas muß und wird mit der Präzision eines Uhrwerks abrollen.

Um sieben Uhr betritt Rosalie Lamorlière, das Küchenmädchen des Gefangenenaufsehers, die kleine Zelle. Sie hat sich in den vergangenen schweren Tagen und Wochen rührend um Marie Antoinette gekümmert und später darüber einen Bericht geschrieben. Rosalie sieht, daß die Königin völlig angekleidet auf dem Bett liegt. In der Ecke des Raumes sitzt der Offizier, der Wache hält, denn die Königin ist während ihrer Kerkerhaft rund um die Uhr unter Beaufsichtigung gestanden. Man hat sie keine Minute aus den Augen gelassen. Kein Handgriff, kein Schritt, keine Geste ist unbemerkt geblieben. Diese totale Überwachung hat schwer an ihren Nerven gezerrt und ihr das Letzte an Selbstbeherrschung abverlangt.

Flüsternd fragt die kleine Rosalie die Königin, was sie zu sich zu nehmen wünscht. Marie Antoinette hat seit mehr als 24 Stunden nichts gegessen. Erst nach längerem Bitten läßt sich die erschöpfte, kranke Frau zu einigen Löffeln Bouillon überreden. Dann hilft ihr das um sie besorgte Mädchen beim Umkleiden.

Die Richter haben der Witwe Capet nahegelegt, nicht in schwarzer Kleidung den Hinrichtungskarren zu besteigen. Das könnte das Volk in Rage versetzen. Sie hat sich daher entschlossen, ein weißes Pikeekleid anzuziehen und ihren Nacken mit einem Musselintuch zu umhüllen. Eine einfache Linonhaube, schwarze Strümpfe und ein Paar schlehenfarbener Schuhe ergänzen ihre Garderobe. Sie will sauber und anständig gekleidet sein, wenn sie ein letztes Mal in der Öffentlichkeit erscheint. Bevor sie ihre Unterwäsche wechselt, bittet sie den diensthabenden Offizier, den Blick von ihr zu wenden. Aber der ist mit dem Hinweis auf seine Pflicht nicht dazu bereit. Da tritt Rosalie entschlossen dazwischen, verstellt ihm die Sicht, und die Königin kann sich unbeobachtet umkleiden.

Um acht Uhr kommt ein Priester. Er will Marie Antoinette die Gelegenheit geben zu beichten, aber die Königin lehnt höflich ab. Von einem Gottesmann, der den Eid auf die neue Verfassung geleistet, der gewissermaßen seine Religion verraten hat, will sie nichts wissen. Es ist möglich, daß ihr ein Pfarrer ihres Vertrauens, der in einer anderen Zelle eingekerkert war, die Beichte abgenommen hat. Eindeutig belegt ist es nicht.

Marie Antoinette setzt sich auf einen Stuhl und wartet. Eine einst strahlend schöne Königin wartet im Geviert einer schmutzigen Todeszelle auf den Henker. Nur langsam verrinnt die Zeit. Dann, endlich, betritt der Scharfrichter, ein junger Mann von riesenhaftem Wuchs, die Zelle. Henri Sanson, der Sohn des berühmt-berüchtigten Henkers von Paris, Charles Sanson, schneidet der Königin, wie es üblich ist, mit einer großen Schere das Haar ab und bindet ihr die Arme auf den Rücken. Die Königin erhebt sich von ihrem Stuhl. „Ich bin soweit, Messieurs", sagt sie mit leiser Stimme, „wir können aufbrechen." Sie ist für ihren letzten Weg, den Weg in den Tod, gerüstet. Gegen elf Uhr öffnen sich die schweren Türen der Conciergerie. Draußen wartet der Schinderkarren der Revolution mit einem großen schwarzen Pferd im Geschirr auf sie, der sie zum Schafott bringen soll. Marie Antoinette besteigt den Karren und läßt sich mit dem Rücken zur Fahrtrichtung auf das zwischen die Sprossen des Wagens geschobene Brett nieder. Ihr Gemahl, der zum Bürger degradierte Ludwig XVI., war im Jänner 1793 noch in einer geschlossenen Hofkarosse zur Hinrichtungsstätte gebracht worden. Neun Monate später kennt die Revolution zwischen einer Königin und einer einfachen Frau aus dem Volk keinen Unterschied mehr. Die Guillotine hat alle Menschen gleichgemacht.

Der Wagen setzt sich in Bewegung und holpert an diesem unfreundlichen Herbsttag langsam über das Straßenpflaster. Die Fahrt vom Staatsgefängnis bis zum Schafott auf der Place de la Révolution, der heutigen Place de la

Concorde, dauert ungefähr eine Stunde. In dieser letzten Stunde ihres Lebens ist Marie Antoinette noch einmal, wie schon bei der Abdankung des Königs und anderen Gelegenheiten, dem Gespött des Pöbels ausgesetzt. Aber sie ist

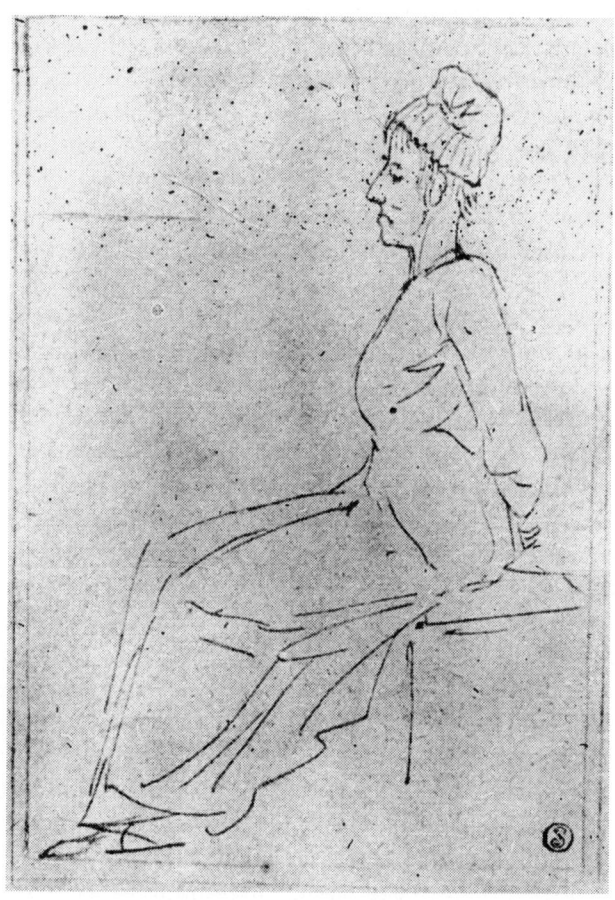

Marie Antoinette auf dem Weg zur Guillotine.
Zeichnung von Jacques-Louis David

darauf gefaßt. Ohne eine Miene zu verziehen und geradeaus vor sich hinblickend, als sähe und höre sie nichts, läßt sie alle Schmährufe, Beschimpfungen, Drohungen und Anzüglichkeiten an sich abprallen. Angesichts des nahenden Endes kommen die Verworfenheit der Welt, die ungezügelte Roheit der todeslüsternen Menge nicht mehr an sie heran.

In der Rue Saint-Honoré hält der Maler Jacques-Louis David, ein politischer Windhund, der seine Fahne nach der Wetterlage dreht, mit ein paar Strichen auf einem Blatt unvergänglich die Szene fest: wie eine abgehärmte, altgewordene Frau mit steinernem Antlitz und auf den Rücken gebundenen Händen, aber voll innerer Kraft und in stolzer, majestätischer Haltung durch die Straßen von Paris dem Tod entgegenfährt.

Kurz nach zwölf Uhr erreicht der Schinderkarren die Hinrichtungsstätte. Zehntausende Menschen haben sich hier versammelt. Sie lärmen und schreien, recken die Hälse, warten seit Stunden auf das einmalige Schauspiel der Hinrichtung einer Königin, wollen miterleben, wie das „nationale Rasiermesser" die Bürgerin Capet „halbiert".

Der Karren wird angehalten, auf dem riesigen Platz tritt eine unheimliche Stille ein. Die Zeitungsverkäufer, die laut schreiend Karikaturen der Königin verkauft, die Straßenhändler, die Erfrischungsgetränke und Brot angepriesen haben, sind verstummt. Die Menschen halten den Atem an. Der Hauch eines ungewöhnlichen historischen Ereignisses weht sie an, schlägt sie in seinen Bann.

Marie Antoinette müht sich vom Karren herunter und steigt, die Balken und das blitzblanke, scharfe Beil der Guillotine vor Augen, die hölzernen Stufen zum Schafott hinauf. Ihr Blick geht starr über die Menge hinweg. Sie will nicht mehr wahrnehmen, was rund um sie geschieht. Nun geht alles sehr rasch. Die Henker ergreifen sie, schnallen sie am Richtblock fest. Einer zieht am Strang, der den Tötungsmechanismus auslöst, das Fallbeil saust herunter und trennt den Kopf vom Körper. Sanson packt das blutende Haupt an den Haaren, hebt es hoch und zeigt es rundum der jubelnden Menge. Die Königin ist guillotiniert, die Monarchie ist endgültig tot. „Vive la République!"

Es ist 12 Uhr 15. Mittagszeit. Das makabere Schauspiel ist zu Ende. Die Menschen zerstreuen sich. Der Karren mit dem Leichnam der Königin zieht kurze Zeit später eine blutige Spur zum Friedhof Sainte-Madeleine, wo der Körper in einen Sarg gelegt, aber nicht sofort in die Erde gesenkt wird. Erst als eine größere Anzahl guillotinierter Leichname beisammen ist, wird die jüngste Tochter Maria Theresias gemeinsam mit ihnen in einem Massengrab beigesetzt. Ein paar Jahre später wird niemand mehr die Stelle bezeichnen können, wo die ehemalige Königin von Frankreich begraben liegt.

An einigen europäischen Höfen heuchelt man über die Hinrichtung Marie Antoinettes Empörung. In Wien ordnet Kaiser Franz, der für seine Cousine nicht einmal den kleinen Finger gerührt hat, Hoftrauer an. Die Hofdamen hüllen sich in schwarze Kleider, der Kaiser hält sich ein paar Wochen von allen Vergnügungen fern. Die Zeitungen wettern über die Jakobiner in Paris. Bald schon geht man zur Tagesordnung über. Aber es wird nicht lange dauern, und das revolutionäre Frankreich, dem Marie Antoinette zum Opfer gefallen ist, wird in der Gestalt Napoleons über den Kaiser in Wien hinwegfegen wie ein gewaltiger, alles verheerender Wirbelsturm.

War Marie Antoinette dieses blutige, grausame Ende vorherbestimmt? Gewiß nicht, denn auch wenn sie es zum Teil selbst verschuldet hat, war sie doch auch das Opfer dynastischer Überlegungen und widriger politischer Umstände, ein Spielball des Schicksals.

Das fünfzehnte Kind Maria Theresias wurde am 2. November 1755 geboren und auf den Namen Maria Antonia Josepha Johanna getauft. Als Taufpaten fungierten nominell der König und die Königin von Portugal, die beim Taufakt jedoch von Erzherzog Joseph und der Erzherzogin Maria Anna vertreten wurden. Am Tag vor der Geburt des kaiserlichen Nesthäkchens war über das Land der Taufpaten eine der größten Katastrophen hereingebrochen, von denen Europa seit Menschengedenken heimgesucht worden war: Ein furchtbares Beben hatte binnen weniger Minuten Lissabon dem Erdboden gleichgemacht und 50.000 Menschen unter den Trümmern der Häuser begraben.

In Wien bemerkte man von dem Beben nichts. Nicht einmal die leiseste Erschütterung deutete auf die Jahrhundertkatastrophe im fernen Südwesten des Kontinents hin. Als die Kunde von dem furchtbaren Ereignis die Kaiserstadt erreichte, wurde die zeitliche Nähe des Desasters zur Geburt der Erzherzogin von abergläubischen Seelen sogleich als unheilbringendes Omen für die Zukunft der kleinen Maria Antonia angesehen. Das schreckliche Unglück hatte sich immerhin im Mutterland ihrer Taufpaten ereignet.

Tatsächlich wurde das künftige Leben und Schicksal des Mädchens jedoch von einem politischen Ereignis bestimmt – ohne daß die Protagonisten es zu diesem Zeitpunkt geahnt hätten: Im Mai 1756 schlossen Frankreich und Österreich einen Bündnisvertrag, mit dem das Haus Habsburg und die Dynastie der Bourbonen unter ihre jahrhundertelange Feindschaft einen Schlußstrich zogen. Der Vertrag, der gegen das Vormachtstreben Preußens unter König Friedrich II. gerichtet war, leitete eine Wende in der europäischen Politik ein und wurde später durch eine Reihe von Heiraten zwischen den beiden Herrscherhäusern besiegelt und bekräftigt. Eines der Objekte dieser

Heiratspolitik, die nur das Wohl des Staates im Auge hatte und sich um persönliches Glück nicht scherte, war das kleine Mädchen, das ein halbes Jahr zuvor in der Wiener Hofburg zur Welt gekommen war.

Maria Antonia, von der Familie Antonia gerufen – das französische Antoinette bürgerte sich erst später ein –, wurde von ihrer Amme, von ihren Kindermädchen und -frauen liebevoll betreut, entwickelte sich prächtig und galt schon von frühester Kindheit an als anmutig und hübsch.

Die lebhafte, temperamentvolle Erzherzogin wurde von ihrer Gouvernante, Maria Judith Gräfin Brandis, nicht gerade streng erzogen. Sie erfreute sich einer verhältnismäßig ungezwungenen Kindheit, erhielt wie die übrigen Schwestern einen nicht sehr intensiven und keineswegs breitgefächerten Unterricht, in dem die religiöse Unterweisung die Hauptrolle spielte. Sie wurde musikalisch von keinem Geringeren als Christoph Willibald Gluck ausgebildet und lernte Französisch und Italienisch, ohne freilich in diesen beiden Sprachen große Fortschritte zu machen. Offenbar gelang es der munteren, durchaus begabten Erzherzogin immer wieder, den Unterrichtsstunden zu entwischen und ihre Lehrer mit liebenswürdiger Raffinesse um den Finger zu wickeln. Ihre Ausbildung war jedenfalls mangelhaft, ihre Bildung oberflächlich.

Marie Antoinette – wir werden sie ab jetzt nur noch so nennen – faßte leicht auf, aber sie war unaufmerksam, verspielt und zeigte wenig Neigung, sich mit einer Sache ernsthaft auseinanderzusetzen. Für Studien und Bücher hatte sie nichts, aber auch schon gar nichts übrig. Viel lieber tollte sie mit ihren Geschwistern in den Zimmern und Gartenanlagen der kaiserlichen Schlösser umher und ließ keine Gelegenheit aus, sich zu vergnügen. Für Unterhaltungen und Tändeleien allerlei Art hatte diese Tochter Maria Theresias schon von klein auf eine spezielle Neigung.

Die Mama, die sich natürlich mit keinem ihrer vielen Kinder eingehend beschäftigen konnte, registrierte die Bildungslücken und Charaktermängel ihrer Jüngsten erst, als der französische König Ludwig XV. die junge Erzherzogin als mögliche Gemahlin für seinen Enkel, den Thronfolger, in Betracht zu ziehen begann. Ob das bereits 1766 der Fall war, wie manche Historiker annehmen, oder etwas später, ist unerheblich.

Marie Antoinette, damals elf, zwölf Jahre alt, hatte jedenfalls eine gründlichere Ausbildung nötig als diejenige, die ihr bis dahin zuteil geworden war. Maria Theresia war sich darüber im klaren. Als die Heiratspläne schließlich konkretere Formen annahmen, wurde das Erziehungs- und Ausbildungsprogramm der Erzherzogin gezielt forciert. Marie Antoinette sollte ihre Bildungslücken im Schnellkursverfahren stopfen. Daran war auch Ludwig XV. interessiert, der sich höchst indigniert zeigte, als man ihm berichtete, daß die zukünftige Königin von Frankreich Französisch weder akzentfrei sprechen, geschweige denn richtig schreiben konnte. Sogleich hielt man nach einem geeigneten Lehrer Ausschau. Die Wahl fiel über Empfehlung des Bischofs von Orléans auf Abbé Matthieu-Jacques Vermond, einen gebildeten Büchernarren, der die Erzherzogin auch gleich unter seine Fittiche nahm.

Schon bei der ersten Lektion stellte der Kirchenmann die großen Wissenslücken seines Schützlings fest. Mehr als das, er durchschaute bald auch die charakterliche Veranlagung der Erzherzogin. „Sie hat mehr Verstand, als man lange bei ihr vermutet hat", berichtete er nach Paris. „Doch leider ist dieser Verstand bis zum zwölften Lebensjahr an keine Konzentration gewöhnt worden. Ein wenig Faulheit und viel Leichtfertigkeit haben mir den Unterricht bei ihr noch erschwert. Ich begann während sechs Wochen mit den Grundzügen der schönen Literatur,

228

sie faßte gut auf, urteilte richtig, aber ich konnte sie nicht dazu bringen, tiefer in die Gegenstände einzudringen, obwohl ich fühlte, daß sie die Fähigkeiten dazu hätte. So sah ich schließlich ein, daß man sie nur erziehen kann, indem man sie gleichzeitig unterhält."

Verspielt, oberflächlich, putz- und vergnügungssüchtig: das sind die Adjektive, mit denen Zeitgenossen wie Historiker die Königin von Frankreich immer wieder charakterisieren sollten. Vermond entdeckte an seiner Schülerin aber auch liebenswerte Eigenschaften. Er fand ihr Wesen ungewöhnlich anziehend, ihre Haltung anmutig, ihr Gesicht entzückend. Wenn sie noch ein wenig wachse, meinte er, werde man am Hof zu Versailles mit ihr zufrieden sein. Antoinette tat ihrem Lehrer, der übrigens vergeblich versuchte, ihr eine ernstere Lebenseinstellung zu vermitteln, diesen Gefallen. Zwischen dem 13. Februar und dem 5. Oktober 1769 wuchs sie um 34 Millimeter, wie Vermond in einem Brief an den österreichischen Botschafter in Paris, Graf Mercy d'Argenteau, mit Befriedigung feststellte. Die Erzherzogin wurde auf ihre künftige Stellung nicht nur geistig vorbereitet. Versailles schickte auch den berühmten Tanzmeister Jean-Georges Noverre nach Wien, der eine ungleich leichtere Aufgabe hatte als der gelehrte Abbé Vermond und demzufolge auch wesentlich erfolgreicher war. Er brachte Antoinette jene Anmut und Eleganz der Bewegungen bei, jenen federnden Schritt und bezaubernd leichten Gang, den ihre Verehrer so an ihr bewunderten und ihre Gegner so provokant fanden. Schließlich waren auch noch ein französischer Zahnarzt, französische Schneider und Friseure am Werk, um aus der jungen, unfertigen Erzherzogin eine Dame von Eleganz zu machen – eine Madame.

Im Juni 1769 gab Maria Theresia für ihre jüngste Tochter ein Sommerfest in Schloß Laxenburg, zu dem die gesamte Hofgesellschaft, die Minister und andere Würdenträger des Reiches geladen waren. Staatskanzler Wenzel Fürst Kaunitz, der das bourbonisch-habsburgische Bündnis zustandegebracht hatte, kam beim Anblick Marie Antoinettes aus dem Staunen nicht heraus. Die Erzherzogin hatte in den letzten Wochen und Monaten riesige Fortschritte gemacht. Sie wirkte über ihr Alter hinaus gereift. Haltung und Gang ließen kaum etwas zu wünschen übrig, ihr Französisch war deutlich verbessert, ihre Konversation nicht mehr so seicht und belanglos wie früher. Die Vierzehnjährige schien wie verwandelt. Doch all das war nur Schein. In ihrem Inneren schaute es ganz anders aus. Seelisch war sie nach wie vor unreif, unausgeglichen, unfertig, unsicher. Je mehr sich das junge Mädchen bewußt wurde, was ihm bevorstand, je näher der Termin für die Trennung von der Familie und der Vaterstadt rückte, desto länger wurden die Schatten, die sich in seine Seele und in sein Herz schlichen.

Die Hochzeit wurde für Ostern 1770 festgelegt, die Hochzeitsvorbereitungen liefen an. Die Zeremonienmeister in Versailles und in der Wiener Hofburg traten in Aktion. Ein Fest wie dieses, ein Jahrhundertereignis wie die Heirat des Thronfolgers von Frankreich mit einer Erzherzogin aus dem Hause Habsburg mußte bis ins kleinste Detail vorbereitet und geplant sein. Nichts durfte dem Zufall überlassen bleiben, zuviel stand auf dem Spiel. Der kleinste Fauxpas hätte Verstimmungen mit ungeahnten Folgen auslösen können und so schrieb das Protokoll jeden Schritt vor, jede Geste, jede Bewegung, auch wer bei welchem Anlaß und in welcher Situation wie, wann und wo den Vortritt hat, wer neben wem steht und sitzt, wie viele Schritte man aufeinander zu macht, wer im Hochzeitszug neben, vor und hinter der Braut geht, wie viele Höflinge und Bedienstete sie nach Frankreich begleiten dürfen, welche Aussteuer sie nach Versailles mitbringt, wieviel Bettzeug, wie viele Spiegel, Kämme, Kleider und

Juwelen, welcher Name im Ehekontrakt an erster Stelle stehen sollte, jener des allerchristlichsten Königs von Frankreich oder der der Königin von Böhmen und Ungarn. Die gepuderten Perückenköpfe der Obersthofmeister in Paris und Wien rauchten. Die Gesandten der beiden Länder verhandelten über jede Kleinigkeit, Vorschläge und Gegenvorschläge wurden durch Eilkuriere zwischen Frankreich und Österreich hin- und herbefördert. Fast könnte man es als Wunder bezeichnen, daß schließlich und endlich doch noch alles beizeiten und termingerecht geregelt werden konnte.

Obwohl Maria Theresia nach dem kostspieligen Siebenjährigen Krieg gegen Preußen Sparsamkeit ebenso nötig gehabt hätte wie Ludwig XV., dessen Mätressenwirtschaft Unsummen verschlang, versuchten die beiden, einander bei den Hochzeitsvorbereitungen an Prunk und Pomp zu überbieten. Wenn es um die Zurschaustellung äußeren Glanzes und um das Prestige ging, war den absolut regierenden Herrschern des 18. Jahrhunderts nichts zu teuer.

Am 14. April 1770 hielt der Brautwerber des Dauphins, Marquis de Durfort, mit 48 sechsspännigen Karossen und einem Gefolge von 117 Personen, Leibgarden und Lakaien seinen feierlichen Einzug in Wien. Das großartige Schauspiel war ganz nach dem Geschmack der Wiener, deren Schaulust auch in der nächsten Zeit befriedigt wurde. Denn von diesem Tag an reihte sich Fest an Fest. Am 16. April hielt Durfort offiziell um die Hand der Kaisertochter an und überreichte der Erzherzogin einen Brief und eine Miniatur des Dauphins. An der Feierlichkeit, die sich daran schloß, nahmen im Palais der französischen Botschaft in Wien 1.500 Gäste teil. Die Elite der Monarchie ließ sich das üppige Souper, das von livrierten Lakaien untertänigst serviert wurde, gut munden.

Maria Theresia veranstaltete im Gegenzug einen Maskenball im Belvedere mit der doppelten Anzahl von Teilnehmern. Es folgten der feierliche Verzicht Marie Antoinettes auf ihre Rechte als Mitglied des habsburgischen Kaiserhauses, Gratulationscours, Empfänge, eine Armeeparade, Theatervorstellungen. Und schließlich am 19. April in der Augustinerkirche die Eheschließung per procurationem, bei der Antoinettes Bruder Ferdinand den Dauphin vertrat.

Am 21. April nahm die vierzehneinhalb Jahre alte Erzherzogin dann tränenreichen Abschied von der Mutter,

Abschied Marie Antoinettes von ihrer Mutter.
Xylographie nach einem Gemälde von Eduard Ender

die in den vorangegangenen Wochen in langen Unterredungen noch versucht hatte, aus ihrem verwöhnten Nesthäkchen eine kleine Dame zu machen. Und natürlich gab Maria Theresia auch dieser Tochter in französischer Sprache Ratschläge mit auf den Weg, Verhaltensmaßregeln mit der Aufforderung, diese einmal im Monat zu lesen. Wir kennen sie schon, diese dezidierten Ermahnungen und eindeutigen Anweisungen der Monarchin und brauchen sie daher nicht näher darzustellen. Sie unterschieden sich in Inhalt und Form kaum von den Instruktionen, die sie ihren anderen Töchtern erteilt hat. Besonders vermerkt sei lediglich, daß Maria Theresia die zukünftige Königin von Frankreich zu einer regelmäßigen Korrespondenz verpflichtete, die streng abgewickelt werden sollte, was dann auch der Fall war. Die Briefe der Tochter und die Rapporte des österreichischen Botschafters in Paris, des Grafen Florimund Mercy d'Argenteau, gaben der Herrscherin einen Einblick in das Leben und die Vorgänge am Hof zu Versailles und ermöglichten es ihr, weiterhin, wenn auch aus der Ferne und brieflich, auf Marie Antoinette Einfluß zu nehmen.

Es war ein gewaltiger Zug von Karossen, der an diesem 21. April 1770 von der kaiserlichen Haupt- und Residenzstadt nach Westen aufbrach. Marie Antoinette wurde neben vielen Bediensteten und einem riesigen Troß von ein paar Hofdamen begleitet, aber auch einige Ratgeber waren an ihrer Seite, Obersthofmeister Graf Anton Gotthard Schaffgotsch etwa und Georg Adam Fürst Starhemberg, und auch ihr Lehrer Abbé Vermond, den sie sehr schätzte. Trotzdem war sie untröstlich, fühlte sie sich einsam und verlassen, einem ungewissen Schicksal ausgesetzt.

Die Reise, die mehr als zwei Wochen dauerte, führte durch Oberösterreich und Bayern an den Rhein, wo auf einer Sandinsel zwischen Kehl und Straßburg, im Niemandsland zwischen Frankreich und dem Heiligen Römischen Reich, die feierliche Übergabe der Braut erfolgen sollte. So hatten es sich die Obersthofmeister in Versailles und Wien ausgedacht. In aller Eile war auf der kleinen Insel ein reich mit Tapisserien behängter Pavillon aus Holz mit je zwei Räumen auf der rechts- und linksrheinischen Seite und einem großen Saal in der Mitte errichtet worden. Ein Tisch inmitten dieses Raumes symbolisierte die Grenzlinie zwischen den beiden Staaten. Auf der rechten Seite, gewissermaßen noch daheim, mußte die Erzherzogin vor dem gesamten Gefolge ihre Kleider ablegen und wurde neu, französisch, eingekleidet. Zitternd und weinend ließ das bedauernswerte Geschöpf dieses Zeremoniell über sich ergehen. Als sich Antoinette wieder gefaßt hatte, geleitete sie der Brautführer, Fürst Starhemberg, in den großen Saal und übergab sie, den Tisch umschreitend, seinem französischen Amtskollegen. Das österreichische Begleitpersonal blieb zurück, der französische Hofstab nahm die Vierzehnjährige in seiner Mitte auf. Aus der Tochter Maria Theresias war – so wollte es die Etikette – eine Französin geworden, die Dauphine, die Frau des Thronfolgers. Ein Lebensabschnitt war zu Ende, ein neuer, wie sich bald herausstellen sollte, abwechslungsreicher und tragischer hatte begonnen.

Nach der feierlichen Zeremonie der Brautübergabe, die heute seltsam anmutet, hielt die zukünftige Königin von Frankreich unter dem Geläute der Kirchenglocken Einzug in Straßburg. Die Stadt hatte zum Empfang ihr Prachtgewand angelegt. Die Tore der Häuser waren bekränzt, die Dächer beflaggt, die Straßen von Tausenden Menschen gesäumt. Am Abend wurden die schönsten Plätze illuminiert, ein riesiges Feuerwerk mit dem ineinander verschlungenen Monogramm des Dauphins und der Dauphine begeisterte die Schaulustigen.

Am nächsten Tag ging es nach dem Besuch der Morgenmesse im ehrwürdigen Dom weiter. Über Nancy, Châlons, Reims und Soissons erreichte der Hochzeitszug durch alte Stadttore und rasch errichtete Triumphpforten, von Bürgern und Bauern bestaunt und bejubelt, am 14. Mai 1770 den Rand des Waldes von Compiègne. Dort erwartete Ludwig XV. mit seinem Hofstaat die Braut seines Enkels. Der Premierminister des Königs, Etienne François Herzog von Choiseul, war mit dessen Erlaubnis der Dauphine in seiner Karosse entgegengefahren, um sie zu begrüßen. Als er zurückkehrte und der Kabinettssekretär Bouret dem König den Übergabekontrakt überreichte, entspann sich zwischen Seiner Majestät und dem kleinen Hofbediensteten folgender Dialog:

„Sie haben Madame la Dauphine also gesehen, Bouret? Wie ist sie? Hat sie eine gute Brust?" Bouret stammelte etwas von ihrem hübschen Gesicht und ihren schönen Augen. „Das will ich gar nicht wissen", sagte der König, „Ich rede von ihren Brüsten." „Sire", antwortete Bouret, „ich habe mir nicht die Freiheit genommen, dorthin zu sehen." „Sie sind ein Dummkopf, Bouret", meinte nun Ludwig XV., „das ist doch die Gegend, wo man bei Frauen zuallererst hinsehen muß." Kurze Zeit darauf war auch schon die Karosse der Dauphine da. Antoinette sprang behend aus dem Wagen, lief leichtfüßig auf den König zu und versank vor ihm in einem tiefen Hofknicks. Ludwig hatte mit schnellem Kennerblick an dem jungen, anmutigen Mädchen Gefallen gefunden. Er bückte sich zu ihm hinunter, richtete es auf und küßte die hübsche, blondgelockte Braut seines Enkels auf beide Wangen. Der fünfzehnjährige Bräutigam stand verlegen daneben, lächelte gezwungen und drückte Antoinette dann steif und linkisch einen Kuß auf die Wange, wie es die Etikette vorschrieb.

In der Karosse nahm die Dauphine zwischen dem König und dem Dauphin Platz. Der galante Monarch war bester Stimmung. Er verwickelte die Kaisertochter aus Wien in eine vergnügliche Konversation, er scherzte und lachte, indes sich der ungesellige Bräutigam in eine Ecke drückte und dort mürrisch-schweigend verharrte. Antoinette warf ab und zu einen raschen, verstohlenen Blick auf ihn. Das also war ihr zukünftiger Gemahl. Ein kleiner, gehemmter, pausbäckiger Knabe mit schiefen Zähnen und dem blinzelnden Blick des Kurzsichtigen. Sie hatte ihn sich, nach der Miniatur, die man ihr bei der Brautwerbung übergeben hatte, ein wenig anders vorgestellt. Bis zum Abend nach der Ankunft in Versailles, als sich das Brautpaar in gesonderten Zimmern zur Ruhe legte, war dem schüchternen Bräutigam noch kein einziges liebes Wort über die Lippen gekommen. Er war nie zuvor mit einem Mädchen seines Alters längere Zeit beisammen gewesen, er wußte gar nicht, worüber er hätte reden sollen.

Die Trauung fand am 16. Mai in der Kapelle des Schlosses von Versailles statt. Der Thronfolger führte seine in eine Robe aus weißem Brokat gekleidete reizende Braut zum Traualtar und steckte ihr unbeholfen den Ring an. Das Paar empfing hierauf den kirchlichen Segen, der vom Erzbischof von Reims gespendet wurde, und begab sich nach der Messe und der Unterzeichnung des Hochzeitspaktes zurück in die Gemächer des prunkvollen, weiträumigen Barockschlosses. Am Abend fand dann im neuerbauten „salle de spectacle" das Hochzeitsmahl statt, bei dem der französische Königshof alle Register höfischer Prunkentfaltung zog. Tausende Kerzen tauchten die wunderbare Architektur des Saales in strahlendes Licht, sechstausend auserwählte adelige Gäste sahen zu, wie das Menü aus vielerlei Gerichten aufgetischt und von den zweiundzwanzig Tafelnden zu Munde geführt wurden. Gedämpfte Tafelmusik schaffte Stimmung und Atmosphäre.

Erst nach Stunden ging das marionettenhafte Schauspiel zu Ende. Durch das Spalier des Adels geleitete der

Monarch mit seinem Gefolge nun das kindliche Brautpaar in das Schlafgemach. Der König höchstpersönlich überreichte seinem Enkel das Nachthemd, während Antoinette das ihre von der Herzogin von Chartres präsentiert bekam. Der Erzbischof von Reims segnete das Bett. Dann, endlich, zog sich der Hof zurück. Die etwas mehr als vierzehnjährige Braut und ihr um ein Jahr älterer Bräutigam waren allein. Die beiden unreifen, in der Liebe völlig unerfahrenen Königskinder waren kirchlich getraut, waren hochoffiziell Mann und Frau. Und waren es doch nicht, nicht nach der ersten Nacht und auch noch nicht lange Jahre danach, denn die Ehe wurde erst viel später vollzogen. Der Thronfolger kümmerte sich in der Hochzeitsnacht um seine Frau überhaupt nicht. Er drehte sich zur Seite und schlief. Das Bettlaken blieb sauber.

Die Hochzeitsfeierlichkeiten gingen weiter. Tagelang jagte in Versailles ein Fest das andere, fanden Empfänge statt, Bälle, Theatervorstellungen. Schließlich ging am 30. Mai 1770 die Abschlußveranstaltung auf der Place Louis Quinze, der heutigen Place de la Concorde, über die Bühne. Sie war als riesiges Volksfest geplant, mit Musik, Feuerwerkskörpern, Wein, Brot und Fleisch auf Staatskosten. Der Zulauf war enorm, die Menschenmassen drängten sich auf dem und rund um den Platz, wo zwecks Errichtung neuer Prachtbauten riesige Baugruben gähnten. Als einige Feuerwerkskörper krachend und zischend in der Menge explodierten, kam es zu einer Panik. Die Menschen stoben nach allen Seiten auseinander, stießen und drängten, stürzten in der Dunkelheit in die unzulänglich gesicherten Baugruben, trampelten einander zu Tode. Das Volksfest, das den Mann von der Straße durch patriarchalisches Mäzenatentum ein bißchen enger an den Hof binden hätte sollen, wurde zur Tragödie. Das mangelhaft organisierte Fest forderte 139 Tote und Hunderte Verletzte. Die Leichen wurden auf dem Friedhof Sainte-Madeleine beigesetzt, wo – grausamer Zufall der Geschichte – 23 Jahre später auch der Leichnam der Königin in einem Massengrab verscharrt werden wollte. Vor allem aber: Auch dieses Unglück wurde vom Volk als böses Omen gedeutet. Einen Tag vor der Geburt Marie Antoinettes hatte ein Erdbeben in Lissabon Zehntausende Opfer gefordert, jetzt, bei der Hochzeit, hatte wieder der Tod zugeschlagen. Das Leben dieser Frau stand unter einem ungünstigen Stern.

Im Schlafzimmer Marie Antoinettes hatte sich unterdessen überhaupt nichts getan. Der Dauphin kümmerte sich kaum um seine Gemahlin. Er hatte kein Interesse am weiblichen Geschlecht. Man hatte ihn, wie seine Gemahlin, aus Staatsräson viel zu früh in die Ehe gehetzt. Nicht die Frauen liebte er, sondern die Jagd, nicht im ehelichen Schlafzimmer fühlte er sich wohl, sondern in seiner Schlosserwerkstatt. Auf der Hirschjagd bewegte er sich sicher und mutig, im Gebrauch von Werkzeugen zeigte er sich erfinderisch. Im Ehebett war er ein absoluter Versager. Zunächst schrieb man die Impotenz des Thronfolgers seiner Schüchternheit und Unerfahrenheit zu. Die lebenserfahrene Maria Theresia in Wien, die auf verschiedenen Umwegen über alles, was in Versailles vor sich ging, bestens unterrichtet war, sparte nicht mit guten Ratschlägen: „...keine üble Laune deswegen", schrieb sie der Tochter am 8. Mai 1771, „sondern Zärtlichkeiten und Schmeicheleien; denn zuviel Eifer würde alles verderben; Sanftmut und Geduld sind die einzigen Mittel, deren Sie sich bedienen dürfen. Es ist noch nichts verloren, Sie sind beide so jung: im Gegenteil, es ist für Ihrer beider Gesundheit nur besser. Sie kräftigen sich noch beide. Es ist aber natürlich, daß wir alte Eltern die Erfüllung wünschen."

Die Erfüllung wollte sich freilich nicht einstellen, obwohl sich der Dauphin seiner Gemahlin gegenüber zunehmend liebevoller zeigte und durchaus willens war, sei-

238

nen Mann zu stellen. Aber sosehr er sich auch bemühte, seine Frau glücklich zu machen, zur sexuellen Vereinigung war er nicht fähig. Am 17. Mai 1773, drei Jahre nach der Hochzeit, berichtete Antoinette, die der Mutter ihr Intimleben nicht vorenthielt: „Das Gerücht geht hier um, daß der Dauphin wirklich mein Gatte ist; aber es ist noch nichts davon wahr, obwohl ich glaube, daß diese Krankheit (Ludwig hatte Halsweh und Fieber gehabt, Anm. d. Verf.) uns sehr geschadet hat, da wir schon ein wenig weiter als gewöhnlich gekommen waren... Sie können mir wohl glauben, meine teure Mama, daß ich mit großer Freude und eiligst Ihnen einen so wichtigen Punkt melden würde..."

Ein knappes Vierteljahr später schien es soweit zu sein. Maria Theresia war überglücklich. Aber bald stellte sich heraus, daß es sich um eine Fehlmeldung gehandelt hatte. Das Zittern und Bangen ging weiter. Schließlich und endlich schaltete sich Ludwig XV. ein, dem die Ehemisere natürlich nicht verborgen geblieben war. Er beauftragte seinen Leibarzt, den Daupin einer Untersuchung zu unterziehen. Dabei kam zutage, daß die mangelnde Manneskraft des Thronfolgers keine seelischen Ursachen hatte, sondern durch einen kleinen organischen Defekt, nämlich eine Phimose, bedingt und durch einen kurzen chirurgischen Eingriff leicht zu beheben war. Aber der Dauphin konnte sich dazu nicht entschließen. Marie Antoinette fand keine sexuelle Befriedigung, sie wurde nicht schwanger. Das französische Thronfolgerpaar wurde zum Gespött halb Europas. An den Höfen raunte man sich hinter vorgehaltener Hand allerlei boshafte Vermutungen zu, im Volk kursierten wilde Gerüchte. Maria Theresia wurde von Schreiben zu Schreiben ungeduldiger, die Dauphine fühlte sich erniedrigt und gedemütigt. Zu guter Letzt stimmte der erfolglose Liebhaber doch einer Operation zu. Das Ehevollstreckungshindernis war beseitigt. Am 30.

August 1777 ging die Freudenbotschaft nach Wien: „Ich befinde mich in dem für mein ganzes Leben größten Glück", jubelte Marie Antoinette. „Schon seit acht Tagen ist meine Ehe vollkommen vollzogen; der Beweis ist wiederholt worden, und noch gestern vollständiger als das erste Mal... Ich glaube noch nicht schwanger zu sein, habe aber wenigstens die Hoffnung, es von einem Augenblick zum anderen werden zu können..."

Der Bann war gebrochen. Ludwig erfüllte nun „sehr oft die Pflichten eines wirklichen Gemahls", wie Marie Antoinette am 19. Dezember 1777 schrieb. Genau vier Monate später berichtete sie der Mutter, daß sie schwanger sei, am 19. Dezember 1778 brachte sie ihr erstes Kind zur Welt, eine Tochter, die auf den Namen Marie Thérèse getauft wurde.

Die eheliche Peinlichkeit des französischen Thronfolger- und Herrscherpaares war nicht nur eine private Tragödie, sondern hatte auch eine politische Facette. Im 18. Jahrhundert erwartete man in jeder Dynastie von jedem Monarchen die Sicherung der männlichen Erbfolge. Ein Herrscher, der diese Aufgabe nicht zu erfüllen vermochte, genügte den Anforderungen seines Amtes nicht. Er wurde am eigenen Hof vom obersten Würdenträger bis zur Kammerfrau als Schwächling angesehen und insgeheim verlacht und verspottet. Im Ausland war die Kinderlosigkeit eines befreundeten oder verfeindeten Monarchen Gegenstand von allen möglichen politischen Überlegungen und Kombinationen.

Vor allem aber muß man bedenken, welche Auswirkungen der physiologische Notstand auf das seelische Klima und die damit verbundenen politischen Handlungen des Königs gehabt, welche menschlichen Reaktionen er in der Königin ausgelöst hat. Die männliche Schwäche Ludwigs XVI. führte in der Persönlichkeitsstruktur des Königs einerseits zu Minderwertigkeitskomplexen, die sich in einer übersteigerten Gehemmtheit und eklatanten Entscheidungsschwäche äußerten, andererseits zu Zurschaustellung übertriebener und unglaubwürdiger, weil nicht seinem Charakter entsprechender Kraftmeierei.

Auf die seelische und charakterliche Entwicklung Marie Antoinettes hatte das sexuelle Unvermögen ihres Gatten ebenfalls erhebliche Auswirkungen. Im Alter von kaum fünfzehn Jahren, als sie nach Frankreich kam, wird ihr die Liebe des Gemahls wohl nicht gefehlt haben. Als sie aber zur voll entwickelten, empfindungsfähigen und hingebungswilligen Frau herangereift war, machte ihr das Versagen ihres Mannes seelisch mehr und mehr zu schaffen und wuchs sich schließlich zum privaten, vor der Öffentlichkeit mehr schlecht als recht getarnten, Ärgernis aus.

Marie Antoinette blieb bis zu ihrem 22. Lebensjahr jungfräulich, aber nicht unberührt. Ihr tölpischer Ehegatte machte sich jahrelang an ihrem jungen Körper zu schaffen, versetzte sie in Erregung, ohne ein einziges zielführendes Ergebnis zustande zu bringen. Unter solchen Umständen würde sich heute jede Frau – ungeachtet der Stellung ihres Mannes – von ihrem Ehegatten trennen. Der Königin von Frankreich stand eine solche Möglichkeit nicht offen. Eine Scheidung war undenkbar. Sie mußte ausharren, auf ein Wunder hoffen. Aber ihre körperliche Unbefriedigtheit, ihre weibliche Sehnsucht drängte natürlich auf Entladung. Marie Antoinette, von Natur aus der oberflächlichen Zerstreuung zugeneigt, mied also das eheliche Bett und stürzte sich kopfüber ins Vergnügen. Sie unterhielt sich, nicht selten in zweifelhafter Gesellschaft, bis zum Morgengrauen auf Bällen und Redouten, machte Schulden am Spieltisch, schloß zahlreiche Freundschaften mit Freundinnen, ließ sich auf kokette Begegnungen mit jungen Kavalieren ein und versuchte, ihre innere Leere mit unablässiger Betriebsamkeit zu übertönen. Verzweifelt schrieb im Fasching 1777 Mercy nach Wien: „Ihre Königliche Majestät vergißt vollkommen ihre äußere Würde, die verschiedenen Arten des Vergnügens folgen einander mit solcher Geschwindigkeit, daß man nur mit größter Mühe einige Augenblicke findet, mit ihr von ernsten Dingen zu reden."

Die nervöse Unrast, die Vergnügungs- und Verschwendungssucht der Königin wurden von der Öffentlichkeit mit Mißbilligung registriert, und die nicht selten böswillige, rufschädigende Fama machte aus jeder Mücke einen Elefanten. Jeder Kavalier, der Marie Antoinette auf einem ihrer zahlreichen Ausritte begleitete, wurde zum Liebhaber deklariert, jede Zusammenkunft mit einer Gruppe von Höflingen von der leicht entzündlichen Phantasie des Volkes zur Orgie umgedeutet. Bald überschwemmten frivole Gerüchte und Pamphlete mit verleumderischen Behauptungen und obszönen Illustrationen das ganze Land. Die Königin kam in den Ruf einer lüsternen, männerverzehrenden Nymphomanin. L'Autrichienne, die aus Österreich stammende, die fremdländische und fremde Monarchin, wurde im Laufe der Jahre zur bestgehaßten Frau Frankreichs.

Marie Antoinette, das unverbildete, ungezwungene Naturkind, fand sich in Versailles nur schwer zurecht. Auch in der Wiener Hofburg und in Schönbrunn, woher sie kam, hielt man auf Würde und Anstand, räumte man dem Zeremoniell einen gebührenden Platz ein. Aber die steife, spanisch-habsburgische Etikette, die jede natürliche Lebensregung unterdrückte, beherrschte nicht den Tagesablauf. Sie wurde nur bei feierlichen Anlässen aufgeboten, bei Staatsempfängen, Hochzeiten, Galaveranstaltungen. Ansonsten gaben sich Maria Theresia und ihr Gemahl locker und familiär. Die Kinder durften ausgelassen sein, munter und frohgelaunt.

In Versailles regierte die französische Etikette. Vom Morgen bis in die späte Nacht lief das Leben nach strengen Regeln und Vorschriften ab. Man durfte nicht tun, was man wollte, man mußte tun, wozu man verpflichtet war. Marie Antoinette ließ sich nur widerwillig in das zeremonielle Korsett des französischen Königshofes zwängen. Sie brach bei jeder sich bietenden Gelegenheit daraus aus und wurde von ihrer Gouvernante, Obersthofmeisterin Madame de Noailles, die sie scherzhaft als „Madame Etikette" bezeichnete, jedesmal sogleich wieder in die unerbittliche Realität zurückgeholt. „Das gehört sich nicht, das tut man nicht, Madame la Dauphine", hieß es dann vorwurfsvoll. Aber alle diese Ermahnungen fruchteten letztlich wenig. Die temperamentvolle, von einem unbändigen Drang nach Freiheit beseelte Tochter Maria Theresias ließ sich nicht zähmen und wenn, dann doch nur vorübergehend oder dem Anschein nach. Ihr ungebärdiges Naturell schuf sich immer wieder freie Bahn und ließ sich mit zunehmendem Alter überhaupt keine Zügel mehr anlegen.

In ihren ersten drei Ehejahren stand Marie Antoinette nicht nur unter dem Einfluß von Mercy, der sie überwachen ließ, sie aber auch mit guten Ratschlägen versorgte, und von Abbé Vermond, sondern auch unter der Fuchtel der drei unverheirateten Töchter des Königs. Die bigotten, in der Hofintrige bestens geübten Damen, „les tantes", mit Namen Adelaïde, Victoire und Sophie, benutzten ihre naive, gutmütige Nichte sogleich für ihre infamen Ränkespiele.

Nach dem Tod der Gemahlin Ludwigs XV. stand den langweiligen Jungfern gemäß Etikette der erste weibliche Rang am Hofe zu, und diesen Anspruch wußten sie zu wahren. Bei allen Festen und Festlichkeiten hatten sie den Vortritt, saßen oder standen sie in der vordersten Reihe. Aber das war nur Schein. Macht hatten sie keine, ja, es ge-

243

brach ihnen sogar an Einfluß. Das große, entscheidende Wort führte in Versailles, zumindest hinter den Kulissen, die Mätresse des Königs, Madame Dubarry. Der König, der seine letzte Manneskraft an ihr erprobte, erfüllte ihr jeden noch so extravaganten Wunsch. Die Dubarry, deren Herkunft bis heute nicht eindeutig geklärt ist, die jedenfalls aber nicht adeliger Abstammung war, vermochte Ludwig XV. zu allem zu bewegen. In ihrem Salon in Versailles, der durch eine Treppe mit dem Wohn- und dem Schlafzimmer des Königs verbunden war, wurde Politik gemacht. Sie erkor und stürzte Minister, flüsterte ihrem königlichen Liebhaber Entscheidungen von gewaltiger Tragweite ins Ohr, schwätzte ihm Höflinge auf und nahm ihm in Form von Schlössern, Brillantengehängen und kostbaren Kleidern Unsummen Geldes ab. Kein Wunder, daß die zahlreichen Glücksritter und Postenjäger am Hof zu Versailles vor dieser Femme fatale ihre Bücklinge machten und ihr untertänigst die ringefunkelnden Hände küßten.

Für die Töchter des Königs war Madame Dubarry selbstverständlich ein rotes Tuch, eine Persona non grata, die sie aus tiefstem Herzen verabscheuten und haßten. Die intriganten „tantes" sannen nach immer neuen Mitteln und Wegen, um sie zu demütigen und dem – verstohlenen – Gespött der Hofgesellschaft preiszugeben. Die kleine Dauphine bot sich für einen solchen Akt der Demütigung als willfähriges Werkzeug an.

Marie Antoinette wußte bei und kurz nach ihrer Ankunft in Frankreich von der Dubarry überhaupt nichts. Aber sie wurde von ihren drei Tanten bald ausführlich über deren Vorleben und über ihre Stellung bei Hof informiert. Und sogleich entwickelte sie eine ostentative Abneigung gegen die Mätresse des Königs. In einem ihrer ersten Briefe an die Mutter bezeichnete sie die Dubarry als das „dümmste und impertinenteste Geschöpf, das man sich vorstellen kann". Daher hatte sie nichts dagegen einzuwenden, als ihr die Tanten einredeten, sie möge diese Person nach allen Regeln der Kunst ignorieren. Antoinette bekleidete nach ihrer Heirat als künftige Königin trotz ihres jugendlichen Alters den höchsten weiblichen Rang bei Hof. Nach den ehernen Regeln der Etikette durfte in Versailles eine rangniedrigere Dame an eine ranghöhere niemals das Wort richten. Sie mußte warten, bis sie angesprochen wurde. Und eben da hakten Adelaide, Victoire und Sophie ein. Die Dauphine solle die Dubarry nicht ansprechen und so tun, als ob sie nicht existiere.

Nichts konnte dem kleinen Dummerl aus Wien am öden Versailler Königshof mehr Spaß bereiten als dieses Spielchen. Tag für Tag, Woche für Woche, Monat für Monat spazierte Marie Antoinette bei den täglichen Mahlzeiten, bei Empfängen und anderen höfischen Festen mit herausfordernder Nonchalance an Madame Dubarry vorbei, lächelte sie charmant an, würdigte sie aber keines Wortes. Natürlich blieb das Verhalten der Dauphine nicht unbemerkt, und das neckische Spiel wurde allmählich peinlich. Wie lange würde sich die Dubarry dieses provokante Benehmen gefallen lassen? Das war die aufregende Frage, die die Gemüter der Hofgesellschaft bewegte. Die perlenbehängte Mätresse machte zunächst gute Miene zum bösen Spiel. Aber ihre Geduld hatte Grenzen. Als ihr der tägliche Nervenkitzel zuviel wurde, bedrängte sie den König, die unwürdige Farce abzustellen. Ludwig XV., dem nichts teurer war als seine Ruhe und sein Vergnügen, handelte: Er lud die Obersthofmeisterin der Dauphine zu einem Gespräch ein, in dessen Verlauf er wie nebenbei bemerkte, ihr Schützling wahre nicht so ganz den in Versailles üblichen Anstand. Sie möge Antoinette bei Gelegenheit darauf hinweisen.

Und nun setzte sich, wie beabsichtigt, eine Spirale in

Bewegung. Die Obersthofmeisterin gab die königliche Warnung weiter, die Dauphine erzählte den Vorfall den Tanten und dem Beichtvater, dieser berichtete ihn dem Gesandten Mercy, der sofort Maria Theresia davon informierte.

Die Kaiserin war in einer unangenehmen Situation. Die Mätressenwirtschaft am französischen Königshof war ihr aus tiefster Seele zuwider. Aber sie konnte es aus staatspolitischen Gründen nicht hinnehmen, daß ihre Tochter, wenn auch indirekt, Ludwig XV. brüskierte. Sofort beauftragte sie Staatskanzler Kaunitz, dies Marie Antoinette klarzumachen.

Die Dauphine zeigte sich von den Überlegungen des Diplomaten unbeeindruckt. Das kindische Schauspiel am Hof zu Versailles ging weiter und wuchs sich zur Staatsaffäre aus. Denn nun griff der König energisch ein. Er drohte, die Allianz mit dem Haus Habsburg aufzukündigen, falls die Dauphine nicht endlich ihren halsstarrigen Standpunkt aufgäbe. Maria Theresia las Antoinette brieflich gehörig die Leviten: „...Sie haben die Dubarry nicht anders zu kennen und anzusehen als eine am Hof und zur Gesellschaft des Königs zugelassene Dame. Sie sind sein erster Untertan und schulden ihm Gehorsam und Unterordnung", schrieb sie ihrer Tochter am 30. September 1771. „Lösen Sie sich los von den gegenteiligen Vorbildern: Ihnen kommt es nach dem König zu, den Ton anzugeben, und Sie sollen sich nicht wie ein Kind führen lassen, wenn Sie sprechen wollen. Sie haben Angst, zum König zu sprechen, aber Sie haben keine Angst, ihm ungehorsam zu sein oder unfreundlich zu begegnen. Ich kann es Ihnen einige Zeit hingehen lassen, mündliche Aussprachen mit ihm zu meiden. Ich verlange aber von Ihnen, daß Sie ihn durch alle Ihre Handlungen von Ihrer Achtung und Liebe überzeugen, indem Sie bei allen Gelegenheiten erraten, was ihm gefallen könnte. Daß ihm in diesem

Punkt nichts zu wünschen übrigbleibe: kein gegenteiliges Beispiel oder eine gegenteilige Rede..."

Das war deutlich genug. Die Dauphine beugte den Nacken. Bei der Gratulationstour am Neujahrstag 1772 sprach sie, halb zur Gräfin gewendet, halb ins Leere, den erlösenden Satz: „Es sind heute viele Leute in Versailles." Dieser läppische Satz löste die Erstarrung, beendete den lächerlichen Weiberstreit um Ruf, Rang und Ansehen im großklotzigen Barockschloß abseits der Hauptstadt. Die Erleichterung war allgemein, in Paris und Wien ging man wieder zur Tagesordnung über.

Die Dubarry hatte gesiegt, die Dauphine sich gefügt. Aber bei diesem Anlaß zeigte sich, daß die sechzehnjährige Marie Antoinette auf dem besten Weg war, ein starrköpfiges Selbstbewußtsein zu entwickeln. Sie machte Mercy und der – gefürchteten – Mama unmißverständlich klar, daß sie es bei diesen sieben gesprochenen Wörtern belassen wollte. Und in der Tat: Die Gräfin Dubarry hat kein achtes Wort mehr von ihr gehört.

In Versailles nahm man es zur Kenntnis. Aber schon stand der Dauphine eine neue Kraftprobe bevor. Die Gattin des Thronfolgers war nun bereits eineinhalb Jahre in Frankreich, ohne die Hauptstadt des Landes betreten zu haben. Sie brauchte dazu die Erlaubnis des Königs, aber die Hofkamarilla, die drei Tanten, die Dubarry, die beiden Brüder des Dauphins und alle, die sonst noch etwas galten am Hof, hatten es bislang verstanden, ihr den Weg nach Paris zu versperren. Man mißgönnte dem Thronfolgerpaar offensichtlich die damit verbundene öffentliche Anerkennung, den Triumph.

Monat um Monat verging, aber es passierte nichts. Immer wieder wurde die Angelegenheit vertagt, auf die lange Bank geschoben. Bis es Marie Antoinette schließlich zu dumm wurde und sie sich entschloß, den König persönlich um seine Zustimmung für die Fahrt nach Paris zu bitten. Ludwig XV. willigte anstandslos ein.

Am 8. Juni 1773 war es dann soweit. An diesem wolkenlosen, strahlenden Sommertag hielten Marie Antoinette und ihr Gatte feierlichen Einzug in Paris. Die ganze Stadt war auf den Beinen, um das junge Paar zu sehen. Kanonen donnerten, Hüte wurden geschwenkt, Ansprachen gehalten, Hochrufe brausten durch die Straßen. Marie Antoinette war überwältigt. „Ich habe den letzten Dienstag ein Fest gehabt", schrieb sie der Mutter, „das ich in meinem ganzen Leben nicht vergessen werde; wir haben unseren Einzug in Paris gehalten. Wir haben alles an Ehrungen empfangen, was man sich nur vorstellen kann; das alles, obgleich sehr schön, hat mich nicht am meisten ergriffen; vielmehr waren es die Liebe und die Hingabe dieses armen Volkes, das trotz der Steuern, die es niederdrücken, außer sich vor Freude war, um uns zu sehen…"

Die Dauphine und ihr Gemahl eroberten die Herzen der Pariser Bevölkerung im Sturm, aber Marie Antoinette sollte diese Liebe bald verspielen. Ihre Ergriffenheit beim Empfang, ihre Volksverbundenheit müssen geheuchelt gewesen sein. Sie stattete in den nächsten zwanzig Jahren der Hauptstadt zwei- bis dreimal in der Woche einen Besuch ab, fuhr regelmäßig in die Oper und ins Theater, suchte Spielsäle auf, tummelte sich auf Bällen und Redouten. Kein einziges Mal jedoch kam sie in all den Jahren mit dem Volk in Kontakt, sie machte gar nicht erst den Versuch, das Leben der einfachen Leute kennenzulernen. Nie betrat sie das Haus eines Bürgers, ein Geschäft, ein Hospital. Selbstbewußt und selbstverliebt ging sie nur ihrem eigenen Vergnügen nach, verbrachte ihre Zeit in eitlem, munteren Müßiggang, zog hochmütig eine scharfe Grenze zwischen sich und den Bürgern. Und so kehrte sich die Sympathie, die ihr die Menschen ursprünglich entgegengebracht hatten, allmählich in Ablehnung, Haß und Feindseligkeit um.

Im Jahre 1774 schlug die letzte Stunde des wollüstigen Ludwig XV. Am 27. April wurde der König während der Jagd von Übelkeit befallen. Eilends kehrte er in sein Lieblingsschloß Trianon zurück. Am nächsten Morgen übersiedelte er nach Versailles, wo ihn die Ärzte zur Ader ließen. Es war eine nutzlose medizinische Maßnahme, denn der König war an den Pocken erkrankt. Madame Dubarry, die trotz der großen Ansteckungsgefahr an seinem Krankenlager ausharrte, mußte ihre Stellung räumen und wurde in das in der Nähe gelegene Schlößchen Rueil verbannt. Erst jetzt war die Kirche dazu bereit, dem mit dem Tod ringenden König geistlichen Beistand zu gewähren. Am 4. Mai nahm der fast erblindete Beichtvater Seiner Majestät dem König die Beichte ab. Sechzehn Minuten brauchte Ludwig XV., wie die Höflinge mit der Uhr in der Hand sarkastisch registrierten, bis er sein langjähriges Sündenregister aufgezählt hatte.

Die endgültige Absolution wurde dem Monarchen am nächsten Morgen erteilt, nachdem er vor versammeltem Hof christliche Buße für alle seine unchristlichen Handlungen getan hatte. Ein paar Tage wehrte sich sein erschöpfter Körper noch gegen die unaufhaltsam fortschreitende Krankheit. Dann, endlich, am Dienstag, dem 10. Mai 1774, erlosch das Lebenslicht Ludwigs XV. Frankreich atmete auf, hoffte auf einen Neubeginn der Monarchie, auf eine bessere, schönere Zukunft. Es war eine Hoffnung, die sich nicht erfüllen sollte.

Ludwig XVI., der seinem Großvater auf den Thron nachfolgte, war eine Persönlichkeit von mittelmäßigem Zuschnitt. Das hervorstechendste Merkmal in seinem Charakterbild war sein schwerblütiges, stumpfes Naturell. Gehemmt, zurückhaltend, wenig anpassungsfähig, unzugänglich, von pedantischer Ordnungs- und Pünktlichkeitsliebe, verfügte er über wenig persönliche Ausstrahlung und königliche Würde. Ludwig war redlich und von den besten Absichten beseelt, er konnte sich jedoch nur schwer zu einer Entscheidung durchringen und besaß überhaupt keinen Sinn für die Größe und Wichtigkeit einer historischen Situation. Wiewohl er seinen Staatsgeschäften mit Anstand nachkam, bedeuteten ihm doch Jagd und Essen, Schlaf und Wohlbefinden wesentlich mehr als sein königliches Amt. Mit einem Wort: Ludwig XVI. war nicht die kraftvolle, achtungsgebietende Autorität, die dem Land eine neue Perspektive geben und den Kapricen seiner Frau hätte Einhalt gebieten können.

Frankreich zählte gegen Ende des 18. Jahrhunderts ungefähr 25 Millionen Einwohner. Es war ein Agrarland mit ersten Ansätzen zur Industrialisierung. Der Großteil der Bevölkerung gehörte dem Bauern- und Bürgerstand an, etwa zwei Prozent bildeten den weltlichen und geistlichen Adel. Aber diese adelige Minderheit war wirtschaftlich und gesellschaftlich privilegiert. Obwohl etwa 30 bis 40 Prozent des Grundbesitzes dem Adel gehörte, bezahlte die Aristokratie keine direkten Steuern, wurde die drückende Steuerlast beinahe ausschließlich von den niederen Bevölkerungsschichten getragen.

Zu dieser ungleichen und ungerechten Verteilung des Besitzes und des Steueraufkommens kamen die gesellschaftlichen Vorrechte der Aristokratie. Alle Staatsämter, die Sitze in den obersten Gerichtshöfen, alle Offiziersstellen, alle hohen kirchlichen Ämter waren dem Adel vorbehalten. Die Unzufriedenheit der Bevölkerung mit dem ausbeuterischen Adelsstaat wuchs von Jahr zu Jahr und wurde durch Mißernten und das stetige Ansteigen der Preise und der Lebenshaltungskosten verstärkt. Mit einer kurzfristigen Besserung der tristen wirtschaftlichen Lage war kaum zu rechnen, denn der französische Staatshaushalt war schwer defizitär. Das Heer, die Hofhaltung, der Zinsendienst, die Ausgaben für die überdimensionierte Verwaltung verschlangen Unsummen. Reformen waren dringend nötig. Ludwig XVI. war sich dessen bewußt und war auch gewillt, sie durchzuführen. Aber für eine durchgreifende Änderung der Wirtschafts- und Gesellschaftsstruktur des Landes fehlte es ihm an Kraft, Zähigkeit und Ausdauer. Gegen den hinhaltenden Widerstand der besitzenden Klasse stand er auf verlorenem Posten.

Hat Marie Antoinette gewußt, wie es um das Land stand, dessen Königin sie war? Hat sie sich um die Millionen Untertanen gekümmert, die in menschenunwürdigen Behausungen dahinvegetierten, von der Hand in den Mund lebten, zerrissen und zerlumpt in den Armenvierteln der Städte um ein Stück Brot bettelten? Nichts von alledem. Die Königin hat sich um Land und Leute nie geschert. Die Welt außerhalb der ihren, in der sich eine Unzahl von adeligen Nichtstuern drohnenhaft tummelte, existierte für sie de facto nicht. Die extravagante Tochter Maria Theresias dachte nur an sich selbst. Sie nahm nur die Rechte ihrer königlichen Stellung in Anspruch, die Pflichten verabscheute und vernachlässigte sie. Marie Antoinette verkörperte die Verspieltheit, den Leichtsinn, die Frivolität ihrer Zeit, sie lebte nur ihren Vorlieben und Vergnügungen. Im Schlößchen Trianon, das ihr schwerblütiger, aber galanter Gemahl ihr zum Geschenk gemacht hatte, schuf sie sich ihr ureigenstes Reich, wo sie, umgeben von Favoritinnen und buckelnden Höflingen, eine Kultur raffinierten Lebensgenusses entwickelte.

In ihrem „buen retiro", dessen dazugehörigen Park sie, der Mode der Zeit entsprechend, in einen englischen Garten mit verschlungenen Wegen, künstlichen Teichen und Bächen, Grotten und Pagoden umgestalten ließ, spielte die Königin von Frankreich mit anmutiger Perfektion und perfekter Anmut die Rolle der koketten Rokokokönigin.

Von Trianon aus gab sie für die französische Adelsgesellschaft den Ton an, lebte ihr die Mode vor, kreierte die Frisur. Ein Heer von Garderobefrauen war Morgen für Morgen damit beschäftigt, die Unter- und Reifröcke, die Leibchen und Spitzentücher, die Strümpfe, Kleider, Mäntel und Handschuhe herbeizuschaffen, die die königliche Modepuppe anzuziehen wünschte. Ein Regiment von Schneidern und Stickerinnen mühte sich Tag um Tag ab, um die neuen und neuesten Modelle herzustellen, für die sich die Königin nach langen Beratungen mit ihrer obersten Ratgeberin in Toilettfragen entschieden hatte.

Und gar erst die Frisur. Sie wurde im Rokoko zum gesellschaftlichen Ereignis erster Klasse hochstilisiert. Der Coiffeur war demzufolge im 18. Jahrhundert ein großer Herr. Er fuhr jeden Morgen in einer sechsspännigen Karosse vor und baute dann in stundenlanger Arbeit und unter Verwendung riesiger Haarnadeln und großer Mengen von Pomade raffiniert arrangierte Haargebäude auf die Köpfe der Damen. Und Marie Antoinette ging natürlich mit bestem Beispiel voran.

Die Mutter in Wien schlug die Hände über dem Kopf zusammen, als sie ihre Tochter auf einem Bild in diesem Aufputz zu Gesicht bekam. „Du weißt, daß ich stets der Meinung war, man müsse die Moden maßvoll befolgen, aber sie niemals übertreiben", schrieb sie ihr. „Eine junge hübsche Frau, eine Königin voll Anmut, hat allen diesen Unsinn nicht nötig, im Gegenteil, Einfachheit der Kleidung steht ihr besser an und ist dem Rang einer Königin würdiger…" Und am 5. März 1775 meinte sie mit mildem Vorwurf: „…Ich kann auch nicht umhin, einen Punkt zu berühren, den viele Zeitungen oft genug wiederholen: Es handelt sich um den Kopfputz, den Sie tragen; er soll von der Haarwurzel 36 Zoll hoch sein, und dazu mit soviel Federn und Bändern geschmückt, die das alles noch erhöhen. Sie wissen, daß ich immer der

Marie Antoinette, Königin von Frankreich. Graphik nach einem Gemälde von Elisabeth Vigée-Le Brun

Meinung war, man solle der Mode mit Zurückhaltung folgen, sie aber niemals übertreiben..." Den Rest des Briefes kennen wir bereits.

Diese sanften Ermahnungen der Mutter bewirkten natürlich gar nichts. Sie wurden von der putzsüchtigen Königin geradezu bagatellisiert. „Es ist richtig, daß ich mich ein wenig mit meinem Putz beschäftige", gab sie der Mutter zur Antwort, „und was die Federn betrifft, so trägt sie jeder, und es würde außerordentlich auffallen, keine zu tragen. Seit dem Ende der Bälle hat man die Höhe sehr verringert."

Die königlichen Toiletten waren kostspielig, aber noch mehr verschlangen die königlichen Pretiosen. Marie Antoinette hatte zwar als Ausstattung von Wien eine Menge Schmuck mitbekommen, aber sie wollte immer mehr, sie lechzte geradezu nach immer schöneren und kostspieligeren Diademen, Arm- und Halsbändern, Reifen, Spangen, Perlen und Diamantenfassungen für Fächer und Ketten. Sie brauchte den aufwendigen Putz offenbar zur Betonung ihrer Schönheit und zur Stärkung ihres Selbstbewußtseins. Natürlich waren durch den Ankauf dieser Wertgegenstände – „alle Nachrichten aus Paris stimmen darin überein, daß Du abermals Dir Braceletts für zweihundertfünfzigtausend Livres gekauft hast", warf ihr die Mutter besorgt vor – die finanziellen Mittel, die ihr zur Verfügung standen, bald erschöpft. Aber die Königin kümmerte das wenig. Sie machte Schulden, die der Gatte, aus welcher Schatulle immer, von Zeit zu Zeit, nicht eben frohgelaunt, bezahlte.

Es gibt allerdings auch noch eine andere Möglichkeit, zu Geld zu kommen oder, womit jedoch niemand rechnet, es zu verlieren: das Hasardspiel. Marie Antoinette wäre nicht die Schwester Leichtsinn gewesen, als die sie in die Geschichte eingegangen ist, wenn sie sich nicht auch der Spielleidenschaft hingegeben hätte. Zwar war das Glücksspiel auf ausdrücklichen Befehl des Königs bei Hof verboten, aber das Rokopüppchen von Versailles und Trianon, dem die Langeweile so zu schaffen machte, setzte sich auch darüber hinweg. Nacht für Nacht klapperten in ihren Salons beim berüchtigten Pharao die Spielmarken auf den Tischen. Die Spielverluste der Königin erreichten schwindelnde Höhen. Und wieder mahnte die Mutter: „Aber das Spiel um Geld ist gewißlich eine der schlechtesten Vergnügungen, es zieht üble Gesellschaft und bösen Klatsch hinter sich her. Als der verstorbene König noch lebte, hat man auch gespielt, doch Landsknecht, Cavagniol, Visque und andere Spiele, aber das Pharao hat zuviel Anreiz. Ich weiß es aus eigener Erfahrung, man kommt nicht anders als auf einmal davon los, man darf weder vor sich selbst klein beigeben noch vor anderen, die es nützlich finden, zu betrügen, denn aus nichts anderem besteht das Spiel…"

Als der Vergnügungstaumel der Tocher nicht mehr zu tolerieren war, schickte Maria Theresia ihren ältesten Sohn und Thronfolger Joseph nach Paris. Er sollte Marie Antoinette ein wenig den Kopf zurechtsetzen, vor allem aber den König von der Notwendigkeit der kleinen, befreienden Operation überzeugen, die dem Vollzug der Ehe entgegenstand. Ludwig und Marie Antoinette, wir wissen es bereits, waren zu diesem Zeitpunkt noch immer nicht Mann und Frau.

Joseph verließ am 1. April 1777 in Begleitung der Grafen Joseph Colloredo und Philipp Cobenzl Wien. Er reiste inkognito, unter dem Namen eines Grafen Falkenstein. Über München, Stuttgart, Straßburg, Nancy und Metz erreichte er am 18. April die französische Hauptstadt, wo er sich in einem Hotel einquartierte. Die eingeweihten Kreise wußten natürlich, wer sich hinter der Maske des schlichten, vorurteilsfreien, aufgeklärten Grafen aus Österreich verbarg. Joseph besuchte die Oper und das Theater, den Botanischen Garten, die Menagerie, aber auch Manufakturen, Altersheime und Hospitäler. Er mischte sich unter das Volk, kostete Armensuppen und nahm eine Mahlzeit im Taubstummeninstitut ein. Die Pariser, denen das einheimische Herrscherhaus nur Luxus und Verschwendung vorlebte, waren begeistert.

In Versailles bereitete das persönliche Gespräch mit dem König keinerlei Schwierigkeiten. Ludwig ließ die delikate Operation anstandslos vornehmen. Die Ehe war gerettet, die Nachfolge gesichert. Ob der König seinem Schwager auch seine intimsten Bettgeheimnisse verraten hat? Joseph machte am 9. Juni 1777 in einem Brief an seinen Bruder Leopold von Toskana jedenfalls eine für ihn recht ungewöhnliche Feststellung: „Das Geheimnis liegt im Ehebett", teilte er ihm mit. „Er hat ausgezeichnete Erektionen, führt sein Glied ein, verharrt dort regungslos vielleicht zwei Minuten lang, und ohne sich zu ergießen zieht er sein immer noch aufrecht stehendes Glied zurück und wünscht seiner Frau Gutenacht. Das Ganze ist unbegreiflich, da er manchmal feuchte Träume hat. Er ist völlig zufrieden und gibt offen zu, daß er den Akt nur als Pflichtübung betrachtet und keinerlei Vergnügen daran findet. Ach wenn ich nur einmal hätte dabei sein können, ich hätte es ihm schon beigebracht! Man sollte ihn auspeitschen wie einen Esel, damit er ejakuliert."

„Was meine Schwester betrifft", fügte Joseph hinzu, „ist sie auch nicht gerade sinnlich veranlagt, und beide zusammen sind ein Paar von ausgemachten Stümpern." Diese Aussage Josephs ist, wenn sie stimmt, höchst aufschlußreich. Sie steht jedenfalls im Gegensatz zu den Einschätzungen zahlreicher Zeitgenossen. Politisch hatte die Mission des Kaisers keinen Erfolg. Die Zustimmung Ludwigs XVI. zum Erwerb Bayerns, um die er sich bemühte, erhielt er nicht.

Marie Antoinette erwartete den Besuch des strengen Bruders mit begreiflicher Nervosität und mit Herzklopfen. Aber die Geschwister kamen recht gut miteinander aus, wenn es auch ab und zu zu heftigen Zusammenstößen kam. Der Kaiser, der das Verhalten der Schwester bei jeder sich bietenden Gelegenheit scharf unter die Lupe nahm, konnte ungefällig und grob sein. Hellsichtig durchschaute er die Vorzüge und Schwächen der Königin. „Sie ist eine liebenswürdige und anständige Frau", berichtete er, „noch etwas jung und zu wenig nachdenkend, aber sie hat doch einen guten Fond von Anständigkeit und Tugend und dazu noch eine gewisse richtige Gabe der Auffassung, die mich oft überrascht hat. Die erste Regung ist immer richtig, und würde sie sich ihr hingeben und ein bißchen mehr nachdenken, statt der Legion Zubläser, die sie umringen, nachzugeben, so wäre sie vollendet. Die Vergnügungslust ist bei ihr sehr mächtig, und da man diese Schwäche kennt, hält man sich daran, und sie hört immer wieder am meisten auf jene, die ihr darin zu dienen wissen."

Das endgültige Urteil fiel dann doch wesentlich härter aus. In einer „Instruktion", die er Marie Antoinette knapp vor seiner Abreise überreichte, hielt er ihr, diplomatisch geschickt in die Frageform gekleidet, unbarmherzig einen Spiegel vor. „Du schreitest im Alter vor, Du hast also nicht mehr die Entschuldigung ein Kind zu sein. Was soll geschehen, was aus Dir werden...?" leitete er seine Fragekanonade ein, um dann auf das Verhältnis zwischen ihr und dem Gatten zu sprechen zu kommen. „Erwiderst Du die Gefühle, die er Dir offenbart?" fragte er sie, „bist Du nicht kalt und zerstreut, wenn er mit Dir spricht?... Verstehst Du, Dich ihm wirklich notwendig zu machen? Überzeugst Du ihn, daß niemand ihn aufrichtiger liebt und mehr seinen Ruhm und sein Glück im Herzen hegt als Du?" Und dann führte er ihr schonungslos ihre Vergnügungssucht vor Augen: „Hast Du schon einmal darüber nachgedacht", mahnte er, „welche schlechte Wirkung Deine gesellschaftlichen Bindungen, Deine Freundschaften, wenn sie sich nicht auf in jeder Hinsicht untadelige Personen erstrecken, auf die öffentliche Meinung haben können und müssen, weil dadurch doch unwillkürlich der Verdacht entsteht, daß Du diese schlechten Sitten entweder billigst oder sogar an ihnen teilnimmst? Hast Du einmal die furchtbaren Folgen ausgewogen, die das Hasard-spiel mit sich bringen kann durch die schlechte Gesell-schaft und den Ton, den es nach sich zieht?" Allerdringendst riet er ihr vom Besuch der Maskenbälle ab. „Ich gestehe Dir, daß das der Punkt ist", faßte er seine Meinung zu diesem Thema zusammen, „über den ich alle Leute, die Dich lieben und die anständig denken, am meisten empört gesehen habe; der König wird ganze Nächte lang in Versailles allein gelassen, und Du bist in Gesellschaft der ganzen Kanaille in Paris."

Schließlich schrieb er auch noch einen Satz nieder, der in seiner prophetischen Voraussicht geradezu gespenstisch anmutet: „Ich zittere wirklich um das Glück Deines Lebens", zeigte er sich ernsthaft besorgt, „denn so kann es auf die Dauer nicht weitergehen. La révolution sera cruelle..." Der Umsturz wird grausam sein... Fürwahr, Joseph II. sollte recht behalten.

Nach seiner Abreise nahmen Ludwig und Antoinette ihr bisheriges Leben wieder auf. Freilich in freudvoller Zweisamkeit, wie wir schon wissen. Dem König gefiel das Eheleben jetzt recht gut, er erfüllte brav seine männlichen Pflichten. 1778 wurde er Vater einer Tochter, drei Jahre später schenkte ihm Marie Antoinette einen Dauphin. Die fromme, müde gewordene Mutter in Wien erlebte die Geburt dieses Enkels nicht mehr. Sie war am 29. November 1780 einer Lungenentzündung erlegen. Mit ihr starb das mahnende Gewissen der Königin von Frankreich.

Die Geburt des Thronfolgers wurde in ganz Frankreich stürmisch bejubelt. Noch einmal, ein letztes Mal, schlug der Königsfamilie die Sympathie des Volkes entgegen. Marie Antoinette hatte den Gipfel ihrer Beliebtheit erreicht. Die Geburt ihrer beiden Kinder – sie sollte später noch zwei weiteren Sprößlingen das Leben schenken, Ludwig und Sophie Beatrice –, die Mutterschaft hatten sie ein wenig verändert. Aber ein entscheidender Umschwung in ihrer Lebensführung trat nicht ein. Die Königin lebte weiter munter in den Tag hinein, umgeben von einem Klüngel geschwätziger Nichtstuer, die sie protegierte und deren gefährlichen Einflüsterungen sie erlag. Sie konnte und wollte sich von ihrer Rokokowelt nicht trennen. 1782 ließ sie sich im Garten von Trianon, ganz nach der damaligen Mode, einen landwirtschaftlichen Betrieb einrichten. Das „hameau" umfaßte acht strohgedeckte Häuser, Ställe, eine Scheune, eine Molkerei, Weiden und einen Hühnerhof. Sie kaufte Schweizer Kühe, Schafe, Ziegen, Hühner, die sie ab und zu auch einmal selbst fütterte. Rousseau war im Schwange, die Rückkehr zur Natur angesagt. Die blasierte Adelsgesellschaft simulierte einen exaltierten Naturkult, zelebrierte zur Abwechslung und als Gegenstück zur Langeweile des Hoflebens die Einfachheit des Lebens auf dem Lande.

In Trianon gab die leichtlebige Königin von Frankreich verschwenderische Feste, und hier begegnete sie anläßlich eines Besuches des schwedischen Königs Gustav III. auch jenem Mann wieder, bei dessen Anblick ihr Herz ein wenig rascher als sonst zu schlagen begann: Axel Graf von Fersen.

Die Liebesgeschichte zwischen Marie Antoinette und dem bildschönen, großgewachsenen und eleganten schwedischen Offizier und Diplomaten liest sich wie ein Roman. Hier soll sie allerdings nur kurz dargestellt und kommentiert werden.

Der 1755 geborene Axel Fersen entstammte dem schwedischen Hochadel. Er studierte in Deutschland das Kriegshandwerk, in Italien Musik und Medizin und kam als Achtzehnjähriger auf der im 18. Jahrhundert für junge Männer seines Standes üblichen Kavalierstour nach Paris, um in der Hauptstadt des feinen Konversationstones und der erlesenen höfischen Manieren den letzten gesellschaftlichen Schliff zu erhalten. Der hübsche, breitschultrige Nordländer machte auf den Veranstaltungen der Pariser Hautevolee eine glänzende Figur. Die Frauen umschwärmten ihn wie die Mücken das Kerzenlicht. Und eines Abends, auf dem Pariser Opernball, flog auch die Thronfolgerin auf ihn zu. Durch eine Samtmaske vor dem Erkennen geschützt, tänzelte sie zum Entsetzen der Hofdamen an ihn heran und begann ein galantes Gespräch, das der Kavalier aus Skandinavien munter erwiderte. Als die Dauphine schließlich die Maske abnahm – ein unerhörter Vorfall in den Annalen des französischen Königshofes –, war der Skandal perfekt. Der von Marie Antoinette so offen favorisierte Kavalier aus dem hohen Norden reiste kurze Zeit später nach Schweden zurück. Erst 1778, vier Jahre nach diesem ersten Tête-à-tête, kam Fersen wieder nach Frankreich. Bei Hof wurde er höflich, aber kühl empfangen. Kaum jemand schien sich an ihn zu erinnern. Nur Antoinette, inzwischen Königin geworden, war sogleich wieder für ihn entflammt. Sie suchte seine Nähe und überhäufte ihn mit Freundlichkeiten. Die Königin und der schwedische Herr machten im Park von Trianon ausgedehnte Spaziergänge, plauderten vertraulich miteinander, warfen einander bei Musikabenden zärtliche Blicke zu.

Die Hofgesellschaft registrierte die sich anbahnende Liebesbeziehung mit unverhohlener Neugier und unersättlicher Sensationslust. In den Schlössern von Versailles und Trianon rankte sich ein Gerücht um das andere. Der Blick durchs Schlüsselloch wurde zur bestbezahlten Haupttätigkeit der Bediensteten. Wann würde es soweit sein? Wann würde sich die schöne Königin den stämmigen Nordländer ins Bett nehmen? Diese eminent wichtige, lüsterne Frage beschäftigte den französischen Königshof vom Türsteher bis zum Minister. Wie wir heute zu

260

wissen glauben, kam es nicht so weit. Marie Antoinette schreckte vor dem letzten, entscheidenden Schritt zurück, und Axel Fersen bewahrte kühlen Verstand. Er verließ – aus eigenem Entschluß, auf die Bitten der Königin, auf Geheiß Ludwigs XVI. oder des eigenen Königs, wer kann das heute schon sagen? – plötzlich Frankreich, um an der Seite des Marquis de Lafayette am nordamerikanischen Unabhängigkeitskrieg gegen das englische Mutterland teilzunehmen. Es war keine Minute zu spät. „Ich gestatte mir, Eurer Majestät vertraulich mitzuteilen", schrieb der schwedische Gesandte an seinen König, „daß Graf Fersen bei der Königin schließlich so gerne gesehen war, daß man darüber zu sprechen begann, zumindest in gewissen Kreisen. Ich gestehe, daß auch ich selbst kaum anders kann als annehmen, sie hege eine Neigung für ihn; was ich mit eigenen Augen sah, schließt jeden Zweifel aus. Der junge Graf Fersen hat sich in dieser Lage vorbildlich verhalten, nämlich bescheiden und zurückhaltend... es bedurfte zweifellos einer Festigkeit, wie sie in seinem Alter nicht erwartet werden konnte, um dieser Versuchung Herr zu werden."

Vor der Versuchung, eine ehebrecherische Beziehung zur Königin von Frankreich zu unterhalten, war der Graf in Amerika wohl gefeit. Aber er blieb mit Marie Antoinette brieflich in Verbindung. Nach dem Ende des Krieges kehrte er nach Frankreich zurück und bewarb sich um das Kommando des Königlichen Schwedischen Regiments in der französischen Armee, das er über Fürsprache der Königin, die sich ansonsten nie in militärische Ernennungen einmischte, auch erhielt.

Axel Fersen entschloß sich endgültig, in Frankreich zu bleiben, und wurde in den beiden nächsten Jahren, in denen sich Marie Antoinette langsam von einer oberflächlich-leichtfertigen zur seelisch reifen Persönlichkeit wandelte, zum diskreten, großherzigen Liebhaber der Königin, der die angebetete Geliebte, wie wir noch hören werden, auch in den Tagen höchster Gefahr und Unbill nicht im Stich ließ.

Das Ereignis, das den Persönlichkeitswandel Marie Antoinettes mitbestimmte, ihr aber zumindest die Augen für die seichte Banalität und trügerische Realitätsferne ihres bisherigen Lebens öffnete, war die berühmt-berüchtigte Halsbandaffäre. Wir können hier die hinterhältige, infame Skandalgeschichte, durch die der französische Königshof auf das schwerste kompromittiert, die Autorität des Königtums bis auf die Grundfesten erschüttert und der Ruf der Königin völlig ramponiert wurde, nur sehr verkürzt wiedergeben.

Die Hauptrollen in dieser verbrecherischen Betrugsaffäre spielten ein leichtgläubiger, dummdreister Kardinal aus dem französischen Hochadel namens Louis René Rohan, eine durchtriebene, ehrlose Hochstaplerin mit Namen Jeanne de La Motte (die sich übrigens taxfrei den Titel einer Gräfin zugelegt hatte) und ein sündteures, von dem Hofjuwelier Karl August Böhmer und seinem Kompagnon Bassenge hergestelltes Diamantenhalsband im Wert von 1,600.000 Livres.

Der intrigante Rohan, der von Marie Antoinette jahrelang mit ostentativer Verachtung gestraft worden war, buhlte um die Gunst der Königin und strebte nach dem Posten des Ersten Ministers bei Hof. Die Gräfin La Motte, die vorgab, mit Marie Antoinette auf sehr vertrautem Fuß zu stehen, versprach ihm die Erfüllung beider Wünsche, allerdings unter Vorspiegelung völlig falscher Tatsachen. Das kostbare Collier diente ihr dabei als Mittel zum Zweck. Mit geschicktem Raffinement gelang es der abgefeimten Betrügerin, der verblendeten Eminenz einzureden, er solle für die Königin das Halsband erstehen. Marie Antoinette gelüste es danach, sie sei aber im Augenblick knapp bei Kasse. Das Ziel seiner Wünsche sei dann in greifbarer Nähe.

Der Kardinal tappte blindlings in die geschickt ausgelegte Falle, und auch der Juwelier, der sein rares Geschmeide nicht an die Frau gebracht, zumal Marie Antoinette einen Ankauf als unbezahlbar abgelehnt hatte, sah sich aller seiner materiellen Sorgen entledigt. Ein Dummkopf und ein Esel lassen sich eben leicht zusammenspannen. Der Juwelier übergab den Schmuck dem Kardinal und dieser reichte ihn der La Motte weiter, die ihn aber nicht, wie vereinbart, der Königin aushändigte, sondern ganz einfach verschwinden ließ. Marie Antoinette, die von dem ganzen Schwindel nichts wußte, erhielt das Halsband nicht, Böhmer, der mit einer Bürgschaft des Kardinals abgefertigt worden war, bekam keinen Sou.

Der Betrug flog auf. Die unschuldige Königin, die von dem niederträchtigen Spiel um ihre Person, ihren Namen und ihre Ehre nicht die leiseste Ahnung gehabt hatte, war zutiefst betroffen. Sie informierte den König, der Rohan als den vermeintlich Hauptschuldigen verhaften ließ. In weiterer Folge überantwortete das Königspaar den Betrugsfall dem Parlament, dem höchsten Pariser Gericht, zur gesetzlichen Verfolgung. Das war ein grober Fehler. Denn nun bekam diese häßliche Gaunerei eine öffentliche Dimension. Die Gerüchtebörse schäumte über, die Pamphletisten, die Spottschriftverfasser und die Karikaturisten hatten Hochsaison. Der Hofskandal wurde zum amüsanten Sujet, über das an jeder Straßenecke getuschelt wurde, wochenlang gab es in Paris, in ganz Frankreich kein anderes Thema. Die tollsten Vermutungen wurden laut, die unsinnigsten Verleumdungen geäußert, die infamsten Lügen in Umlauf gesetzt. War zunächst der törichte Kardinal die Zielscheibe der Kritik und des öffentlichen Spottes, so verlagerte sich der Unmut der Öffentlichkeit bald auf die Königin. War es nicht ein grenzenloser Skandal, daß Millionen Menschen in Frankreich darbten, daß Abermillionen für ein laar lumpige Sous pro Tag schuften mußten, während die Adelsclique in ihren Schlössern praßte und schlemmte und sich die Königin Millionengeschmeide um den Hals hängte, funkelnde Ketten und Ringe von ihren Armen und Ohren baumeln ließ? Jetzt rächte sich, daß sich Marie Antoinette nie um die öffentliche Meinung gekümmert, daß sie nur ihr extravagantes Wohlleben im Auge gehabt hatte.

Der Prozeß gegen die Betrüger begann, und schon bald zeichnete sich ab, daß im Grunde nicht der Kardinal und die betrügerische Gräfin La Motte auf der Anklagebank saßen, sondern die Königin. Der Gerichtshof, dem Königtum seit jeher nicht besonders gut gesonnen, ließ sich die Gelegenheit nicht entgehen, der verhaßten Österreicherin eins auszuwischen. Und das Urteil sah dann auch danach aus: Mit 26 gegen 22 Stimmen wurde der Kardinal von jeder Schuld freigesprochen, und auch seine Helfershelfer erfreuten sich der Milde der Richter. Lediglich an der Gräfin statuierte die Rechtsprechung ein Exempel. Sie wurde zu einer lebenslangen Haftstrafe verurteilt und als Diebin und Betrügerin mit einem V für „voleuse" gebrandmarkt. Der gerissenen Gaunerin gelang es jedoch, nach England zu fliehen und dort ihre Memoiren zu schreiben, in denen sie gegen Marie Antoinette schwere, verleumderische Anschuldigungen erhob. 1791 machte sie durch einen Sprung aus dem Fenster ihrem skandalträchtigen Leben ein Ende.

Jedermann, der damals in Frankreich seine Sinne beisammen hatte, war klar: Der Freispruch des Kardinals kam indirekt einer moralischen Verurteilung der Königin gleich. Marie Antoinette hatte sich, wie gesagt, dieses Urteil selbst zuzuschreiben.

Mit einem Mal fielen alle ihre versteckten und deklarierten Feinde wie Hyänen über sie her. Die Königin wurde nicht nur als Erotomanin verunglimpft, als lüsterne, männerverschlingende Kurtisane, sie wurde für alles verantwortlich gemacht, was im absolutistisch regierten Bourbonenstaat seit Jahrzehnten schiefgelaufen war: für die enorme Staatsschuld, die drückende Steuerlast, den aufgeblähten Beamtenapparat, die schlecht funktionierende Verwaltung, die Mißernten. Die Königin, unter anderem geringschätzig als „Madame Defizit" apostrophiert, war an allem schuld. Als sie kurz nach der Halsbandaffäre in der Theaterloge erschien, wurde sie vom Publikum unmißverständlich ausgebuht.

Jetzt erst wachte Marie Antoinette auf wie aus einem langen, betäubenden Traum. Jetzt erst begriff sie, was sich da über Monate und Jahre an Haß und Mißgunst gegen das Königshaus angestaut hatte. Und nun war sie auch bereit zu handeln, ihren Lebensstil zu ändern. Mit einem Federstrich verzichtete sie auf kostspielige Annehmlichkeiten. Die Hasardspiele wurden aus ihren Salons verbannt, zahlreiche Günstlinge in Trianon verloren ihre Positionen. Und sie, die bis dahin nur das Vergnügen gesucht hatte, die Abwechslung, das höfische Getümmel, den Wirrwarr der Gefühle, sie, die von einer inneren Unrast getrieben, von einem Fest zum anderen getaumelt war, mied jetzt das Theater, Bälle, Empfänge und Gastereien. Sie zog sich in den Kreis ihrer Familie zurück, beschäftigte sich mit ihren Kindern, machte den Versuch, ein neues, stilleres, verinnerlichteres Leben zu führen. Aber diese persönliche Entscheidung kam zu spät. Gerade als im Herzen dieser seltsamen, unglücklich veranlagten, unrichtig erzogenen Frau ein wenig Ruhe einzuziehen begann, brauste der Sturm der Geschichte über das französische Königtum hinweg und zerrte die Königin mit ihrer Familie in den Strudel aufregender, tumultuöser historischer Ereignisse.

In den Jahren 1788 und 1789 kündigte sich unüberhörbar und drohend das Donnergrollen der Revolution an. Wer hören wollte, hörte, wer sehen wollte, sah den Sturm, der am politischen Horizont Frankreichs heraufzog. Der König hatte dafür, so scheint es, kein allzu empfindliches Sensorium. Zwar setzte er gegen die wirtschaftlichen Not- und die gesellschaftlichen Mißstände in seinem Land ein paar gutgemeinte Maßnahmen, aber alle diese Reformen griffen letztlich nicht, beseitigten die allgemeine Unzufriedenheit nicht, die sich wie ein Krebsgeschwür in einem geschwächten Körper über das gesamte Staatsgebiet ausbreitete.

Als schließlich am 14. Juli 1789 eine erregte Volksmenge die Bastille, das verhaßte Staatsgefängnis und Symbol der absolutistischen Königsmacht, stürmte, war das das Fanal, das untrügliche Zeichen für den Anbruch eines Zeitalters brutaler, rücksichtsloser Gewalttätigkeit. Der König ging in seinem Märchenschloß seinen Amtsgeschäften nach und bemerkte davon nichts. Als ihm der Herzog von Liancourt noch des Nachts von den Vorgängen in Paris informierte, stammelte er erschrocken: „Mein Gott, das ist ja eine Revolte." „Nein, Sire", erwiderte der Unglücksbote, „das ist eine Revolution."

In den nächsten Wochen und Monaten überstürzten sich in Frankreich die Ereignisse. Im ganzen Land erhoben sich die Bauern, plünderten die Schlösser ihrer Gutsherren und vernichteten die Dokumente, auf denen ihre Abgabeverpflichtungen verzeichnet waren. Die Leibeigenschaft wurde abgeschafft, die alte ständische Gesellschaft aus den Angeln gehoben. Im August 1789 beschlossen die Abgeordneten der verfassunggebenden Nationalversammlung die „Erklärung der Menschen- und Bürgerrechte".

Der gutmütige, aber schwache Ludwig XVI. wich vor der Revolution hampelmännisch zurück, versuchte zu retten, was nicht mehr zu retten war. Nicht so die Königin. Sie betrachtete die Revolution von allem Anfang an als eine unrechtmäßige Bedrohung der ihr von Gott verliehenen herrscherlichen Autorität. Sie verteidigte mit ihrer ganzen Persönlichkeit, der in dieser schweren Zeit immer neue innere Kräfte zuwuchsen, ihre eigene Position und den Thron. Und so war sie, die verhaßte Fremde, die Österreicherin, auch von allem Anfang an die Zielscheibe des pöbelhaften Spotts und der umstürzlerischen Absichten der revolutionären Bewegung.

Am 5. Oktober 1789 klopfte die revolutionäre Gewalt auch an die Tore des Schlosses von Versailles. Eine vieltausendköpfige Menschenmenge, in der Hauptsache mit Sensen, Mistgabeln, Piken und Musketen bewaffnete Frauen, tauchte nach mehrstündigem Marsch regendurchnäßt vor dem Königspalast auf und verlangte schreiend und wild gestikulierend nach Brot. Der König empfing eine Deputation zu freundlichem Gespräch. Die bedrohliche Situation schien abgewendet, die Weiber zogen sich zurück. Am nächsten Morgen drang jedoch eine Meute von wütenden Megären in das Schloß ein, machte zwei Wachsoldaten nieder und bahnte sich einen Weg bis zu den Appartements der Königin, die sich nur mit Mühe in Sicherheit bringen konnte. Am Nachmittag dieses schicksalschweren Tages entschloß sich der König, dem Druck der Masse nachgebend, mit seiner Gemahlin und den beiden Kindern in Begleitung und unter dem Gejohle einer riesigen Volksmenge nach Paris zu übersiedeln. Von da an war die königliche Familie ein Spielball in den Händen der Revolutionäre.

In der Hauptstadt mußten Ludwig und Antoinette in den Tuilerien Quartier nehmen, einem alten, weitläufigen Gebäude, das wenig Komfort bot. Der König richtete sich mit seiner Schwester und den Kindern im ersten Stock ein, die Königin zu ebener Erde. Sie wohnte und schlief allein.

Ihr Schlaf- und Empfangszimmer waren so gelegen, daß sie jederzeit ungesehen Besuche empfangen konnte. Die königliche Familie führte im neuen Domizil ein ruhiges, kleinbürgerliches, von der Monotonie beherrschtes und von Nationalgardisten überwachtes Leben. Es gab keine Feste mehr, keinen Prunk, kaum Abwechslung.

Marie Antoinette schickte sich, so scheint es, in die ungewohnten Lebensumstände, und sie fand endgültig zu sich selbst. Sie brachte bislang völlig unbekannte Seiten ihres Charakters und ihrer Persönlichkeit zur Entfaltung, kümmerte sich um ihre beiden Kinder, führte Gespräche mit Gesandten, empfing Mirabeau, holte Ratschläge ein, saß stundenlang beim Schreibtisch, redigierte Briefe und verschickte auf diplomatischem Weg verschlüsselte Botschaften an ihre Freunde im Ausland, die freilich keine Freunde waren. Außer schönen Worten hatten sie der Königin von Frankreich in ihrer Notlage nämlich kaum etwas zu bieten.

Der einzige, der Marie Antoinette und dem König treu zur Seite stand, der ein tiefes Mitgefühl für ihre mißliche Lage empfand, war Axel von Fersen. Fersen fand sich häufig in Tuilerien ein, bot seine Dienste an, führte Gespräche, vermittelte Informationen. Sein Verhältnis zur Königin vertiefte sich, wurde inniger, herzensbezogener. Im April 1790 schrieb er an seine Schwester: „Sie ist das vollkommenste Wesen, das ich kenne, und ihr Verhalten hat jedermann für sich eingenommen. Überall höre ich nur das Beste über sie. Du kannst Dir vorstellen, wie glücklich ich darüber bin…" Ob Marie Antoinette zu diesem Zeitpunkt seine Geliebte bereits gewesen oder erst geworden ist, darüber streiten sich die Historiker. Aber im Grunde ist das unerheblich.

Fersen war jedenfalls der einzige Vertraute des französisches Königspaares. In seiner Hand lag das weitere Schicksal Marie Antoinettes und ihres phlegmatischen

Gemahls. Denn in der Königin reifte nach endlosen Monaten des Wartens und Bangens, des quälenden In-den-Tag-Hineinlebens, der permanenten Besudelung durch die Presse und die Akteure der Revolution der Gedanke zur Flucht. Und niemand anderer als der Edelmann aus Schweden kam für die Durchführung dieses gefährlichen Unternehmens in Frage. Fersen war Marie Antoinettes einzige Zuflucht in dieser schweren Zeit. Mit ihm besprach sie alle Einzelheiten des verwegenen Planes. Er führte die notwendige Korrespondenz, wählte die Helfer aus, beschaffte die falschen Pässe, bestellte die Fluchtkarosse, schmuggelte unter Einsatz seines Lebens die Kleidungsstücke in die Tuilerien ein, die den König und die Königin davor bewahren sollten, erkannt zu werden.

Nach hektischen, nervenaufreibenden Wochen der Vorbereitung war es dann endlich soweit. Die königliche Familie verließ am frühen Morgen des 21. Juni 1791 Paris. Ziel war die Ostgrenze Frankreichs, wo Ludwig unter dem Schutz royalistischer Truppenverbände ein Exil auf französischem Boden errichten wollte. Aber das war nicht mehr als eine königliche Marotte. Nach zwanzigstündiger Fahrt mit Verzögerungen und Pannen erreichte die Karosse die Stadt Varennes in den Vogesen. Dort aber war Endstadion. Ein Untertan, der Postmeister Drouet, ein überzeugter Jakobiner und Antimonarchist, erkannte die hochwohlgeborene Fracht in der auffälligen Karosse. Eine rasch zusammengeströmte Menschenmenge verhinderte die Weiterfahrt. Die königliche Familie verbrachte eine unruhige Nacht im Haus des Bürgermeisters von Varennes. Es war übrigens das erste und einzige Mal in ihrem Leben, daß Marie Antoinette im Haus eines französischen Bürgers verweilte. Am nächsten Morgen ging es dann wieder zurück in die Hauptstadt.

Die Rückfahrt wurde zum Martyrium. Unbarmherzig brannte die Junisonne vom Himmel, in der Karosse saßen jetzt acht Personen statt sechs eng aneinandergepreßt, da zwei Abgeordnete der Nationalversammlung, der bürgerliche Advokat Antoine Barnave und der Jakobiner Jérôme Pétion, darin Platz genommen hatten, um die königliche Familie vor etwaigen Übergriffen der Bevölkerung in Schutz zu nehmen. Dem König und der Königin blieb auf dieser Fahrt buchstäblich nichts erspart. Flüche und Steine wurden gegen den Wagen geschleudert, Verwünschungen ausgestoßen, man beschimpfte und verleumdete sie, ballte die Fäuste. Endlich, nach drei qualvollen Tagen, erreichten sie durch ein Spalier von Hunderttausenden Menschen, die die Boulevards säumen, wieder ihren gefängnisgleichen Aufenthaltsort. Todmüde, staubbedeckt, mit rotgeränderten Augen stiegen sie aus der Karosse und schleppten sich mit letzter Kraft in den Schutz des dickwandigen Gebäudes. Das Königtum war zwar noch nicht am Ende, aber sein Ansehen war dahin. Der König ahnte, die Königin wußte es.

Marie Antoinette klammerte sich in ihrer Verzweiflung an den letzten Getreuen, der ihr geblieben war: an Axel Fersen. „Seien Sie beruhigt", schrieb sie ihm kurz nach ihrer traurigen Rückkehr in die Tuilerien, „wir leben." Einige Zeit später – die beiden blieben in geheimer Korrespondenz miteinander in Verbindung und einander verbunden – öffnete sie ihm rückhaltlos ihr Herz. „Ich kann Ihnen nur sagen", gestand sie ihm, „daß ich Sie liebe... Es geht mir gut, haben Sie meinetwillen keine Sorgen, ich wüßte nur gern von Ihnen das gleiche... Leben Sie wohl, liebendster und geliebtester aller Menschen. Ich umarme Sie von ganzem Herzen."

Fersen, der nach dem Fiasko von Varennes nach Schweden zurückgekehrt war, arbeitete einen neuen Fluchtplan aus und entschloß sich, nach Frankreich zu reisen. Es war ein geradezu selbstmörderisches Unterfangen, denn der schwedische Kavalier und königliche Fluchthelfer war in

Paris zur Unperson geworden. Sein Steckbrief prangte von allen Plakatwänden. Wurde er erkannt und ertappt, so war ihm der Tod gewiß.

Fersen nahm das Risiko auf sich. Am 11. Februar 1792 machte er sich, lediglich von einem Ordonnanzoffizier begleitet, mit Perücke, gefälschten Papieren und als Kurier des schwedischen Königs verkleidet, auf den Weg. Zwei Tage später war er in Paris. Unbehelligt – und das grenzt an ein Wunder – gelangte er in die Tuilerien und in die Gemächer der Königin, wo er die Nacht verbrachte. In dieser Nacht, das kann man mit Gewißheit annehmen, wurde Marie Antoinette seine Geliebte, wenn sie es, wie gesagt, nicht schon längst war. Der Nordländer, hinter dessen kühlem Äußeren sich eine leidenschaftliche Natur verbarg, notierte in seinem Tagebuch: „Zu ihr gegangen; meinen gewöhnlichen Weg genommen. Besorgnis wegen der Nationalgarden, ihre Wohnung wundervoll." Und dann noch die beiden unkenntlich gemachten, aber inzwischen entzifferten Wörter „resté là". Für Fersen hieß dieses „dort geblieben": dort geschlafen.

Den ganzen nächsten Tag hielt sich der Schwede in Antoinettes Appartement versteckt, am Abend hatte er eine Unterredung mit dem König. Ludwig verwarf den ihm vorgelegten Plan einer neuerlichen Flucht.

Gegen Mitternacht nahm Fersen Abschied. Anstandslos gelangte er aus dem Schloß und über die Grenze in das benachbarte Belgien. Er hat die Königin nicht wiedergesehen.

Die Revolution ging weiter. Bereits im September 1791 war Frankreich zur konstitutionellen Monarchie geworden, am 20. April 1792 beschloß die Nationalversammlung den Krieg gegen Österreich. Die Lage des Königspaares verschlimmerte sich von Woche zu Woche, von Tag zu Tag. Am 20. Juni 1792 brach eine mit Äxten, Eisenstangen und Piken bewaffnete, unüberschaubare Menschenmenge die vergitterten Tore der Tuilerien auf und drang in das Schloß ein. Der Pöbel schlug krumm und klein, was ihm in die Quere kam, verwüstete das Schlafzimmer der Königin und zwang den König, die rote, phrygische Mütze, die die Republikaner als Freiheitssymbol zur Schau trugen, aufzusetzen. Marie Antoinette wurde von der Menge beschimpft und bedroht, aber sie kam mit dem Schrecken davon. Einige Tage später berichtete sie in einem mit unsichtbarer Tinte geschriebenen Brief ihrem schwedischen Geliebten: „Ich lebe noch, aber es ist ein Wunder. Der Tag war entsetzlich."

Wieder vergingen ein paar Wochen. Die französischen Truppen bezogen inzwischen im Kampf gegen die gegnerischen Armeen eine Niederlage nach der anderen.

Marie Antoinette schöpfte Hoffnung. Es konnte nicht mehr lange dauern, meinte sie, bis Paris erobert und die Revolution niedergeworfen sein würde. Doch das war ein Wunschtraum, nicht mehr. Am 25. Juli 1792 erließ der Herzog von Braunschweig, der Oberbefehlshaber der Verbündeten, ein Manifest, in dem er mit harten Strafmaßnahmen drohte, sollte der königlichen Familie in den Tuilerien auch nur das Geringste zustoßen. Die Nachricht von diesem Manifest löste in Paris und in ganz Frankreich helle Empörung aus. Die Republikaner riefen zum Sturz des Königtums auf, bliesen zum letzten Sturm auf die Monarchie.

Im Morgengrauen des 19. August wurden in Paris alle Glocken geläutet, in den Vorstädten sammelten sich die Volksmassen und die Freiwilligenbataillone aus den Provinzen zum Aufstand gegen den König. Unter ihnen war auch eine Kerntruppe aus Marseille, die mit der neuen blutrünstigen Hymne der Revolution auf den Lippen auf die Tuilerien zumarschierte.

Ludwig XVI. ließ sich dazu überreden, mit seiner Familie den sicheren Schoß der Nationalversammlung aufzusuchen, ehe der Pöbel in den Palast eindrang, die Besatzung niedermetzelte, die Einrichtung zertrümmerte, den Weinkeller leersoff. In der ganzen Stadt wurden die königlichen Herrschaftssymbole zerstört, zahlreiche Adelige verfolgt und niedergemacht, die Häupter der ermordeten Royalisten auf Piken durch die Straßen getragen. Achtzehn Stunden mußte die königliche Familie zusammengepfercht in der stickigen Loge des Protokollführers in der Nationalversammlung ausharren. Dann brachte man sie in vier Zellen des angrenzenden Klosters der Feuillants unter. Marie Antoinette war völlig erschöpft, einem Nervenzusammenbruch nahe. Am 13. August, um fünf Uhr abends, wurde die Familie in einer von Nationalgardisten eskortierten Karosse in den Temple gebracht. Zwei Stunden dauerte die Fahrt durch halb Paris zur ehemaligen Residenz des Grafen Charles Philippe Artois, die dem König und der Königin als Kerker zugedacht war. Zwei Stunden, in denen ihnen aus allen Fenstern und Haustoren der Haß der Menschen entgegenschlug.

Streng bewacht, hinter verriegelten und versperrten Eisentüren verbrachten Ludwig, Antoinette, Madame Elisabeth, die Schwester des Königs, und die beiden Kinder die nächsten Wochen und Monate. Gleichförmig verstrichen die Tage. Bequem war das Leben im großen Festungsturm des Temple, wo sie nun zu hausen gezwungen waren, nicht. Die Wände waren eiskalt, die Wachtposten unfreundlich. Aber es war nicht unmenschlich. Für ein reichliches Essen, das Ludwig immer schon sehr viel bedeutet hatte, war gesorgt, es war auch gestattet, im Garten einen Spaziergang zu unternehmen. Der König vertrieb sich die Zeit mit der Lektüre lateinischer Klassiker. Täglich hielt er sein Mittagsschläfchen, unterrichtete seine Kinder, unterhielt sich beim Kartenspiel. Die Königin suchte bei der Stickerei Abwechslung, spielte mit den Kindern. Sie war müde und abgekämpft, ihr Haar ergraut.

Aber ihr Lebenswille war nicht gebrochen, noch immer hatte sie die Hoffnung auf eine Wende der Dinge nicht aufgegeben.

Während in der kleingewordenen Welt der französischen Königsfamilie der graue Alltag auf den Seelen lastete, reihte sich draußen in der bunten, unbarmherzigen großen Welt ein Ereignis an das andere. Anfang September 1792 läuteten wieder die Sturmglocken. Der Mob stürmte die Gefängnisse und schlachtete die Inhaftierten ab, am 21. September beschloß der Konvent, die neue, revolutionäre Nationalversammlung, die Abschaffung des Königtums. Eine jahrhundertelange Ära war damit zu Ende.

Die Haftbedingungen im Temple wurden verschärft, die Schikanen häuften sich, die Bewegungsfreiheit der Inhaftierten wurde eingeschränkt. Papier, Tinte und Federkiel und zuletzt alle scharfen Gegenstände, wie Messer, Gabeln und Scheren, wurden ihnen abgenommen.

Nun war es Gewißheit: Der König sollte unter Anklage gestellt werden. Am 11. Dezember 1792 stand er zum erstenmal vor seinen Richtern. Von diesem Tag an mußte er, obwohl er im selben Turm wohnte, von seiner Familie getrennt leben, durfte er nicht ein einziges Mal mehr mit Frau und Kindern sprechen.

Am 17. Jänner 1793 wird das Todesurteil verkündet, vier Tage später wird es vollzogen. Auf der Place de la Révolution fällt das Haupt Ludwigs XVI. unter der Guillotine. Einige gaffende Bürger tauchen ihre Piken und Taschentücher in sein Blut. Der irrwitzige Tugendapostel Maximilien Robespierre hatte in seiner berühmt gewordenen Rede vor dem Konvent am 3. Dezember 1792 das Urteil vorweggenommen. „Ludwig muß sterben", hatte er gesagt, „weil das Vaterland leben muß."

Marie Antoinette versinkt in Schmerz. Sie zieht die angeforderte Trauerkleidung nicht mehr aus und widmet sich, so gut es geht, den Kindern. Sie fühlt sich einsam, von aller Welt verlassen. Und doch hat sie noch immer Hoffnung, gelingt es ihr mit der Hilfe von Wächtern, deren Vertrauen sie gewonnen hat, Nachrichten und Botschaften aus dem Gebäude hinaus- und hereinzuschmuggeln. Aber alle Fluchtpläne, die sie hegt und die andere ersinnen, zerschlagen sich. Sie sind auf Sand gebaut.

Einige Monate bleibt die Königin im Temple unbehelligt. Anfang Juli versetzt ihr die Revolution einen weiteren schweren Schlag: der Thronfolger, der „Sohn Capet", wie er im revolutionären Jargon heißt, wird der Mutter entrissen und dem Flickschuster Antoine Simon, einem schlichten, aber waschechten Proletarier, zur Erziehung übergeben. Einen Monat später, in der Nacht zum 2. Au-

Abschied Marie Antoinettes von ihrer Familie im Temple

gust 1793, teilt man Marie Antoinette mit, daß der Konvent den Entschluß gefaßt habe, sie vor das Revolutionstribunal zu stellen.

Die Königin von Frankreich packt die paar Habseligkeiten zusammen, die ihr geblieben sind, verabschiedet sich von ihrer Tochter und ihrer Schwägerin, geht die Treppen des Temple hinunter und steigt in die Kutsche, die sie in die Conciergerie bringt. Der letzte Akt im Lebensdrama der Marie Antoinette hat begonnen.

Die Kinder Maria Theresias

1. Maria Elisabeth   (1737–1740)
2. Maria Anna   (1738–1789)
3. Maria Carolina   (1740–1741)
4. Joseph   (1741–1790)
5. Marie Christine   (1742–1798)
6. Maria Elisabeth   (1743–1808)
7. Karl Joseph   (1745–1761)
8. Maria Amalia   (1746–1804)
9. Leopold   (1747–1792)
10. Karolina   (1748)
11. Johanna Gabriela   (1750–1762)
12. Maria Josepha   (1751–1767)
13. Maria Carolina   (1752–1814)
14. Ferdinand   (1754–1806)
15. Maria Antonia   (1755–1793)
16. Maximilian   (1756–1801)

Quellen und Literatur

ARNETH, ALFRED RITTER VON: Briefe der Kaiserin Maria Theresia an ihre Kinder und Freunde. 4 Bände, Wien 1881

BERGLAR, PETER: Maria Theresia. Reinbek bei Hamburg 1980

CASTELOT, ANDRÉ: Maria Antoinette. Von Versailles zur Guillotine. 2. Auflage, München 1989

CHRISTOPH, PAUL (HG.): Maria Theresia. Geheimer Briefwechsel mit Marie Antoinette. Wien – München 1980

CONTE CORTI, EGON CÄSAR: Ich, eine Tochter Maria Theresias. Ein Lebensbild der Königin Maria Karoline von Neapel. München 1950

CRANKSHAW, EDWARD: Maria Theresia: die mütterliche Majestät. 6. Auflage, München 1983

CRONIN, VINCENT: Ludwig XVI. und Marie Antoinette. Düsseldorf 1975

ENGELS, AMÉLIA: Maria Anna, eine Tochter Maria Theresias. 1738 bis 1789. Phil. Diss., Wien 1965

FEJTÖ FRANÇOIS: Joseph II. Porträt eines aufgeklärten Despoten. München 1987

FUSSENEGGER, GERTRUD: Maria Theresia. Wien 1980

GONCOURT, EDMOND UND JULES DE: Geschichte der Marie Antoinette. Wien 1865

GUTKAS, KARL: Kaiser Joseph II. Wien – Darmstadt 1989

HAMANN, BRIGITTE (HG.): Die Habsburger. Ein biographisches Lexikon. Wien 1988

HENNINGS, FRED: Und sitzet zur linken Hand. Franz Stephan von Lothringen. Wien – Berlin – Stuttgart 1961

INNERKOFLER, ADOLF: Eine große Tochter Maria Theresias. Erzherzogin Maria Anna in ihrem Hauptmonument, dem Elisabethinnenkloster zu Klagenfurt. Innsbruck 1910

KHEVENHÜLLER-METSCH, RUDOLF/SCHLITTER, HANS: Aus der Zeit Maria Theresias. Tagebuch des Fürsten Johann Joseph Khevenhüller-Metsch, 7 Bände, Wien – Leipzig 1907–1925

KOSCHATZKY, WALTER/KRASA, SELMA: Herzog Albert von Sachsen-Teschen. 1738–1822. Reichsfeldmarschall und Kunstmäzen. Wien 1982

KOVÁCS, ELISABETH: Die ideale Erzherzogin. Maria Theresias Forderungen an ihre Töchter. In: Mitteilungen des Instituts für österreichische Geschichtsforschung, 94. Band, Wien 1986, S. 49–80

LANGER, ELLINOR: Die Geschichte des Adeligen Damenstiftes zu Innsbruck. Innsbruck 1950

LEITNER, THEA: Aschenbrödel Maria Anna 1738–1789. In: Habsburgs vergessene Kinder. Wien 1989

LEVER, EVELYNE: Marie Antoinette. Zürich 1992

PANGELS, CHARLOTTE: Die Kinder Maria Theresias. Leben und Schicksal im kaiserlichen Glanz. 2. Auflage, München 1983

ROTHE, CARL: Die Mutter und die Kaiserin. Briefe der Maria Theresia an ihre Kinder und Vertrauten. Wien – München 1968

RUDAN, OTHMAR: Erzherzogin Maria Anna in Klagenfurt. In: Carinthia I/170, Klagenfurt 1980, S. 185–260

SCHREIBER, GEORG: Franz I. Stephan. An der Seite einer großen Frau. Graz – Wien – Köln 1986

SCHREIBER, HERMANN: Marie Antoinette. Die unglückliche Königin. München 1988

SOBOUL, ALBERT: Die große Französische Revolution. Frankfurt am Main 1976

STEIER, GABRIELE: Die Erzherzogin. Studien zu ihrer Erziehung und gesellschaftlichen Funktion im 19. Jahrhundert. Phil. Diss., Wien 1990

TAMUSSINO, URSULA: Isabella von Parma, Gemahlin Josephs II. Wien 1989

TAMUSSINO, URSULA: Des Teufels Großmutter. Eine Biographie der Königin Maria Carolina von Neapel-Sizilien. Wien 1991

VALLOTTON, HENRY: Maria Theresia. Die Frau, die ein Weltreich regierte. Wien 1990

WACHTER, FRIEDERIKE: Die Erziehung der Kinder Maria Theresias. Phil. Diss., Wien 1968

WOLF, ADAM: Marie Christine, Erzherzogin von Österreich. Wien 1863

ZWEIG, STEFAN: Marie Antoinette. Bildnis eines mittleren Charakters. Frankfurt am Main 1951

Personenregister

Acton, Sir John, neapolitanischer Staatsmann 189–191
Adelaïde, Tochter Ludwigs XV. 243, 245, 247
Albert II., Herzog von Sachsen-Teschen, Gemahl Marie Christines 7, 64f., 78–103, 110, 121, 145–147, 162, 205
Albert, Sohn Maria Carolinas 201
Alton, Richard Graf d', General 97
Artois, Charles Philipp, Graf 273
Auersperg, Wilhelmine Fürstin, Tochter Graf Wilhelm Reinhard Neippergs 19, 76
August III., König von Polen, Kurfürst von Sachsen 64

Barnave, Antoine, Advokat 270
Bassegne, Hofjuwelier 262
Belgiojoso, Louis Charles Comte de, Minister am belgischen Statthalterhof 93–97
Belrupt, Gräfin, Aja Maria Elisabeths und Maria Annas 34, 108
Bentnick, Lord William, Sonderbevollmächtigter Englands in Neapel 212f.
Böhmer, Karl August, Hofjuwelier 262f.
Bologna, Giuseppe, Marchese della Sambuca, leitender Minister im Königreich Neapel-Sizilien 189, 191
Born, Hofrat Ignaz von, Lehrer Mariannas 54

Borromeo, Vitaliano, päpstlicher Nuntius 70
Bouret, Kabinettssekretär Ludwigs XV. 235
Brandis, Judith Gräfin von, Aja Maria Carolinas und Marie Antoinettes 169–171, 227
Braunschweig, Karl Wilhelm Herzog von 272

Canova, Antonio, Bildhauer 103
Cardito, Fürst von, neapolitanischer Sonderbotschafter 209
Carl, Erzherzog, Sohn Kaiser Leopolds II. 88f.
Carl, Prinz von Lothringen, Bruder Franz Stephans 83
Caroline, Schwester Napoleons I., Königin von Neapel 210
Chablais, Benedikt Moritz Herzog von, Neffe Franz Stephans 80, 82, 110
Charlotte von Lothringen, Schwester Franz Stephans 162
Charlotte, Tochter Maria Amalias 145
Choiseul, Etienne François Herzog von, Premierminister Ludwigs XV. 235
Clemens von Sachsen, Bischof von Freysing und Regensburg 64, 66, 82, 86
Clemens XIII., Papst 134
Clemens, XIV, Papst 134
Cobenzl, Philipp Graf, österreichischer Staatsmann 255